Martin Schmitt
Internet im Kalten Krieg

Histoire | Band 102

Für Vera

Martin Schmitt (M.A.) forscht und lehrt am Zentrum für Zeithistorische Forschung in Potsdam zur Geschichte des Digitalen Zeitalters. Er ist Teil des Forschungsprojektes »Computerisierung und soziale Ordnungen in der Bundesrepublik und DDR«. Für seine Arbeit zur Internetgeschichte erhielt er 2016 den Nachwuchsförderpreis der DGPuK.

MARTIN SCHMITT

Internet im Kalten Krieg

Eine Vorgeschichte des globalen Kommunikationsnetzes

[transcript]

Gefördert durch das Zentrum für Zeithistorische Forschung Potsdam

Bibliografische Information der Deutschen Nationalbibliothek
Die Deutsche Nationalbibliothek verzeichnet diese Publikation in der Deutschen Nationalbibliografie; detaillierte bibliografische Daten sind im Internet über http://dnb.d-nb.de abrufbar.

transcript Verlag | Hermannstraße 26 | D-33602 Bielefeld | live@transcript-verlag.de

Umschlagentwurf: Kordula Röckenhaus, Bielefeld
Umschlagabbildung: »Arpa Network four node map«, Alex McKenzie 1969,
© Computer History Museum, Mountain View, CA 94043 (USA)
Printed in Germany
Print-ISBN 978-3-8376-3681-9
PDF-ISBN 978-3-8394-3681-3

Gedruckt auf alterungsbeständigem Papier mit chlorfrei gebleichtem Zellstoff.
Besuchen Sie uns im Internet: *http://www.transcript-verlag.de*
Bitte fordern Sie unser Gesamtverzeichnis und andere Broschüren an unter: *info@transcript-verlag.de*

Inhalt

Vorwort

Ein Buch wird nie von einer Person allein geschrieben, selbst wenn auf seinem Cover nur ein einziger Autor prangt. Das ist bei dem vorliegenden Buch nicht anders. Es entstand in weiten Teilen von 2012 bis 2014 in Tübingen unter der Betreuung von Prof. Anselm Doering-Manteuffel und Prof. Klaus Gestwa. Beiden bin ich zu tiefem Dank für ihre Unterstützung, ihr Vertrauen und ihren Rat verpflichtet. Sie schürten meine Begeisterung, ließen mir die Freiheit zu unkonventionellen Ideen und korrigierten, wo es nötig war. Tübingen ist ein guter Ort zum Denken. Das Seminar für Zeitgeschichte trug einen erheblichen Teil dazu bei, sowohl durch die anregenden Diskussionen im wöchentlichen Oberseminar, wie auch in konkreter Gedankenarbeit, beispielsweise mit Silke Mende und Johannes Großmann auf einer langen Fahrt zum Lehrstuhltreffen in Landau 2013, die zahlreiche methodische Schwierigkeiten löste. Das Feedback der Oberseminarsteilnehmer/innen machte das Buch zu einem besseren Werk.

Seinen Ursprung nahm das Buch in einem Seminar bei Anselm Doering-Manteuffel im Jahr 2008 zu „Digitaler Utopie und technischer Revolution". In hitzigen Diskussionen analysierten wir dort die historischen Auswirkungen der Digitalisierung – unter anderem an Hand des Internet. Nach ersten Ideen zu dessen Geschichte gab mir ein Forschungsaufenthalt in Cambridge bei Prof. Eckardt Conze die Möglichkeit, die Ideen zu konkretisieren. Prof. Michael Menth, Informatiker an der Universität Tübingen, trug hingegen dazu bei, die technische Seite des Themas in den Griff zu bekommen. Er ist ein Beispiel dafür, Geisteswissenschaftler dazu anzuregen, sich mit der Informationstechnologie als Faktor zu beschäftigen, obwohl sie vielen allzu komplex erscheint.

Darüber hinaus bin ich vor allem meinen zahlreichen Korrektoren zutiefst dankbar. In geduldiger Kleinarbeit gingen sie sogar mehrmals das Manuskript durch und leisteten viel mehr als eine bloße Korrektur. Ihre Arbeit findet sich im Buch wieder. Bedanken will ich mich bei Florian Sander, Maren Rohleder, Maike Hausen, Raphael Schulte-Kellinghaus, Clara-Maria Seltmann und Johannes Bonow. Die Universitätsbibliothek Tübingen bot im Schreibprozess immer einen ruhigen Rückzugsort und tatkräftige Unterstützung bei Literatur- und Quellenbeschaffung. Besonders wertvoll für die Arbeit war das Archiv des Charles Babbage Institutes, das leicht zugänglich die Oral History Interviews mit zentralen Zeitzeugen der Internetentwicklung bereitstellte.

Die Unterstützung und die Rückmeldungen, die ich nach Fertigstellung des ersten Manuskriptes erhielt, waren ein Geschenk. Besonders bedanken möchte ich mich beim Zentrum für Zeithistorische Forschung Potsdam und dessen Direktor Prof. Frank Bösch. Er unterstützte mich in meinem Anliegen und stand mir beratend zur Seite. Ohne die Unterstützung des ZZF und seiner Mitarbeiter wäre dieses Buch nie erschienen. Vor allem Annelie Ramsbrock trug als Publikationsbeauftragte zu einem gelungenen Werk und zu einem schlagkräftigen Titel bei. Dies trifft ebenso für den Transcript-Verlag zu, der mich nicht nur in Person meiner Lektorin Christine Wichmann über den gesamten Publikationsprozess unterstützte. Die Auszeichnung mit dem Nachwuchsförderpreis Kommunikationsgeschichte der Deutschen Gesellschaft für Publizistik- und Kommunikationswissenschaft bestärkte mich in meiner Arbeit und legte den Grundstein für diese Publikation.

I. Einleitung

„The thought of every age is reflected in its technique".
NORBERT WIENER

Die klassische Erzählung des Informationszeitalters schildert einen Wandel von hierarchischen, zentralistischen und statischen Ordnungsformen des grauen Industriezeitalters hin zu einer spielerisch leichten, dezentralen und dynamischen Form lichter Zukunft, geschaffen durch die Informationstechnologie und ihre „Evangelisten".[1] Dieses Narrativ

1 Vgl. Fraser, Matthew; Dutta, Soumitra: Throwing sheep in the boardroom. How online social networking will transform your life, work and world. Chichester, England. Hoboken, NJ 2008, S. 3–21, oder zuletzt das Vorwort von Ryan, Johnny: A history of the Internet and the digital future. London 2010, S. 7–8. Zum Begriff des *Informationszeitalters* sei an diese Stelle auf Jürgen Danyel verwiesen. Er beschreibt das Informationszeitalter als „historische Epoche […] die mit der Durchsetzung des Computers begonnen hat, mit dem Aufkommen des Internet in eine weitere Phase getreten ist und deren Entwicklungsrichtung gegenwärtig noch nicht ausgemacht werden kann" (Danyel, Jürgen: Zeitgeschichte der Informationsgesellschaft, in: Zeithistorische Forschungen, Online-Ausgabe, 9 (2012), H. 2, hier S. 1). Zur Verwendung religiöser Metaphorik in der Informationsgesellschaft ließe sich eine eigene Abhandlung schreiben. Siehe bspw. Kawasaki, Guy:

lässt sich in die große Erzählung der Moderne einordnen, in welcher der Netzwerkansatz als nächster, letzter Entwicklungsschritt auf dem Weg des Fortschritts interpretiert werden kann, der die Moderne überwindet. Die häufig exponentielle Entwicklung der Informations- und Kommunikationstechnologien, die sich beispielsweise in *Moores Law* ausdrückt, habe in einer revolutionären Umwälzung mit der vorherigen Art gebrochen, die Welt zu ordnen.[2] Die einseitige Betonung des Fortschritts innerhalb einer dem Narrativ immanenten Dichotomie greift aber zu kurz für einen Prozess innerhalb der Digitalgeschichte,[3] dessen Ursprünge in der Zeit des Zweiten Weltkrieges liegen, der im Laufe der späten 1960er-Jahre und frühen 1970er-Jahre wirkmächtig wurde und sich in den 1990er-Jahren schließlich voll entfaltete. Die Geschichte des ARPANET, des ersten großflächigen Computernetzwerkes, als Vorgängertechnologie und Wegbereiter des späteren Internet ist ein hervorragendes Beispiel für die revolutionäre Aufladung einer Technologie. Sie bietet die Möglichkeit der historischen Dekonstruktion, liegt die Entwicklung des ARPANET doch genau an der wahrge-

---

Selling the dream. How to promote your product, company, or ideas, and make a difference using everyday evangelism. New York, N.Y. 1992.

2 Gordon Moore, amerikanischer Wissenschaftler und Mitbegründer der Firma, aus der später die Intel Corporation hervorgehen sollte, formulierte 1965 das „Moore'sche Gesetz". Nach diesem Gesetz verdoppelt sich die Anzahl der Schaltkreise auf einem Computerchip etwa jedes Jahr. 1975 korrigierte er seine Prognose auf eine Verdoppelung alle zwei Jahre. Seine Prognose hatte erhebliche Wirkung, sie beeinflusste die Vorstellung und strategische Planung zahlreicher Computerwissenschaftler der Zeit bis heute. Darin liegt der Wert dieser Prognose, jenseits ihrer tatsächlichen Aussagekraft. Moore, Gordon: Cramming More Components onto Integrated Circuits, in: Electronics Magazine 38 (1965), H. 8, S. 114–117.

3 Der Terminus „Digitalgeschichte" umfasst den Zeitraum seit Ende des Zweiten Weltkriegs bis in die Gegenwart unter besonderer Berücksichtigung informationstechnologischer Entwicklungen. Mein Dank gilt hier dem Tübinger Arbeitskreis Digitalgeschichte für die gemeinsame Begriffsbildung.

nommenen Umbruchstelle der Hochmoderne. Als technisches Großprojekt noch im planerischen Systemdenken des Kalten Krieges verwurzelt, zeigt seine Ausführung und technische Struktur gleichzeitig das Gesicht des Neuen.

Die meisten Monografien zu seiner Geschichte aber wurden in einer Zeit des informationstechnologischen Aufbruchs der späten 1990er-Jahre geschrieben, als der Cyberspace in den USA vor allem als Ort virtueller Vergemeinschaftung, wirtschaftlicher Prosperität und grenzenloser Möglichkeiten konzeptualisiert wurde. Entsprechend optimistisch beschrieben die Autoren die Entwicklung des Internet und seines Vorgängers ARPANET, entsprechend legten sie ihren Schwerpunkt auf die ökonomischen, sozialen wie auch befreienden Elemente der neuen Technologie.[4] Das *empowerment of the user* durch vernetzte Personal Computer war das Schlagwort der Stunde und wurde zurückprojiziert auf die Zeit der 1960er-Jahre.[5] Die potenziell gemeinschaftsstiftende wie machtverschiebende Nutzbarmachung des Internet soll hier gar nicht bestritten werden, auch nicht der mit ihm einhergehende Wandel in Wechselwirkung mit der Gesellschaft, den wie keiner sonst zu dieser Zeit der katalanische Soziologe Manuel Castells analysiert hat.[6] Durch den Aufstieg des *Cloud Computing* und den Enthüllungen

4 Angefangen bei dem 1994 erstmals erschienenen „The Virtual Community" von Howard Rheingold über Peter H. Salus „Casting the net" (1995) und das 1998 erschienene Werk „Rescuing Prometheus" des Technikhistorikers Thomas Parke Hughes bis hin zu dem Standardwerk „Inventing the Internet" (1999) seiner Schülerin Janet Abbate, die zuvor als Graduate Student Assistant bei ihm gearbeitet hatte.

5 Vgl. bspw. Segaller, Stephen: Nerds 2.0.1. A brief history of the Internet. New York, N.Y. 1998, S. 124; Röhle, Theo: Der Google-Komplex. Über Macht im Zeitalter des Internets. Bielefeld 2010, S. 26. Röhle analysiert das *user empowerment* in seiner lesenswerten Dissertation über die Entwicklung der Suchmaschinen unter dem Begriff des utopischen Determinismus.

6 Castells, Manuel: The information age. Economy, society and culture. Oxford 2009. Der erste Band seiner Triologie „Das Informationszeitalter" veröffent-

des Whistleblowers Edward Snowden zu den Überwachungsexzessen der Geheimdienste rückt erstens eine technologische Verschiebung hin zu zentralisierteren Formen der Computervernetzung und zweitens eine andere Facette der Kommunikationstechnologie in den Blick.[7] Die Idee der Rechenkraft aus der Dose als *public utility*, produziert in Rechenzentren als zentralen Kraftwerken des Informationszeitalters, erlebte in Form des *Cloud Computing* ihr Revival, wurde aber in der Wissenschaft wie auch in der Öffentlichkeit meist als Neuentwicklung wahrgenommen. Einige Autoren bemühten zwar den Vergleich zwischen dem Internet und der Infrastruktur des Stromnetzes und zeigten Parallelen in der utopischen Aufladung der Technik als Heilsbringer einer

lichte er im Jahr 1996. Es folgten zwei weitere Bände „The Power of Identity" (1997) und „End of Milenium" (1998). Er liefert die umfassendste und tiefgreifendste Analyse des gesellschaftlichen Wandel durch Informations- und Kommunikationstechnologie. Dabei analysiert er als Postmarxist und Foucaultrezipient noch am ehesten die zentralistischen Kontrollstrukturen des Internet, beispielsweise in seiner Analyse krimineller Netzwerke und vor allem in seinem 2001 erschienenen Buch „The Internet Galaxy" (Castells, Manuel: The Internet galaxy. Reflections on the Internet, business, and society. Oxford [u.a.] 2003, S. 171–173). Als Soziologe fehlt aber stellenweise die historische Tiefenschärfe und auch er war Kind seiner Zeit.

7 Der Begriff *Cloud Computing* wird im Methodenteil genauer erläutert. Vorausgeschickt sei hier die Definition des US-amerikanischen National Institute of Standards and Technology als „model for enabling ubiquitous, convenient, on-demand network access to a shared pool of configurable computing resources (e.g., networks, servers, storage, applications, and services) that can be rapidly provisioned and released with minimal management effort or service provider interaction" Mell, Peter; Grance, Timothy: The NIST Definition of Cloud Computing. Recommendations of the National Institute of Standards and Technology. Gaithersburg 2011, S. 2. Zur Beurteilung der Entwicklung um Snowden vgl. Beckedahl, Markus; Meister, André: Überwachtes Netz. Edward Snowden und der größte Überwachungsskandal der Geschichte. Berlin 2013.

neuen Zeit auf.[8] Dies stand aber immer unter dem Diktum des Personal Computers oder wurde nicht konsequent mit den historischen Entwicklungen verknüpft. Kontroll- und Überwachungsaspekte der Netzwerktechnologie wurden bisher gar nicht oder höchstens in dystopischen Romanen der Science Fiction, sowie in kulturkritischer Ablehnung des Internet als dem Niedergang kultureller Leistungen und dem Anbeginn eines orwellschen Zeitalters thematisiert, aber selten wissenschaftlich analysiert und ausgewogen historisiert.[9] Der Ursprung digitaler Überwachung liegt allerdings ebenfalls in der Zeit emanzipativer Studentenproteste und des Vietnamkrieges. Die Geschichte des Internet hat eine Auffrischung aus der Perspektive der heutigen Zeit nötig.[10] Für

---

8 Vgl. Carr, Nicholas G.: The big switch. Rewiring the world, from Edison to Google. New York 2008; Hughes, Rescuing Prometheus, S. 255. Hughes, der in herausragender Art und Weise die Entwicklung des Stromnetzes für US-amerikanische Nation herausgearbeitet hat, macht diese Parallele sehr stark, schreibt aber zeitlich vor dem Aufkommen des *Cloud Computings* und der Richtungsänderung in der informationstechnologischen Entwicklung.

9 Zur Aufarbeitung in Science Fiction Romanen vgl. bspw. Brunner, John: The shockwave rider. New York 1975, dessen Buch in weiten Teilen auf Toffler, Alvin: Future shock. New York 1970, beruht. Toffler analysiert darin die Implikationen eines wahrgenommenen rapiden Wandels Ende der 1960er-Jahre, von dem Computernetzwerke eine Folge, wie auch ein begünstigender Faktor war. Die Aufgabe des Historikers liegt darin, angemessen zu bewerten, welche Einflussrichtung überwog. Zu wissenschaftlichen Untersuchungen: Die *Surveillance-Studies* als interdisziplinärer Ansatz der Untersuchung technologischer Überwachung als Kontrolle stellen vielmehr eine gegenwärtige Deutung dar, denen oftmals die historische Tiefenschärfe fehlt. Ihr Anspruch liegt zudem in der Aufklärung der Gesellschaft und konkreter Handlungsanleitung und ist damit politischer Natur. Vgl. bspw. Fuchs, Christian: Internet and surveillance. The challenges of Web 2.0 and social media. New York 2012.

10 Auch die Arbeit der Medienhistorikerin Mercedes Bunz steht noch in der Linie vernetzter Kleinreichnereuphorie, obwohl sie 2008 und damit in einer

den Zeitraum dieses Buches von 1967 – 1975 soll daher ein differenzierteres Bild davon gezeichnet werden, wie sich Hierarchie und Heterarchie, Autonomie und Kontrolle, sowie Zentralität und Dezentralität in den an der technischen Entwicklung des Internet beteiligten Gruppen verteilte und sich in den technischen Komponenten ausprägte.

Hier wird der erste Schwerpunkt des Buches deutlich. Im Zentrum steht die Frage: Wie schrieb sich der Entstehungskontext des Internet im Ost-West-Konflikt zwischen militärischem Auftraggeber, akademischer Forschung und gegenkultureller Aneignung in dessen technologische Ausprägung ein?[11] Was war die Motivation der Akteure zum Bau eines weltweiten Computernetzwerkes? Es geht also um den Einfluss sozialer Gruppen auf die Technologie, nicht anders herum.[12] Trotz der hohen Attraktivität einer gegenkulturellen Erzählung als Gründungsmythos eines neuen Zeitalters wurde der Einfluss der Gegenkulturellen auf die technische Realisierung des ARPANET und des Internet bisher wenig beachtet. Im Zentrum der Einflussanalysen stand hauptsächlich

---

Zeit publizierte, als der Wandel gerade spürbar wurde. Bunz, Mercedes: Vom Speicher zum Verteiler – die Geschichte des Internet. Berlin 2008.

11 Der Begriff Kalter Krieg bezieht sich genau genommen nur auf die konfliktiven Phasen innerhalb des Ost-West-Konfliktes. Insbesondere in der US-Literatur wird er ungeachtet dessen als Gesamtbegriff für den Zeitraum von 1945–1991 verwendet. In diesem Buch wird jenseits der Zitate analytisch zwischen beidem getrennt.

12 An dieser Stelle sei zu den technologischen Rückwirkungen wiederum auf Manuel Castells verwiesen, der sich genau das anschaut: Die Wechselwirkung von Technologie und Gesellschaft. Umfassende historische Darstellungen fehlen bisher leider noch. Hervorgehoben werden soll an dieser Stelle nur der Befund, dass die Computertechnik keineswegs einer Netzwerkgesellschaft voraus ging. Technologie rief also nicht eine spezifische Gesellschaftsform hervor, sondern entstand aus ihr heraus in gegenseitiger Beeinflussung. Vgl. bspw. Edwards, Paul N; Jackson, Steven J; Bowker, Geoffrey C; Knobel, Cory P.: Understanding Infrastructure. Dynamics, Tensions and Design 2007, S. 3–5.

der Personal Computer[13], selten aber seine Vernetzung unter neuen Vorzeichen. Dabei soll gezeigt werden, wie ein gegenkultureller Einfluss gar nicht den Interessen der anderen, an der Entwicklung beteiligten Gruppen widersprach, sondern sich mittels der Kybernetik als Kontaktsprache nahtlos ineinander einfügte, beispielsweise in Kontrollvorstellungen oder der informationellen Konzeptualisierung der Welt. Das ARPANET ist ein kybernetisches System *par exellence*, seine technische Infrastruktur wurde aber trotz weitreichender Forschung zu kybernetischen Großprojekten des Informationszeitalters bisher nie umfassend als solches analysiert.

Der räumliche Schwerpunkt der Untersuchung liegt auf den Vereinigten Staaten von Amerika. Hier vollzogen sich zentrale ideelle Entwicklungen, hier besaßen Forschungseinrichtungen das Geld, diese auch zu realisieren. Wie jede technische Entwicklung hatten das ARPANET und das Internet nicht einen Erfinder, wurden sie nicht an einem Ort der Welt mit einem genialischen Gedankenblitz in die Welt geholt. Ihre Entstehungsgeschichte ist eine international verknüpfte.[14]

---

13 Bspw. Markoff, John: What the dormouse said. How the sixties counterculture shaped the personal computer industry. New York 2005; Bardini, Thierry: Bootstrapping. Douglas Engelbart, coevolution, and the origins of personal computing. Stanford, Calif 2000; aber auch Turner, Fred: From Counterculture to Cyberculture. Stewart Brand, the Whole Earth Network, and the Rise of Digital Utopianism. Chicago 2006, bearbeitet die Fragestellung gegenkulturellen Einflusses mit Schwerpunkt auf den Personal Computer.

14 Insbesondere Großbritannien und Frankreich stechen dabei schon in der Frühphase seiner Entwicklung hervor. Großbritannien legte bereits 1963 in der Sorge, im internationalen technologischen Rennen zurückzufallen, ein umfassendes Technologieprogramm mit besonderer Berücksichtigung der britischen Computerindustrie auf. Davon profitierte Donald Davies, der ebenso wie Paul Baran in den USA die Technologie des „*Packet Switching*“ entwarf, also der Unterteilung der Datenströme in Einzelpakete. Vgl. Abbate, Inventing, S. 21–35. Französische Netzwerkexperten hatten

In diesem Buch wird allerdings aus pragmatischen Gründen die Entwicklung in den USA herausgegriffen, da sich an ihr sehr gut die Situation am vermeintlichen Umbruch der Moderne in all ihrer Widersprüchlichkeit aufzeigen lässt.

Besonders die Vorentwicklungen werden ausführlich geschildert, um den Wandel innerhalb des Kernzeitraums greifbar zu machen. Im März 1967 präsentierte Lawrence Roberts, einer der wichtigsten Protagonisten in der Entwicklung des ARPANET, nach einiger Vorarbeit seine Vorstellungen zur Computervernetzung zum ersten Mal den Leitern der Computerzentren bedeutender US-Universitäten. Der Sommer des Jahres 1967 war der Beginn einer Jugendbewegung, die gegen die Gesellschaftsordnung des Amerikas der Nachkriegszeit rebellierte. Ein Teil dieser Bewegung zog sich aus der als verkrustet wahrgenommenen US-Gesellschaft auf das Land zurück, blieb aber offen für deren technologischen Errungenschaften und prägte sie letztlich entscheidend mit. Bewilligt wurden Roberts' Pläne von der ARPA 1968, während die sozialen Proteste in den USA anschwellten und der Vietnamkrieg seinen Höhepunkt erreichte. 1969 begann dann der Bau des ARPANET, der 1972 mit der Präsentation auf der *First International Conference on Computer Communications* (ICCC) in Washington D.C. seine Vollendung erfuhr. Von 1972 – 1975 ging es dann darum, eine Verbindung zwischen einzelnen Kommunikationsnetzen untereinander zu schaffen und damit ein Internet als Netz der Netze. 1975 ist der vorläufige Endpunkt einer Entwicklung, mit der auch die Untersuchung enden soll: Erstens waren zu diesem Zeitpunkt alle wichtigen Technologien des Internet nicht nur konzipiert, sondern auch praktisch erprobt. Die interpretative Offenheit digitaler Kommunikationsnetzwerke hatte eine vorläufige Schließung erfahren, auch wenn keineswegs klar war, ob sich die Internettechnologie international bei den Anwendern gegenüber alternativen Modellen

erheblichen Anteil bei der Ausgestaltung der TCP/IP-Protokolle zur Vernetzung mehrerer Netzwerke. Vgl. ebenda, S. 122–125.

durchsetzen würde.[15] Zweitens rief die erfolgreiche Präsentation des ARPANET auf der ICCC 1972 zahlreiche andere Hersteller auf den Plan, eigene Netzwerklösungen auf Basis des *Packet Switching* zu entwickeln, die ab 1975 langsam Verbreitung fanden. Es setzte damit eine neue Phase ein, in der die Technologie selbst kaum mehr hinterfragt wurde.[16] Die Grundlagen für das Internet, wie wir es heute kennen, waren 1975 gelegt – als Technologie der Freiheit und Vergemeinschaftung, genauso wie der Überwachung und Kontrolle.

Um diese These zu veranschaulichen, werden zuerst in einem methodischen Kapitel die zentralen Begriffe definiert: Was genau ist das Internet, der Gegenstand dieses Buches? Was ist sein Kern und was unterscheidet das Internet vom Web? Was ist die Kybernetik und wie wurde sie zum dominanten intellektuellen Paradigma der Nachkriegsepoche, das die Konstruktion des Internet erst denkbar machte? Weiterhin wird der in der Untersuchung verwendete technikhistorische Ansatz der *Social Construction of Technology* vorgestellt, der davon ausgeht, dass Technologie gesellschaftlich gestaltet und Ausdruck der Interessen der an ihrer Gestaltung beteiligten Akteursgruppen ist. Ihre Autoren betonen besonders die Offenheit der technologischen Entwicklung. Dennoch wird in dieser Monographie kein reiner Sozialdeterminismus vertreten, sondern sowohl die *„unintended consequences“*[17] der Internettechnologie wie die E-Mailfunktion berücksichtigt, als auch der Trägheit technologischer Entwicklung Rechnung getra-

15 Zur weiteren Verbreitung des TCP/IP-Standards vgl. Russell, Andrew: Rough consensus and running code, in: IEEE Annals of the History of Computing 28 (2006), H. 3. S. 48 – 61.

16 Vgl. ebenda, S. 152. Mit der Übertragung der vollständigen Betreiberverantwortung an das Militär 1975 vollzog sich auch ein personeller Wechsel an der Spitze der ARPA, welche das Projekt angestoßen und finanziert hatte, sowie der IPTO, dem für Informationstechnologie zuständigen Bereich der ARPA. Vgl. ebenda, S. 136–137.

17 Vgl. ebenda, S. 106–110.

gen.[18] Gegenstand von Kapitel drei ist dem methodischen Ansatz folgend daher, die am Bau des ARPANET und Internet in den USA beteiligten Gruppen sowie ihre Interessen herauszuarbeiten.

Die Analyse zentraler Vorentwicklungen von Akustikforschung als sicherer Kommandoübertragung und dem *Timesharing* als gemeinsamer und direkter Art der Computernutzung steht im Mittelpunkt des vierten Kapitels. Hieran schließt Kapitel fünf an, in dem das *Packet Switching* als Kerntechnologie des ARPANET und dessen Entstehung als kybernetisches System analysiert wird. Vor allem wird danach gefragt, wie sich der Aufbau und die Planung des Gesamtsystems als selbststeuerndes, feedback-basiertes Kommunikationssystem vollzog. Als kybernetische Mechanismen stechen in der Konzeption der *Interface Message Processors* (IMPs), Vorläufer der modernen Internetrouter, vor allem deren autonome Selbstreparaturfähigkeiten und ihr verteilter Routingalgorithmus deutlich hervor. Gleichzeitig werden die zentralistischen und hierarchischen Elemente des ARPANET beleuchtet, von seiner Struktur eines inneren Netzwerkes, über das *Network Control Center* (NCC) als kybernetischer Kontrollinstanz durch Monitoring, bis hin zum *Layering* als der gedanklichen Hierarchisierung der einzelnen Netzfunktionen. Das ARPANET kann als eine *Closed World* begriffen werden, wie sie der Technikhistoriker Paul Edwards analysiert: Ein geschlossener gedanklicher, wie technischer Raum, der für den Kalten Krieg und den militärisch-industriellen Komplex auf beiden Seiten der Blockkonfrontation so typisch war.[19] Das Internet, Gegen-

18 Edwards et. al. ziehen zur Analyse der hier als Trägheit bezeichneten Langzeitwirkung einmal konstruierter technologischer Infrastruktur ein Konzept des gegenkulturellen Netzwerkers Stewart Brands zu Rate, „The long now of infrastructure" (Edwards et al., Understanding Infrastructure, S. 3). Dies belegt einmal mehr den Einfluss gegenkulturellen Denkens auf die Computertechnologie bis heute.

19 Vgl. Edwards, Paul N.: The closed world. Computers and the politics of discourse in cold war America. Cambridge (Mass.). London 1996, S. 13–15.

stand von Kapitel sechs, war schließlich ein Ausbruch aus dieser geschlossenen Welt, indem es Netzwerkgrenzen überwand. Dennoch basierte es aber in weiten Teilen weiterhin auf dem ARPANET als Rückgrat der Datenübertragung. Erst mit einer ausgewogenen historischen Analyse kann die Infrastruktur des Internet wirklich verstanden werden, die heute unser Leben grundlegend mitbestimmt.

II. Methode und Begriffe

Die Sprache ist das grundlegende Werkzeug des Historikers. Er nutzt es zur Analyse des zu untersuchenden Gegenstandes, wie auch zur Vermittlung der eigenen Erkenntnisse, die er darüber gewonnen hat. Dabei nimmt der Historiker immer eine Position ein, eine dezidierte Perspektive, die transparent zu machen das oberste wissenschaftliche Gebot bleibt. Es gilt umso mehr seit der linguistischen Wende und dem Aufkommen des Poststrukturalismus, nach dem die Sprache die Realität nicht nur abbildet, sondern immer auch konstruiert.[1] In einem Arbeitsbereich wie der Zeitgeschichte, die vor der Herausforderung steht, dass die verwendeten Begriffe keineswegs vergangen, sondern teils hochaktuell geblieben sind, ist eine Dekonstruktion der dementsprechend mit zeitgenössischen Interpretationen, sozialwissenschaftlichen Analysen und Verständnisschichten belegten Begriffe umso vordringlicher.[2] Neben einer kritischen Distanz zum Gegenstand soll eine mög-

---

1 Vgl. bspw. Foucault, Michel; Köppen, Ulrich: Archäologie des Wissens. Frankfurt am Main 1973, S. 9–30.

2 Vgl. Doering-Manteuffel, Anselm; Raphael, Lutz: Nach dem Boom. Perspektiven auf die Zeitgeschichte seit 1970. Göttingen 2008, S. 12–13. Foucault, Archäologie, S. 20 spricht hier von „Tableaus“, welche die Begriffsbedeutungen bildeten. Zur allgemeinen Problematik vergangener wie gegenwärtiger Semantiken vgl. Koselleck, Reinhart: Einleitung, in: Koselleck, Reinhart/Conze, Werner/Brunner, Otto (Hrsg.): Geschichtliche Grundbegriffe.

lichst große Nachvollziehbarkeit der Konstruktionsleistung gewährleistet sein, weswegen zuallererst eine saubere Begriffsdefinition das diesem Buch zugrundeliegende Verständnis offenlegt.[3]

NETZWERK

In den letzten zwanzig Jahren avancierte der Netzwerkbegriff zu einer ubiquitären Metapher und in „sämtlichen wissenschaftlichen Gebieten"[4] zu einer verbreiteten Methode. Es verband sich mit ihm die Hoffnung auf ein „gewaltiges neues analytisches Potenzial"[5] und die Möglichkeit, Disziplin- und Erkenntnisgrenzen zu überschreiten. Dabei wurde der Vorwurf laut, dass der Begriff „Netzwerk" kaum mehr Inhalt oder analytischen Nutzen besitze.[6] Er sei zu einer Art „absoluten Begriff" geworden, „ubiquitär und unverfügbar zugleich".[7]

Jedoch lassen sich mit ihm Verbindungen heterogener Elemente unterschiedlicher Intensität verdeutlichen und untersuchen. Er bedingt

---

Historisches Lexikon zur politisch-sozialen Sprache in Deutschland, Bd. 1, Stuttgart 1972, S. XIII–XXVII, hier S. XV–XVIII.

3 Hier folge ich Koselleck, der es ebenso notwendig erachtet, den „semasiologischen Aspekt, der alle Bedeutungen eines Terminus anvisiert" einzuengen und für die Fragestellung unerhebliche Neben- und Zweitdeutungen auszusondern. Ebenda, S. XXI–XXII.

4 Edwards, Paul N.: Schwache Disziplin. Der Macht-Wissen-Komplex in Netzwerken und der Niedergang des Expertentums, in: Kaufmann, Stefan (Hrsg.): Vernetzte Steuerung. Soziale Prozesse im Zeitalter technischer Netzwerke, Zürich 2007, S. 47–66, hier S. 48.

5 Ebenda.

6 Ähnlich wie es auch den Begriffen „Information", „Imperium" oder „Poststrukturalismus" der Fall ist.

7 Schüttpelz, Erhard: Ein absoluter Begriff. Zur Genealogie und Karriere des Netzwerkkonzepts, in: ebenda, S. 25–46, hier S. 26.

einen relationalen Ansatz,[8] der die Eigenschaften der einzelnen Knotenelemente aber nicht negiert. Er birgt eine diachrone Dynamik und Offenheit, ohne dabei seinen notwendiger Weise exkludierenden Charakter zu verlieren, der erst einen Erkenntnisgewinn durch Abgrenzung ermöglicht. Die den Netzwerken mögliche Flexibilität, Adaptivität und Dezentralität scheint gerade in Betrachtung verschiedener Schichten verknüpfter Netzwerke der Komplexität der Welt eher gerecht zu werden als manch anderes Modell. Dabei darf aber nicht vergessen werden, dass Netzwerke immer nur ein Modell und keineswegs antihierarchische Gebilde sind, die *per se* offener, freier, oder gar demokratisierend wirken. Vielmehr können sie durchaus hierarchischen, geschlossenen oder zentralistischen Charakters sein. „Networks are not necessarily more ‚flat', democratic, open, free, accessible, physically unconditional or less socially coherent than other modes of organization and communication", so van Dijk.[9] Daher soll an dieser Stelle ein nüchterner Netzwerkbegriff erarbeitet werden, der für den Zweck des Buches, die Entstehung des Internet als technologisches Kommunikationsnetzwerk und Netzwerk von Netzwerken zu erklären, von analytischem Nutzen ist.

Grundlegend ist ein Netzwerk „a set of interconnected nodes".[10] Der Kultur- und Medienhistoriker Erhard Schüttpelz macht zwei Verwendungsarten des Netzwerkbegriffes aus, die von der Betrachtungsebene abhängen: Erstens das Netzwerk als Infrastruktur, als makrotechnologisches Ensemble materieller, normierter Artefakte, beispielsweise dem Verkehrswesen, den Wasser- und Elektrizitätsnetzen oder der Telekommunikation. Zweitens das Netzwerk als eine Vielzahl kleiner „Gruppen von Leuten, die auf informelle Weise innerhalb von Institutionen oder quer zu ihnen im Austausch stehen",[11] als eine sozio-

8 van Dijk, Jan: Outline of a Multilevel Theory of the Network Society 2006, o.S.

9 Ebenda.

10 Castells, Internet Galaxy., Castells, Internet Galaxy, S. 1.

11 Schüttpelz, Absoluter Begriff, S. 28.

logische Mikroperspektive von unten. Beide Begriffsverwendungen datiert er auf das ausgehende 19. und beginnende 20. Jahrhundert. In einer begriffsgeschichtlichen Analyse konstatiert er dann eine Verschiebung und Vermischung beider Perspektiven über die Zeit, hin zu makrosoziologischen Netzwerken wie die Manuel Castells' einerseits und mikrotechnologischen Netzwerken wie der *Akteurs-Netzwerk-Theorie (ANT)* des französischen Soziologen Bruno Latour andererseits. Auf Grund der Fragestellung nach der soziotechnologischen Genese des Internet werden Netzwerke in diesem Buch primär im ersteren Sinne als Ensemble aus technischer Infrastruktur und sozialer Umwelt verstanden, auf deren Ausprägung verschiedene soziale Gruppen Einfluss nehmen. In diesem Verständnis wird auch die These untersucht, inwieweit soziale Vernetzung technischer Vernetzung vorausging. Es wird aufgezeigt, wie sich Kleingruppen als Interessenskonstellation bildeten und im Zusammenspiel auf die technische Entwicklung des Internet Einfluss nahmen.

Jan van Dijk, ein niederländischer Kommunikationswissenschaftler, greift die verschiedenen Perspektiven auf und versucht in einem Mehrebenenmodell die unterschiedlichen Betrachtungsebenen des Netzwerkbegriffes in einem Ansatz zu vereinen. Seine prägnante Definition: „*A network is a relatively open system linking at least three relatively closed systems*".[12]

An seinen Analysen werden jenseits problematischer Eigenschaftszuschreibungen an Netzwerke zwei Dinge deutlich: Erstens wurden

12 Van Dijk, Multilevel Theory., o.S. Weiterhin konstatiert er: „A closed system consists of fixed (sub)units primarily interacting among themselves to reproduce the system as a whole in a (pre)determined way. […] Networks are opening up the relatively closed systems of ‚organic' units (individuals, groups/organizations, societies) and by doing this keep them ‚alive' linking their closed structures to the networks own open structure. […] [N]etworks are helping these units to break old modes of organization and institution and to search for new scale levels, modes of organization, modes of control and finally new institutions." Hervorhebung im Original.

Netzwerke von verschiedenen Akteuren gegenüber hierarchisch-bürokratischen Organisationsformen geschlossener Natur in Stellung gebracht, die sie öffnen, aufbrechen und dadurch am Leben erhalten sollten. Genau dieser Vorgang vollzog sich von 1967-1975 mit der Entwicklung der Computernetzwerktechnologie, allerdings deutlich vielschichtiger und widersprüchlicher, als von van Dijk angedeutet wird. Zweitens steckt hier die Erklärung, wie sich das vollziehen konnte, bereits in der Definition. Der Netzwerkdiskurs ist ein Erbe des Systemdiskurses.[13] Sein Aufstieg „seit den 1970er-Jahren ist zum Teil als Versagen [...] des Systemdiskurses zu verstehen, wie er in den 1950er und 60er-Jahren dominierte".[14] Er fällt zeitlich zusammen mit der von Schüttpelz festgestellten Überschneidung der begrifflichen Verwen-

13 „Erben" auch im informationswissenschaftlichen Sinne: „In der Informatik versteht man hierunter die Weitergabe von Strukturen. Speziell in der objektorientierten Programmierung werden neue Klassen meist durch Abwandlung bereits vorhandener Klassen erstellt. Unter Vererbung versteht man, dass die neue Klasse N alle oder gewisse Eigenschaften, die eine bereits existierende Klasse K besitzt, übernimmt". Claus, Volker; Schwill, Andreas: Eintrag: "Vererbung", in: Claus, Volker/Schwill, Andreas (Hrsg.): Duden Informatik. A-Z, Fachlexicon für Studium Ausbildung und Beruf, Mannheim 2006, S. 719. Für den Diskursbegriff, genauer das Dispositiv, sei hier auf ein pragmatisches Verständnis Foucaults verwiesen, der Diskurse als Praxen entwirft, „die systematisch die Gegenstände bilden, von denen sie sprechen" (Foucault, Archäologie, S. 74) und die Regeln des sagbaren und nicht-sagbaren bestimmen. Vielsagend ist, dass Foucault 1978 den Begriff des Dispositives definiert als „das Netz, das zwischen diesen Elementen [Diskurse, Institutionen, Apparate, architekturale Einrichtungen, reglementierende Entscheidungen, Gesetze, administrative Maßnahmen] geknüpft werden kann" (Foucault, Michel: Dispositive der Macht. Über Sexualität, Wissen und Wahrheit. Berlin op. 1978, S. 119). Er verwendet also ebenfalls die Netzwerkmetapher zur Beschreibung soziotechnologischer Ensemble.

14 Edwards, Schwache Disziplin, S. 48.

dung von Netzwerk in Mikro- und Makroperspektive, kann also als Ausdruck einer historischen Veränderung gesehen werden, die in diesem Buch kontextualisiert wird. „Der Aufstieg des Netzwerkdiskurses zeigte die technologische Veränderung an und induzierte sie in gewissem Maß[sic!]".[15] Woraus bestand der Systemdiskurs genau, aus dem der Netzwerkdiskurs entwachsen ist? Kernstück und praktische Anwendung des Systemdiskurses der Nachkriegszeit war die Kybernetik.

KYBERNETIK

Wortbedeutung und Wortherkunft

Der Begriff Kybernetik bezeichnet die Wissenschaft der Regelung und Steuerung selbst-organisierter Systeme aus biologischen Organismen und Maschinen mittels Informationsübertragung, primär in Form von Feedbackschleifen oder Regelkreisläufen. Der Vater der Kybernetik, der jüdische US-Mathematiker Norbert Wiener,[16] definierte sie als

15 Ebenda, S. 53.

16 Wiener sprach seinem Jüdischsein nicht so sehr religiöse, als vielmehr gemeinschaftlich-intellektuelle Bedeutung in seiner Sozialisation zu. Schon seinen Vater, ein Weißrussischer Jude aus Byelostok (heute Bialystok, Polen) mit deutschen Wurzeln, bezeichnete er nicht als gläubig, aber umso einflussreicher für seinen intellektuellen Werdegang. Eine längere Ausführung zu seinem Verständnis seiner jüdischen Identität findet sich in seiner Autobiografie „Ex-Prodigy. My Childhood and Youth", die er 1953 veröffentlichte (Wiener, Norbert: Ex-prodigy;. My childhood and youth. Cambridge 1964, S. 8–12). Am deutlichsten wird seine jüdische Prägung im Universalismus der von ihm begründeten Wissenschaft und der Gleichsetzung von Mensch und Maschine. In seinem Buch „God and Golem Inc.: a comment on certain points where cybernetics impinges on religion" (1964) bezeichnet er beispielweise die Maschine als „the modern counterpart of the Golem of the Rabbi of Prague" (S. 95).

„the study of messages as a means of controlling machinery and society, the development of computing machines and other such automata, certain reflections upon psychology and the nervous system, and a tentative new theory of scientific method".[17]

Der Begriff stammt vom griechischen Wort *kybernētikḗ (téchnē)*, der Steuermannskunst. Wiener selbst prägte ihn im Jahr 1948 in seinem Buch „Cybernetics". Von derselben Wortherkunft stammt über die lateinische Korrumpierung *gubernator* das englische Wort für Regler: *governer.*[18] Zurückgehend auf eine Veröffentlichung des Schottischen Physiker James Maxwell mit diesem Titel entstand im 19. Jahrhundert die Regelungstechnik, die verschiedene mechanische Kontrollmechanismen physischer Systeme beschrieb und einem ähnlichen Grundkonzept wie die Kybernetik folgte. Wiener bezieht sich an einer Stelle explizit auf Maxwells Publikation als „the first significant paper on feedback mechanisms".[19]

Die Kybernetik als Leittheorie des Informationszeitalters und der Vernetzung

Für Norbert Wiener war die Welt zusammengesetzt aus Systemen als strukturierte, geordnete Muster von Information gegenüber einer nach

---

17 Wiener, Norbert: The human use of human beeings. Cybernetics and society. Garden City, N.Y. 1954, S. 15

18 Was sowohl „(Mech.) Regler, der", als auch „Herrscher" oder „Direktor" heißen kann (Eintrag: „governor", in: Dudenverl. (Hrsg.): Duden-Oxford – Großwörterbuch Englisch. [CD-ROM], Mannheim 2003). Sprich: „[o]ne who bears rule in an establishment, institution, society, etc." (Eintrag: „governor, n.", in: Oxford Univ. Pr. (Hrsg.): OED Online, Oxford 2013). Auf die darin enthaltene Doppeldeutigkeit spielte Wiener nicht ohne Grund an, verstand er sein Projekt der Kybernetik sowohl als Steuerungstheorie von biologischen Organismen als auch von Großsystemen wie der Gesellschaft.

19 Wiener, Cybernetics, S. 19.

Entropie strebenden Umwelt. Diese Systeme sah er durch Information vernetzt; sie kommunizierten mittels Informationsaustausch. Das wichtigste Prinzip der Kybernetik ist dabei das der Rückkoppelung oder zirkulärer, selbst-korrektiver Schleifen. Das heißt: Die Information über die Konsequenz einer Handlung eines dynamischen Systems wird direkt wieder als Input in dieses System integriert und kontrolliert nachfolgende Handlungen. Wiener beschreibt dies an Hand eines Menschen, der versucht, nach einem Glas Wasser zu greifen und zu trinken. Ohne ein Feedback über den Erfolg seiner Handlung und dessen Integration in seine nachfolgenden Handlungen würde dieser Mensch alles Wasser verschütten, bevor er es an den Mund führen könnte.[20]

Veranschaulicht wurde diese Vorstellung beispielsweise an Hand von unendlichen Automaten wie der Touring-Maschine, bei der das Feedback einer vom Band abgelesenen Aktion den Zustand der Maschine ändern kann. Ebenso findet sich die Modellierung von Rückkoppelungsmechanismen in endlichen Automaten wieder, im Englischen *finite state machine* (FSM) genannt. In diesem zweiten, auf der Automatentheorie beruhenden Modell wird eine FSM mit einer endlichen Menge von Zuständen z beschrieben. Das System ist streng deterministisch, das heißt der gegenwärtige Zustand ist rein von seinem vorherigen Zustand und Input abhängig, der Output rein vom gegenwärtigen Zustand. Auf ein bestimmtes Ereignis s hin wird eine Aktion a ausgeführt, die den Zustand z des Systems ändert, oder in seinem bisherigen Zustand belässt (s. Abbildung 1: FSM mit zwei Zuständen).

20 Vgl. ebenda, S. 113–136. Das Beispiel des trinkenden Menschen befindet sich auf den Seiten 113-114.

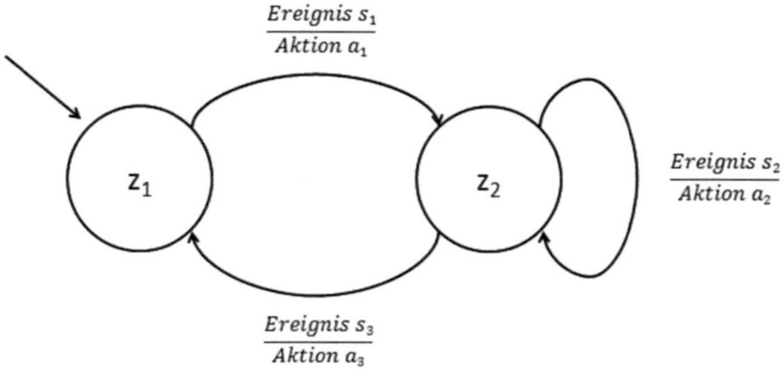

Abbildung 1: FSM mit zwei Zuständen. Quelle: Eigene Darstellung.

Die Kybernetiker gingen davon aus, dass die Systeme, die sie von außen beobachteten, sich an Hand solcher Rückkoppelungsprozesse selbst steuerten und regulierten. Im Idealfall sei ein Eingreifen überhaupt nicht notwendig, da das System mittels rekursiver Feedbackprozesse einen Zustand der Homöostase und damit eine Art natürliches Gleichgewicht erreiche.[21]

In Anbetracht der Herkunft des Konzeptes aus dem 18. und 19. Jahrhundert lässt sich bereits dieselbe Frage stellen, die auch das hier vorliegende Buch inspiriert: Gab es einen Einfluss gesellschaftlicher Interessen der Zeit auf die Ausprägung der Regelungstechnik? Der Technikhistoriker Otto Mayr stellt eine erstaunliche Gleichzeitigkeit von Vorstellungen der Selbstregulation in der Blüte des Liberalismus als politisch-gesellschaftliches Ordnungsmodell und der Entstehung technischer Selbstregulationsmechanismen fest.[22]

21 Vgl. ebenda, S. 134–136. Zur Herkunft und Entwicklung des Konzeptes vgl. Hayles, Katherine: How we became posthuman. Virtual bodies in cybernetics, literature, and informatics. Chicago, Ill 1999, S. 7–10.

22 Vgl. Mayr, Otto: Uhrwerk und Waage. Autorität, Freiheit und technische Systeme in der frühen Neuzeit. München 1987, S. 233–236. Er konstatiert vorsichtig, dass es „äußerst wahrscheinlich [ist], daß die Erfinder der Sug-

Kontrolle und Steuerung spielen trotz Selbstregulation und Autonomie des Systems in der Kybernetik eine gewichtige Rolle, nur auf eine neue Art und Weise: Erstens durch die Definition oder das Verständnis der Anfangsbedingungen bei der Schaffung von Systemen, also der Festlegung des Rahmens. Zweitens als Form der indirekten Kontrolle der Gesamtsysteme mittels generierter Feedbackschleifen. Drittens im Verständnis der Systemregeln in Form von Informationsflüssen, dem *control through measurement.* Die Vorstellung des außenstehenden Beobachters ist besonders in der ersten Generation der Kybernetiker um Norbert Wiener ausgeprägt. Die zweite Generation der Kybernetiker begriff sich hingegen als teilnehmender Beobachter innerhalb des Systems, da sie es als unmöglich ansahen, eine tatsächliche Außenposition zu erreichen.[23]

Eine weitere Grundannahme der Kybernetiker ist die Vorstellung des Menschen, sowie allgemein biologischer Organismen und Maschinen als gleichwertige Teile eines größeren Systems: Der Mensch als Menschmaschine.[24] Eine Grundlage hierfür bildete das logische Kalkül Warren

---

gestivkraft der liberalen Ordnungsvorstellung ebenso ausgesetzt waren wie ihre Zeitgenossen und der Charakter ihrer Erfindungen und Neuerungen davon beeinflußt wurde. Möglicherweise haben sie aufgrund dieses Einflusses den Wert des Ausgleichs und des Gleichgewichts erkannt und gelernt, die dynamischen Wechselwirkungen zwischen verschiedenen Teilen eines Systems zu beachten" (ebenda, S. 235).

23 Zur Unterscheidung der einzelnen Phasen der Kybernetik vgl. Hayles, Posthuman, S. 10. Für die zweite Generation der Kybernetiker ist vor allem Heinz von Foerster zu nennen.

24 So der Titel der deutschen Übersetzung von „The human use of human beings". Katherine Hayles hebt hervor, dass es Wiener gar nicht so sehr darum ging, den Mensch als Maschine darzustellen, sondern dass er weiterhin ein humanistisches Weltbild vertreten habe. Sein Anliegen sei es gewesen „to extend liberal humanism, not to subvert it" (ebenda. S. 7), was sich dann aber in der weiteren Entwicklung der Kybernetik und des Kalten Krieges immer weiter aufgelöst habe. Kybernetik ist dabei nicht nur als

McCullochs und Walter Pitts zur Beschreibung neuronaler Netze, mit Hilfe dessen jegliches Nervengewebe „als Verkörperung Bool'scher Algebra zu begreifen" sei. Für die Anwendung des Kalküls sei es letztlich sekundär, ob es nun „von Synapsen oder von Röhren, ob von Schaltern oder von Tintenstrichen"[25] ausgeführt werde. *„The brain as a computing machine"*[26] heißt der vielsagende Titel der beiden Psychologen aus dem Jahr 1949. Diese Gleichsetzung von Mensch und Maschine bedeutete für die Kybernetiker auch, dass sie das Gehirn mit elektronischen Schaltteilen nachbauen konnten, worin sich vor allem der geniale wie illustre Mathematiker John von Neumann hervortat. Er ließ sich nicht nur im Entwurf seiner mathematischen Logik von der Notation McCullochs und Pitts inspirieren.[27] Er entwarf ebenso eine frühe und bis heute in vielen Teilen gültige Computerarchitektur aus Rechenwerk, Steuerwerk und Speicher sowie einem Eingabe-/Ausgabewerk nach der Vorlage des menschlichen Gehirns. Im ersten Entwurf zum EDVAC, einem frühen speicherprogrammierten Binärrechner, schreibt er: „The three specific

weitere mathematische Beschreibung menschlichen Verhaltens, sondern als die Integration mathematischer Modelle, psychischer Mechanismen, informationsverarbeitender Geräte und Daten über menschliches wie tierisches Verhalten in einen einheitlichen gedanklichen Rahmen zu verstehen.

25 Pias, Claus: „Die kybernetische Illusion", in: Liebrand, Claudia/Schneider, Irmela (Hrsg.): Medien in Medien, Köln 2002, S. 51–66, hier S. 54–55.

26 McCulloch, Warren S; Pitts, Walter: The brain as a computing machine, in: Electrical engineering 68 (1949), H. 6, S. 492–497. Zum ersten Mal präsentierten sie ihre Idee neuronaler Netze und der Nervenzelle als FSM bereits 1943 in McCulloch, Warren S; Pitts, Walter: A logical calculus of the ideas immanent in nervous activity 5 (1943), H. 4, S. 115–133.

27 Vgl. Edwards, Closed world, S. 188. Von Neumann arbeitete bis kurz vor seinem Tod an der Frage der Analogie von Gehirn und Computer. Darüber hinaus entwarf er allerdings auch die Grundzüge der Spieltheorie, der Quantenmechanik und war ein wichtiger Berater am Manhatten Projekt. Sein Einfluss auf das Denken im Kalten Krieg ist enorm. Vgl. bspw. Schirrmacher, Frank: Ego. Das Spiel des Lebens. München 2013, S. 58–74.

parts CA [Central Arithmetical], CC [Central Control] […] and M [Memory] correspond to the *associative* neurons in the human nervous system. It remains […] the equivalents of the *sensory* of *afferent* and the motor or efferent neurons. These are the *input* and the *output* organs of the device".[28] Die dabei von ihm verwendete, binäre Logik des Digitalen wurde der unhinterfragbare Code des Informationszeitalters. Für die Kybernetik stellt Kybernetik daher nachfolgend fest:

„Sie [die Kybernetik] nimmt das Digitale als *Medium* allen Wissens an, das in den *Formen* von Computern und Nervengeweben, in der Berechenbarkeit des Schönen oder den Regelkreisen der Wirtschaft, in der Organisation des psychischen Apparats und des Lebens selbst gleichermaßen virulent ist, das alte Trennungen des Wissens aufhebt und neue Ähnlichkeiten schafft und das die Grenzen oder Schnittstellen zwischen jeglichen Einheiten neu organisieren soll, die man Mensch und Natur, Mensch und Apparat, Subjekt und Objekt, *psyche* und *techne* nannte".[29]

Norbert Wiener fasst die Prinzipien der Gleichsetzung aller Dinge in Hinblick auf die Kybernetik folgender Maßen zusammen: „Die neuere wissenschaftliche Beschäftigung mit Automaten, ob aus Metall oder Fleisch, bildetet einen Zweig der Nachrichtentechnik, und ihre Hauptideen sind diejenigen der Nachricht, des Störungsgrades oder ‚Rauschens' […], der Quantität der zu übertragenden Informationen, der Kodierungsverfahren usw.".[30]

---

28 Neumann, John von: First Draft of a Report on the EDVAC. Pennsylvania 1945, S. 12.

29 Pias, Claus: Elektronenhirn und verbotene Zone. Zur kybernetischen Ökonomie des Digitalen, in: Schröter, Jens/Böhnke, Alexander (Hrsg.): Analog/Digital – Opposition oder Kontinuum? Zur Theorie und Geschichte einer Unterscheidung, Bielefeld 2004, S. 295–310, hier S. 296.

30 Wiener, Norbert: Kybernetik, in: Dotzler, Bernhard (Hrsg.): Norbert Wiener. Futurum exactum. Ausgewählte Schriften zur Kybernetik und Kommunikationstheorie, Wien, New York 2002, S. 15–29, hier S. 19.

Die Gemeinsamkeit der Kybernetik mit der Informationstheorie des US-Mathematikers und Elektroingenieurs Claude Shannon ist offensichtlich. Shannon veröffentlichte seine Theorie ebenfalls im Jahr 1948 und bestimmte mit dem darin enthaltenen Begriffs des Bits für *binary digit* die grundlegende Einheit des Informationszeitalters.[31] Beide prägt ein von der Bedeutung losgelöstes, universales Verständnis von Information als binäre Zeichenketten gegenüber eines „Rauschens"[32] der Umgebung. Beide operieren mit Nachrichten als Ordnung in der Unordnung und Vernetzung einzelner Elemente. Beide boten in ihrer abstrakten mathematischen Formulierung objektiver Genauigkeit die Möglichkeit und den Anreiz zu umfassender Analogiebildung in den unterschiedlichsten Disziplinen. Aus ihnen entstanden in enger gegenseitiger Verknüpfung die Computerwissenschaft, wie auch die Kognitionswissenschaft. Sie hatten Einfluss und wurden beeinflusst von der Systemtheorie, der Architektur und der Organisationstheorie, sowohl im Westen, wie auch im Ostblock.[33] Informationstheorie und Kybernetik entwickelten sich zu den beiden großen Leittheorien des Informationszeitalters.

31 Shannon, Claude: A Mathematical Theory of Communication, in: The Bell System Technical Journal 27 (1948), H. 3, S. 379–423. Das *Oxford English Dictionary* weißt diesen Artikel als die erste Nennung überhaupt des Wortes "Bit" aus. Inspiriert wurde er dabei von den Kommunikationsingenieuren, welche mit Information „the amount of message flowing through a telephone wire, as opposed to static" maßen. Wiener selbst empfand die Informationstheorie des deutlich jüngeren Shannons als dreiste Kopie. Vgl. Waldrop, M. Mitchell: The dream machine. J.C.R. Licklider and the revolution that made computing personal. New York 2001, S. 78, 81.

32 Ein Begriff aus der Nachrichtentechnik zur Bezeichnung einer Störquelle, im englischen Original wird dabei von *„noise"*gesprochen, bspw. Wiener, Cybernetics, S. 10.

33 Vgl. Gerovitch, Slava: From newspeak to cyberspeak. A history of Soviet cybernetics. Cambridge, Mass. London 2002. Für eine zeitgenössische Unterscheidung zwischen Systemtheorie und Kybernetik s. Lilienfeld, Robert:

Wirkungsgeschichte und Ausweitung des Geltungsbereiches

Ihren Ursprung hatte die Kybernetik aus der direkten Erfahrung Norbert Wieners bei der Entwicklung von Flugabwehrkanonen im Zweiten Weltkrieg am Radiation Lab des MIT. Das Ziel der dortigen Ingenieure war eine bessere Integration von Soldat und Maschine, um deren Zielgenauigkeit zu optimieren. Erreicht werden sollte einerseits die bessere Antizipation der Flugbahn von Flugzeug und Projektil, andererseits aber genauso die Optimierung der Adaptionsleistung des Schützen mittels selbststeuernder Rückkoppelungsprozesse. Aber die Kybernetiker um Wiener begannen schon früh, den Geltungsbereich kybernetischer Annahmen auf andere Bereiche auszuweiten. Die Kybernetik stieg in den 1950er-Jahren zu einer Universalwissenschaft auf, in der jegliche Objekte nach denselben Prinzipien der Selbstregulation und mit einer mathematisch-abstrakten Sprache beschrieben werden konnte. Dabei war es sekundär, ob es sich um Vorgänge in Lebewesen, Maschinen, Gesellschaftssysteme oder Wirtschaftskreisläufe handelte. Mit der Verbreitung der Computertechnik, insbesondere des Digitalcomputers, den von Neumann nach dem Vorbild des menschlichen Schaltplans entwarf, setzte sich diese universelle Beschreibungsfähigkeit als *computational metaphor* durch. So schreibt beispielsweise der aus der Gegenkultur stammende Journalist Kevin Kelly 1998 in einem Essay resümierend: „the universe is a computer. Already the following views are widespread: thinking is a type of computation, DNA is software, evolution is an algorithmic process".[34] In der Dekonstruktion dieses

---

The rise of systems theory. An ideological analysis. New York 1978. Vgl. auch Turner, From Counterculture, S. 265, Fn. 43.

34 Kelly, Kevin: The Computational Metaphor, in: Brand, Stewart (Hrsg.): Whole Earth, San Rafael, CA 1998, S. 5 Vgl. für eine kritische Betrachtung der *computational metaphor* vor allem das Buch des amerikanischen Sprachwissenschaftlers Golumbia, David: The cultural logic of computation. Cambridge, Mass. 2009.

Denkens liegt der analytische Nutzen des Begriffes Kybernetik für die Untersuchung, in welcher der Einfluss unterschiedlicher soziale Gruppen auf die technologische Ausprägung des Internet untersucht wird.

Die Kybernetik bildete einerseits eine Kontaktsprache, mittels derer die hier untersuchten sozialen heterogenen Gruppen sich verständigen und zusammenarbeiten konnten. Mit ihr wurde es für diese Gruppen möglich, ganz unterschiedliche Phänomene in einer gemeinsamen Sprache und denselben Begriffen zu beschreiben. Dadurch war es ihnen möglich, interpersonelle Netzwerke gegenseitiger Legitimation zu bilden, welche es begünstigten, ihre jeweiligen Interessen in der Technologie zu realisieren. Ganz konkret lässt sich dies beispielsweise in Artefakten wie dem Flugabwehrsystem Norbert Wieners oder dem Digitalcomputer von Neumanns als Prototypen kybernetischen Denkens belegen, die für Berechenbarkeit biologischen, mechanischen und sozialen Verhaltens und dessen Rückkoppelung standen. Der Anspruch der Kybernetiker war immer auch der, das eigene Denken in gemeinsamen Werkzeugen an der Schnittstelle zwischen Mensch und Maschine zu manifestieren.[35] Andererseits gilt es, nicht der Hybris der Kybernetik zu erliegen, sondern ihren bis heute fortdauernden Anspruch universalistischer Erklärungsmacht kritisch zu reflektieren.

Der Erfolg Wieners relativ technischen Buches und seiner Nachfolger lässt sich auch damit erklären, dass in der US-amerikanischen Gesellschaft nach dem Atombombenabwürfen auf Nagasaki wie Hiroshima und dem Sieg über das „Dritte Reich" ein Nachdenken über eine zunehmend bedeutende Stellung der Wissenschaft begonnen hatte.[36] Vielen Amerikanern bot die Kybernetik Wieners eine doppelte Erklärungskraft: Einerseits ein Verständnis des als dystopisch empfundenen Eindringens der Technik und der damit einhergehenden Automatisierung in immer mehr Bereiche menschlichen Lebens. Kybernetik erklär-

35 Vgl. Turner, From Counterculture, S. 19–20 Für die kybernetischen Prototypen v.a. S. 26.

36 „I wrote a more or less technical book entitled *Cybernetics*", Wiener, human use, S. 15.

te die treibenden Kräfte hinter dem militärisch-industriellen Komplex der Nachkriegszeit. Andererseits bot sie gleichzeitig eine Alternative. Diese lag in einem kybernetischen Bild vom Menschen und der Maschine als dynamische, kollaborative Elemente eines selbstregulativen, soziotechnischen Systems, in dem Kontrolle nicht von einem einzelnen Führer ausgeht, sondern aus den komplexen, egalitären Interaktionen der Menschen, der Maschinen und der Umwelt in techno-demokratischer Selbstverwaltung.[37]

Zum dominanten intellektuellen Paradigma der Nachkriegszeit mit starker Wirkung bis hinein in die späten 1960er- und frühen 1970er-Jahre stieg die Kybernetik maßgeblich durch die Macy-Konferenzen auf, die in den Jahren von 1946 – 1953 stattfanden. Auf diesen von der Macy Foundation organisierten Treffen kamen aufstrebende und etablierte Wissenschaftler aus den verschiedensten akademischen Disziplinen zusammen, von Kybernetikern wie Arturo Rosenblueth und Waren McCulloch, über Psychologen wie Kurt Lewin und J.C.R. Licklider, dessen kybernetische Visionen interaktiver, vernetzter Computernutzung für das Internet eine bedeutende Rolle spielten, Mathematikern wie Wiener, Shannon und von Neumann, Biologen und Pysikern wie Max Delbrück, bis hin zu Philosophen, Ökonomen, Soziologen und Antropologen wie Charles Morris, Oskar Morgenstern, Gregory Bateson oder Margaret Mead. Die insgesamt zehn Tagungen dauerten nicht mehr als ein Wochenende und waren auf zwanzig Teilnehmer beschränkt.[38] Trotz erheblichem Konfliktpotenzial und fortdauernder Meinungsverschiedenheiten halfen die Konferenzen, aus den Vorstellungen und Theorie ihrer Teilnehmer ein einheitliches, umfassendes Gebilde zu schmieden: Die Kybernetik.[39]

37 Vgl. Turner, From Counterculture, S. 21–28.

38 Vgl. ebenda, S. 26; Pias, Kybernetische Illusion, S. 52. Die Macy Foundation ist eine Stiftung zur Förderung der medizinischen Bildung.

39 Die Quellen der Macy-Konferenzen hat der Wissenschaftshistoriker Claus Pias in einem zweibändigen Werk umfassend bearbeitet: Pias, Claus: Cybernetics. The Macy-Conferences 1946-1953. Zürich [u.a.] 2003.

In den zwei Dekaden nach dem Weltkrieg fanden die Annahmen der Kybernetik hauptsächlich in technologischen Großprojekten wie dem Flugabwehrsystem SAGE[40] und in einer Vielzahl akademischer Disziplinen ihren Niederschlag. Ihre Anwendung reichte bis hin zu den Stadtplanungsprojekten der *Great Society* Lyndon Johnsons, einem großangelegten Sozialreformprogramm in der zweiten Hälfte der 1960er-Jahre.[41] Um die kollektiven Großanstrengungen der militärischen Projekte des Ost-West-Konfliktes zu koordinieren, an denen Spezialisten aus den unterschiedlichsten Disziplinen und Nationalitäten arbeiteten, war eine gemeinsame Sprache unumgänglich. Die Kybernetik mit ihrer universellen Anwendbarkeit und ihren adaptiven Mechanismen bot sich hier geradezu an. In der Arbeit einer ganzen Generation von Ingenieuren in Ost und West wurde sie zur Praxis des interdisziplinären und kollaborativen Arbeitens im Kalten Krieg.[42] Ob nun das sich über den nordamerikanischen Kontinent erstreckende, rhombenförmige Netz aus Radaranlagen und Kontrollzentren des ersten computergestützten Luftverteidigungssystems SAGE, oder die Interkontinen-

40 Die Abkürzung SAGE stand für das Semi-Automatic Ground Environment, das erste computergestützte Luftabwehrsystem der USA. Es verlor durch die erfolgreiche Erprobung von Interkontinentalraketen durch die Sowjetunion 1957 seinen Sinn, erlangte aber für die Computer- und Netzwerktechnik große Bedeutung in der Vernetzung und Koordination der einzelnen Einsatzzentren. Vgl. Edwards, Closed world, S. 75–112.

41 Vgl. Lilienfeld, Systems theory. Jardini, David R.: Out of the blue yonder. The Transfer of Systems Thinking from the Pentagon to the Great Society, 1961-1965, in: Agatha C. Hughes/Thomas Parke Hughes (Hrsg.): Systems, experts, and computers. The systems approach in management and engineering, World War II and after, Cambridge, Mass 2000, S. 311–350.

42 Dittmann, Frank; Seising, Rudolf (Hrsg.): Kybernetik steckt den Osten an: Aufstieg und Schwierigkeiten einer interdisziplinären Wissenschaft in der DDR, Berlin 2007.

talraketen des Atlasprojektes, die den Kontinent überwanden:[43] Das Ergebnis der Arbeit waren gleichsam integrierte Schaltkreise aus Menschen und Elektronik, in Stahl und Silizium geschmolzene Monumente der Hochtechnologie, riesige Manifestationen kybernetischer Prinzipien. Sie prägte eine ganze Generation an Ingenieuren und Computerwissenschaftlern, welche die Art, kybernetisch zu arbeiten und zu denken, mit in die darauffolgenden Projekte nahm.[44]

Das ARPANET und ebenso das Internet stellten solch einen kybernetischen Prototypen massiven Ausmaßes *per excellence* dar, die gleichzeitig einen Übergang zum Netzwerkdiskurs markierten.

INTERNET

Das Internet ist nicht das World Wide Web. Das Internet ist die technische Infrastruktur, das Betriebssystem, auf dem das Web, gleichsam einer Software, gemeinsam mit anderen Anwendungen läuft. In der öffentlichen Diskussion wird der Begriff Internet hingegen häufig synonym für das Web verwendet, was daran liegt, dass das Internet erst durch das Web als einfaches Nutzerinterface öffentlich Verbreitung fand und beide technisch eng zusammenhängen. Das führte zu einer Wahrnehmung des vernetzungstechnischen Gesamtphänomens „Internet". Das Internet und das Web haben allerdings zwei unterschiedliche historische Entwicklungen. Das Web ist deutlich jünger als das hier untersuchte Internet, es wurde erst im Jahr 1989 vom britischen Physiker Tim-Berners Lee am europäischen Kernforschungszentrum CERN als Werkzeug wissenschaftlicher Kommunikation und Wissensorganisation in Zeiten gestiegener Mobilität, höherer Flexibilität und

43 Zur Geschichte der ICBM als Management des militärisch-industriellen Komplexes vgl. Hughes, Rescuing Prometheus, S. 69–140.

44 Vgl. Norberg, Arthur L; Zraket, Charles A.: An Interview with Charles A. Zraket. OH 198. Minneapolis, MN. 1990, S. 5, 7-9.

schrumpfender Zeitspannen entwickelt.[45] Neben dem Web laufen noch zahlreiche andere Anwendungen auf der Infrastruktur des Internet, beispielsweise E-Mail, die IP-Telefonie (Voice-over-IP), Videodienste oder das Filesharing.[46] Allgemein entzieht sich das Internet einer einfachen Definition in einem Satz und je nach Abstraktionsebene definieren andere Komponenten das Internet, weswegen im Folgenden der Untersuchungsgegenstand mittels seiner Wortherkunft, wie auch der Analyse seiner Bestandteile, umrissen werden soll.

Das Internet als Netzwerk von Netzwerken

Auch das Internet und das ARPANET sind nicht dasselbe. Letzteres war nur ein Teil des Internet als Netzwerk von Netzwerken. Etymologisch bezeichnete der Begriff Internet ursprünglich ein beliebiges Computernetzwerk, das aus einer Anzahl kleinerer Netzwerke wie dem ARPANET bestand oder diese miteinander verband. In den 1960er- und 1970er-Jahren war er kein geläufiger Fachbegriff, sondern entwickelte sich dazu erst in den frühen 1980er-Jahren. Zuvor verwendeten die Computerwissenschaftler Begriffe wie *multinetwork environment* oder *catenet* für die Verbindung mehrerer Netzwerke.[47] Geprägt hat

45 Berners-Lee, Tim; Fischetti, Mark: Weaving the Web. The original design and ultimate destiny of the World Wide Web by its inventor. San Francisco 1999, S. 212–213. Berners-Lee sagte hier selbst zusammenfassend: „CERN meets now some problems which the rest of the world will have to face soon“ (S. 213). Damit ist Berner-Lee ein gutes Beispiel für den im Rahmen des Tübinger Forschungsprojektes „Nach dem Boom“ zeithistorisch analysierten Wandel zur „Beschleunigung, Flexibilität und flüchtige Moderne“, an das diese Untersuchung anknüpft.

46 Vgl. Kurose, James F; Ross, Keith W.: Computernetzwerke. Der Top-Down-Ansatz. München 2012, S. 26–27.

47 Catenet von „concatenation […] (lit. or fig.) Verkettung“ (Eintrag: "concatenation", in: Dudenverl. (Hrsg.): Duden-Oxford – Großwörterbuch

letzteren der französische Netzwerkforscher Louis Pouzin.[48] Der Vorgang der Konkatenation bezeichnet in der Informatik die Operation der Ende-zu-Ende Verknüpfung von Elementen, hier gleich in zweifacher Weise:[49] Erstens von heterogenen Netzwerken, zweitens in der direkten Ende-zu-Ende Verknüpfung zweier Hosts in unterschiedlichen Netzwerken, ein Wesensmerkmal des Internet. Pouzin inspirierte mit seiner Arbeit die amerikanischen Forscher Vinton Cerf und Robert Kahn, die dann in ihrem für die Entwicklung des Internet maßgeblichen Paper ebenfalls im Jahr 1974 von einem „*internetwork protocol*“[50] sprachen. Verkürzt leitete sich daraus schließlich die Bezeichnung Internet ab.[51] Wichtig ist es, hier die Begriffsverschiebung des Netzwerkbegriffes hervorzuheben, der zuvor technisch nur das bezeichnete, was heute unter einem lokalen Netzwerk (LAN) verstanden wird. Mit zunehmender infrastruktureller Dominanz des Internet änderte sich die Begriffsverwendung hin zur Beschreibung vernetzter Netze. Ebenso bezeichnete der Internetbegriff auch nicht mehr ein beliebiges Metanetzwerk, sondern es wurde fortan von Internet gesprochen als dem einen

---

Englisch. [CD-ROM], Mannheim 2003). Zu den Vorgängerbegriffen des Internet vgl. Abbate, Inventing, S. 233, wie Anm. 4.

48 Vgl. Pouzin, Louis: A Proposal for Interconnecting Packet Switching Networks, in: Proceedings of EUROCOMP (1974), May, S. 1023–1036.

49 Claus, Volker; Schwill, Andreas: Eintrag "Konkatenation", in: Volker Claus/Andreas Schwill (Hrsg.): Duden Informatik. A-Z, Fachlexicon für Studium Ausbildung und Beruf, Mannheim 2006, S. 362.

50 Cerf, Vinton G; Kahn, Robert E.: A Protocol for Packet Network Intercommunication, in: IEEE Transactions on Communications COM-22 (1974), May, S. 637–648, hier S. 637. Ein Protokoll ist dabei ein „set of agreed upon conventions“ (ebenda).

51 Vgl. Eintrag: "Internet, n.", in: Oxford Univ. Pr. (Hrsg.): OED Online, Oxford 2013.

„global computer network (which evolved out of ARPAnet) providing a variety of information and communication facilities to its users, and consisting of a loose confederation of interconnected networks which use standardized communication protocols“.[52]

Die Informatiker James Kurose und Keith Ross weisen zu Recht darauf hin, dass der Begriff Computer-Netzwerk inzwischen selbst historisch geworden ist, da das Internet inzwischen nicht nur Computer, sondern eine Vielzahl unterschiedlicher Endgeräte miteinander verbindet. In der Fachsprache werden diese Endgeräte als „Hosts“ bezeichnet.[53]

Die Bestandteile des Internet als Infrastruktur

Routing

Das Internet besteht aus den Hosts, die es verbindet. Sie werden vernetzt durch Millionen von Kommunikationswegen wie Glasfaserkabeln, Satelliten- oder auch Funkverbindungen, dazwischen die Router und Internetknoten, welche den Internetverkehr weiterleiten. Das Internet besteht aus dem Strom der Daten, die es, aufgeteilt in Datenpakete, mit großer Geschwindigkeit grenzüberschreitend über den ganzen Globus verteilt. Die Datenpakete selbst enthalten neben weiteren Kontrollinformationen und den Nutzdaten in der Regel nur die Adresse des Ziels, nicht aber den exakten Weg dorthin.[54] Dieser wird flexibel im Netzwerk ermittelt, was als dynamisches Routing bezeichnet wird. Ne-

52 Ebenda.

53 Vom Toaster über den Internetserver mit Inhalten bis hin zum Smartphone. Vgl. Kurose et al., Computernetzwerke, S. 31–33. In den verwendeten Quellen wird in der Regel von Endsystemen oder ebenfalls meist von Hosts gesprochen.

54 *Routing* ist die Ermittlung des optimalen Weges eines Datenpaketes durch das Netzwerk. *Forwarding* ist die Entscheidung jedes einzelnen Knotens über die Weitergabe des Datenpaketes an den nächsten Knoten.

ben dem Datenverkehr läuft über das Internet auch der Kontrollverkehr, mittels dessen sich jeder Knoten mit den anderen über die Struktur des Netzwerkes austauscht und seine eigenen Informationen über die Topologie anpasst.[55] Das Netzwerk verständigt sich über seine Struktur im Moment der Datenübertragung. Jeder Knoten gibt das Paket an den nächst besten Knoten zum Ziel weiter. Es gibt kein Zentrum, das jedes Datenpaket durchlaufen muss, um von dort aus zum Ziel zugestellt zu werden, sondern der Kommunikationsvorgang läuft weitestgehend verteilt ab. Dadurch ist es hochgradig adaptiv, autonom und ausfallresistent.

Die Kommunikation zwischen den einzelnen Hosts, Routern und Netzwerken wird durch Protokolle geregelt. Diese sind Teil des Internet, primär die TCP-IP-Protokollfamilie. In ihnen werden der Routingmechanismus festlegt, welche Größe die Pakete haben dürfen, wie die Daten zu interpretieren sind und wie einem eventuellen Datenverlust vorgebeugt werden kann. Ausgehandelt wurden die Standards in einem kollaborativen und offenen Prozess, in dem sich deutlich die Spuren der Gegenkultur der 1960er-Jahre finden lassen. Das Netzwerk agiert im Modus des Versendens den Inhalten gegenüber neutral. Ein Paket wird nicht daraufhin untersucht, welchen Inhalt es transportiert, oder wer jenseits der Adresse der Absender oder der Empfänger ist. Es wird quasi blind an den nächsten, relativ zum Ziel besten Knoten weitergereicht. Dynamisches Routing und Inhaltsneutralität haben maßgeblich die Vorstellung vom Internet als freiem, dezentralem und flexiblem Netzwerk beeinflusst.[56]

55 Hier gibt es abstrahiert zwei Funktionsweisen: Das Distant Vector Routing, bei dem jeder Knoten nur seine Nachbarn kennt und darüber Informationen austauscht, oder dem Link State Routing, bei dem jeder Knoten eine Topologie des Gesamtnetzwerkes berechnet.

56 Möglich ist eine Untersuchung aber durchaus. Sie wird *Deep Packet Inspection* genannt.

Layering

Es gibt eine logische Trennung zwischen den einzelnen funktionalen Ebenen. Das *Layering* bedeutet, die Netzwerkfunktionen und Komponenten in einzelne Schichten zu unterteilen, die unabhängig voneinander funktionieren und der darüberliegenden Schicht wie eine Black Box als Dienst zur Verfügung stehen, ohne dass sich auf der oberen Schicht um Funktionsweisen des Dienstes gekümmert werden muss. Das Internet lässt sich analog zum ISO-OSI-Referenzmodell in fünf Schichten unterteilen:[57]

Schichtname	**Aufgabe**	**Bestandteile**
Application Layer	Anwendungen	WWW, E-Mail
Transport Layer	Transport	Protokolle: TCP, UDP
Network Layer	Vermittlung zwischen Geräten	Router Protokoll: IP
Data Link Layer	Sichere Datenübertragung	Switches, Bridges
Physical Layer	Physische Bitübertragung	Kabel, Netzwerkkarte, Antenne, Hub, Repeater

Tabelle 1: Der Internet-Protokollstapel. Quelle: Vereinfachte eigene Darstellung nach Kurose/Ross 2012, S. 74.

Theoretisch greift kein Layer in den anderen Layer ein und schreibt vor, wie dieser zu funktionieren habe. Sie operieren autonom. So ist es

57 Zur Historisierung der Auseinandersetzung zwischen den Internetstandards und dem ISO-OSI-Referenzmodell als Modell des Internationalen Standardisierungsbüros ISO vgl. Abbate, Inventing, S. 167–179.

relativ einfach und schnell möglich, als Entwickler eine Anwendung zu schreiben, sie auf den Endgeräten zu verteilen und dabei auf die vom Internet zur Verfügung gestellten Dienste der Datenübertragung zurück zu greifen.[58] Dies trug zum Erfolg und zur Verbreitung des Internet bei, da sich das Netzwerk durch Programmierer wie Nutzer auf einfache Art und Weise für eigene Zwecke adaptieren ließ.[59] Andererseits ist es durch das Layering aber nicht möglich, auf einer höheren Abstraktionsebene auf die Art der Datenübertragung der unteren Schichten Einfluss zu nehmen. Die Kontrolle liegt vollständig in der Hand des jeweiligen Netzwerkbetreibers.

Hierarchie der Netzwerke

Die Daten durchqueren auf ihrem Weg zum Ziel neben den *Layern* auch die Grenzen verschiedener Netzwerke, welche durch das Internet als Ganzes konstituieren. Die unterschiedlichen Netzwerke sind dabei quasi hierarchisch angeordnet. Auf der untersten Ebene liegen die lokalen Netzwerke, mit denen Endanwendern oder Firmen ihre Hosts verbinden. Sie stehen meist in der Verfügungsgewalt einzelner (Privat-)personen oder Administratoren. Darüber liegen die Netzwerke der lokalen Internet Service Providers (ISP), welche den Endkunden als Tier-3-ISP[60] einen direkten Internetzugang bieten, beispielsweise das Netz der Telekom. Sie wiederum sind Kunden von Tier-2-ISPs, regionale Dienstanbieter mit weitreichender Netzinfrastruktur.[61] An der

58 Für eine verständliche Einführung in das *Layering* vgl. z.B. Kurose et al., Computernetzwerke, S. 71–79.

59 Beispielsweise konnte Tim Berners-Lee sein World Wide Web quasi auf das Internet aufpfropfen, ohne sich um dessen genaue Funktionsspezifika zu kümmern. Vgl. Berners-Lee et al., Weaving, S. 6, 17-20.

60 Die Bezeichnung „Tier" ist aus dem Englischen entlehnt und beschreibt den Rang einer Entität. Bei einem Tier-3-ISP handelt es sich also um einen Anbieter dritter Ordnung.

61 Ein Beispiel hierfür wäre BelWü, das Landeshochschulnetz Baden-Württembergs.

Spitze dieser Quasi-Hierarchie stehen sehr wenige Tier-1-ISPs, welche das Rückgrat des Internet bilden und den Großteil des weltweiten Datenverkehrs abwickeln.[62] Das ARPANET war der erste Internet-Backbone. Da es sich beim Internet – im Gegensatz zum ARPANET – nicht um ein von Beginn an vollständig durchgeplantes System in der Hand einer Instanz handelte und bis heute nicht einer kommerziellen Entität gehört, ist die Infrastruktur des Internet noch stärker historisch kontingent.

Verbunden werden die einzelnen Netzwerke an Gateways. An ihnen findet ein Übersetzungsprozess zwischen den Funktionsregeln der sich überlappenden Netzwerke statt. Im Laufe der 1990er-Jahre haben sich manche dieser Schlüsselpunkte der Kommunikation als zentrale Internetknoten herausgebildet, über die inzwischen ein Großteil der weltweiten Internetkommunikation läuft.[63] In einem dezentralen Netzwerk der Netzwerke wurden sie zu verdichteten Zentren der Datenströme, zu notwendigen Passagepunkten nahezu jeden Datenpaketes.

Cloud Computing

Eine weitere Entwicklung des Internet als Infrastruktur ist das *Cloud Computing*. Im Laufe der 1990er-Jahre entwickelte sich noch die Vision mächtiger Endgeräte, die vernetzt ein dezentrales Verbundsystem bilden würden. In den späten 2000er-Jahren war wieder ein deutlicher Trend hin zu leichtgewichtigen Endgeräten und zentrierter Rechenkraft

---

62 Im Englischen als „*Internet backbones*" bezeichnet, was im Deutschen so als Fachbegriff häufig übernommen wird. Für eine ausführliche Beschreibung der heutigen Internetstruktur und den komplexen Verhältnissen zwischen den einzelnen ISPs vgl. Kurose et al., Computernetzwerke, S. 57–59.

63 In Deutschland steht ein solcher Knoten bspw. in Frankfurt am Main. Er ist gemessen am Datendurchsatz pro Sekunde der größte Internetknoten der Welt. Vgl. Koch, Isabell: Das Herz des Internets : der Netz-Knotenpunkt in Frankfurt am Main, in: Das Archiv: Magazin für Kommunikationsgeschichte 3, (2010), S. 67–69.

in großen Datenzentren zu verzeichnen. So beschrieb im Jahr 2008 der amerikanische Publizist Nicholas Carr die Verschiebung hin zu immer Rechenkraft aus der Dose in seinem Buch „The Big Switch" als Analogie zur Elektrifizierung im 19. Jahrhundert. Ähnlich der Umstellung von selbst betriebenen Energiequellen nahe der Fabrik hin zur zentralen Energiegewinnung und deren Verteilung über das Stromnetz konstatierte Carr den Wandel von selbst gewonnener Rechenleistung besonders in kleinen und mittleren Unternehmen hin zu deren Externalisierung in große Rechenzentren, auf deren Servern die gewünschten Programme ausgeführt werden.[64]

Interessanter Weise handelt es sich in der Bewegung zu großen Rechenzentren um die Umkehr einer von Mercedes Bunz beobachteten Dezentralisierung von Rechenleistung über die Geschichte des Internet hinweg.[65] Am Beginn des Computerzeitalters standen Mainframes, raumgroße Zentralrechner enormer Leistung, auf die über Terminals zugegriffen werden konnte. Rechenzeit war derartig kostbar, dass sie sorgsam aufgeteilt werden musste und der Zugang zu ihr war strikt reguliert. Über deren Verwendung bestimmen zu können, bedeutete für die Zeitgenossen Einfluss zu besitzen. Rechenkraft und die Macht über sie waren stark konzentriert, wie im zum *Timesharing* dargestellt wird. Mit der massenhaften Verbreitung der Personal Computer und deren Vernetzung verteilte sich die kumulierte Rechenleistung und die Speicherkapazitäten vom Zentrum an die Enden – und damit auch der Einfluss über ihre Verwendung wie auch deren Speicherort. Computerleistung wurde scheinbar von der Kontrolle zentraler Instanzen überführt in die Hände der Nutzer. Mit dem seit den frühen 2000ern erneut einsetzenden Trend zur verstärkten Zentralisierung von Rechenleistung

---

64 Vgl. Carr, Big switch. Die Grenzen solch einer historischen Analogie werden schnell klar, wenn man der Metapher der Rechenleistung aus der Dose entsprechend das CAT-5 Netzwerkkabel in sein Smartphone einstecken möchte und scheitert. Der generelle Trend des *Cloud Computing* ist mit seiner Diagnose aber treffend beschrieben.

65 Bunz, Speicher, S. 16–25.

und Speicherkapazität bei gleichzeitig immer stärker in der Ausstattung reduzierter Endgeräte, kehrt sich das tendenziell wieder um. Die Entwicklung kommt zu ihren Wurzeln zurück.

Das Internet als Infrastruktur

Die Bedeutungsverschiebung des Begriffs Netzwerk als abgegrenztem, lokalem Gebilde hin zu einer grenzüberschreitenden, delokalisierten Struktur verdeutlicht die zentrale These des ARPANET als tendenziell geschlossenem, kybernetischen System zur Bereitstellung zentraler Rechenkraft, das durch das Internet eine Öffnung erfahren hat, aber weiterhin Elemente des Alten in sich trug. Zusammengefasst ist das Internet ein Netzwerk von Netzwerken, die es durch seine Protokolle miteinander verbindet. Es ist ein Amalgam aus den Hosts, die es Ende-zu-Ende verbindet, aus den Kommunikationsverbindungen zwischen den Hosts, den Datenpaketen, Protokollen und der Art, wie diese Protokolle definiert werden. Das Internet hat kein Zentrum, das es steuert, aber es haben sich auf unterschiedlichen Schichten zentrale Knotenpunkte herausgebildet, über die ein Großteil des Datenverkehrs läuft.

Das Internet ist die Zentralinnovation des Digitalen Zeitalters. An der Definition des Gegenstandes ist aber deutlich geworden, dass es keineswegs nur aus dezentralen, antihierarchischen Elementen und Mechanismen besteht, auch wenn diese durchaus vorliegen. Ebenso konstituieren das Internet zentrale und hierarchische Elemente. Beides liegt in seiner Geschichte begründet, die in diesem Buch mittels der Methode der *Social Construction of Technology* analysiert werden soll.

SOZIALKONSTRUKTIVISMUS UND TECHNIKVERSTÄNDNIS: DIE DOPPELTE KONSTRUKTION DER TECHNOLOGIE

Technologie und Gesellschaft sind untrennbar miteinander verknüpft. Sie bedingen sich gegenseitig: Der gesellschaftliche Kontext beeinflusst die Art und Weise, wie Technologie entsteht, welche Technologien entwickelt und wofür sie eingesetzt werden. Die Technologie wiederum strukturiert und bedingt die Entwicklung des gesellschaftlichen Kontextes und lässt Verwendungsmöglichkeiten zu. Technologie wird in doppelter Weise konstruiert. Nicht nur von den Ingenieuren als Konstrukteure materieller Artefakte, sondern ebenso von sozialen Gruppen als Konstrukteure der kulturellen Wirklichkeit. In gegenseitiger Wechselwirkung erschaffen Technologie und Gesellschaft das, was Menschen als die Wirklichkeit wahrnehmen.

Technologie und Moderne

Die Begriffe der Technik und der Technologie sind eng mit der Moderne verflochten. Noch bis zum Ende des 19. Jahrhunderts bezeichnete das vom griechischen *techne* stammende Wort Technik vielmehr „ein zielgerichtetes, sachgemäßes Können, eine Fertigkeit, Geschicklichkeit oder Kunst (ars)“.[66] Technologie hingegen beschränkt sich demnach auf die „Abhandlung über bzw. Lehre von einer (beliebigen) Kunst“.[67] Was wir heute unter Technik verstehen, wurde zuvor mit *machina* oder schlichtweg mit „die Künste […] als Ausdruck von Kul-

---

66 Red.: Eintrag: "Technik", in: Joachim Ritter/Karlfried Gründer (Hrsg.): Historisches Wörterbuch der Philosophie, Bd. 10, Darmstadt 1998, S. 940–952, hier S. 940.

67 Meier-Oeser, S.: Eintrag: "Technologie", in: ebenda, S. 958–961, hier S. 958. Da im Englischen Technik und Technologie unter „technology“ subsummiert werden, gilt es aufmerksam zu unterscheiden, von was der jeweilige Autor spricht.

tur gegenüber der bloßen Natur"[68] bezeichnet. Im Zuge der Industrialisierung verbreitet sich schließlich die Verwendung der Begriffe Technik und Technologie in Bezug auf die materielle Produktion inklusive einer positiven Konnotation der Modernität.[69] Technologie und die mit ihr realisierten Großprojekte wurden zu Fortschrittsmotoren der modernen Industriegesellschaft. Besonders in den USA, aber genauso in der Sowjetunion wurde die Technologie zum Inbegriff der Modernisierung. Sie wurde der Natur als ein Werkzeug zu deren systematischen Unterwerfung gegenübergestellt, was beide Sphären künstlich voneinander trennte. Walter Benjamin stellte die Technik der Gesellschaft als eine Art zweiter Natur gegenüber, Adorno und Horkheimer begriffen die technische Rationalität als die Rationalität der Herrschaft selbst. Ein Beispiel ist hier die Frontiervorstellung von einer Tabula Rasa der Natur, die mittels der Technologie als Werkzeug erfasst werden konnte und deren Unterwerfung in die eigenen Narrative eingebaut wurde.[70]

Wie sehr der Begriff der Technologie in der zweiten Hälfte des 20. Jahrhunderts zudem mit der zuvor beschriebenen Dominanz des kybernetischen Paradigmas als Funktionsprinzip der Industriemoderne zusammenhängt, wird an Wortdefinitionen wie der von Technologie als „methodisch-rationale Verfahren der Systemsteuerung"[71] aus dem

68 Red., Eintrag: Technik, S. 940. Dieser Wortgebrauch vollzieht sich analog im Englischen, was sich beispielsweise im Begriff des *arts and crafts movement* ausdrückt, die sich explizit anti-industriell verstanden.

69 Vgl. Nye, David E.: Narratives and spaces. Technology and the construction of American culture. New York 1997, S. 2. Die utopische oder dystopische Aufladung von Technologie ist ein häufiges Thema der Moderne.

70 Vgl. Gestwa, Klaus: Die Stalinschen Großbauten des Kommunismus. Sowjetische Technik- und Umweltgeschichte 1948-1967. München 2010, S. 54–55, 500–502 ; Eintrag: Technik, S. 948–949; Nye, Narratives, S. 3–7.

71 Lenk, Hans: Philosophie im technologischen Zeitalter. Stuttgart 1971, S. 134. Vgl. auch den Beitrag von Gordon, Theodore J.: Looking Forward II. The feedback between technology and values, in: Baier, Kurt/Rescher, Nicholas (Hrsg.): Values and the future. The impact of technological

Jahr 1971 deutlich. Die These des ARPANET als kybernetischer Technologie ist damit auch die Frage nach dem Ausdruck einer „gesellschaftliche[n] Machtkonzentration“[72] und ihres Wandels, die in der engen Verschränkung der Begriffe Technologie und Kybernetik sowie deren semantischen Verschiebung anklingt.

Begrifflich grenzt Thomas Hughes, Technik und Technologie in seinem Standardwerk der Technikgeschichte innerhalb einer Arbeitsdefinition voneinander ab. Dem folgend werden in diesem Buch unter Technik die physischen Artefakte verstanden, Technologie bezieht sich auf den Gesamtkomplex soziotechnologischer Systeme und Software.[73] Die Kernfragen der wissenschaftlichen Untersuchung von Technologie sind, in wie weit die Technologie rein vom Menschen geschaffen ist (Sozialdeterminismus), oder die Menschen in ihrem Handeln beherrscht (Technikdeterminismus).[74] Seit den 1990er-Jahren wurden hingegen zahlreiche interaktionistische Modelle entwickelt, welche die Wechselwirkungen zwischen beidem betonten.

Die soziale Konstruktion der Technologie

Inspiriert von technikhistorischen Ansätzen entwarfen Mitte der 1980er-Jahre die Soziologen Wiebe Bijker und Trevor Pinch eine heu-

change on American values, New York 1969, S. 148–192, hier S. 150, der in ausgearbeiteten kybernetischen Feedbackdiagrammen den geplanten technologischen Wandel beschrieb und seine Wahrscheinlichkeit zu prognostizieren versuchte.

72 Gestwa, Stalinschen Großbauten, S. 75.

73 Hughes, Thomas Parke: Technological Momentum, in: Smith, Merritt Roe/Marx Leo (Hrsg.): Does technology drive history? The dilemma of technological determinism, Cambridge, Mass 1994, S. 101–113, hier S. 102.

74 Vgl. für eine umfassende Betrachtung des Technikdeterminismus in der Geschichtswissenschaft den Sammelband Smith, Merritt Roe; Marx, Leo: Does technology drive history? The dilemma of technological determinism. Cambridge, Mass 1994.

ristische Methode, welche mit der bis dahin in der Sozialwissenschaft dominanten Annahme der Technikgenese brechen sollte.[75] Sie kritisierten primär den Fakt, dass Technologie bis dahin vor allem unter essentialistischen Vorzeichen untersucht worden sei. Die Genese von Technologie vollziehe sich aus ihren intrinsischen Eigenschaften heraus, so eine verbreitete Annahme zu dieser Zeit laut Bijker und Pinch. Dementsprechend offenbare sich erstens die gesetzmäßige Natur der Technik in ihrer Ausformung; in einer anderen Form könne die jeweilige Technologie gar nicht funktioniert haben. Oftmals verband sich das essentialistische Denken mit der Vorstellung eines unabhängigen individuellen Genies, welches diese Gesetzmäßigkeiten entdeckt und damit in einem schöpferischen Akt offenbar gemacht hätte.[76] Zweitens sei damit häufig die teleologische Vorstellung einer linearen Technikentwicklung verbunden, nach der die Technologie sich als ein Schritt auf dem Wege des Fortschritts letztlich in dieser Gestalt ausformen musste.[77] Zum Beleg dessen zitieren Bijker und Pinch den Technikhistoriker

75 Vgl. Bijker, Wiebe E; Pinch, Trevor J.: Preface to the Anniversary Edition, in: ebenda (Hrsg.): The Social construction of technological systems. New directions in the sociology and history of technology, Cambridge, Mass 2012, S. xi–xxxv, hier S. xvi–xvii. Die Entstehung technikhistorischer Ansätze SCOT lässt sich zudem mit der verstärkten Auseinandersetzung der Gesellschaften mit den Technikfolgen in den 1980er-Jahren erklären. Auf beiden Seiten des Eisernen Vorhangs drängte sich angesichts massiver Umweltschäden und Veränderungen die Frage auf, woher die jeweilige Technologie denn eigentlich stamme.

76 Vgl. Bijker, Wiebe E.: Of bicycles, bakelites, and bulbs. Toward a theory of sociotechnical change. Cambridge, Mass 1995, S. 10.

77 Vgl. Bijker, Wiebe E; Pinch, Trevor J.: The Social Construction of Facts and Artefacts. Or How the The Sociology of Science and the Sociology of Technology might benefit each other, in: Social Studies of Science 14 (1984), S. 399–441, hier S. 405. Ebenso wurde der Technikgeschichte vorgeworfen, sich nur auf erfolgreiche technologische Entwicklungen zu konzentrieren, das Scheitern von Technologien aber auszublenden.

Eugene Ferguson, der seiner Disziplin im Jahr 1974 die Annahme vorwirft, dass

> „the whole history of technological development had followed an orderly or rational path, as though today's world was the precise goal toward which all decisions, made since the beginning of history, were consciously directed".[78]

Die Entwicklung einer Technologie sei im Denken seiner Zeit häufig als alternativlos und selbstverständlich dargestellt worden, und dass sie sich letztendlich durchgesetzt habe, weil sie überlegen war, reichte vielen als Erklärung für ihre Entwicklung aus.[79] Dagegen wenden sich Bijker und Pinch entschieden. Die historische Einordnung der Genese der Aussage Ferguson ist zeithistorisch überaus interessant, verdeutlicht sie doch einen Bruch mit der bis dahin gängigen, linearen Vorstellung von Fortschritt und technologischer Entwicklung, an denen das ARPANET liegt. Der Vorwurf an seine Disziplin ist also gleichzeitig ein Vorwurf an das Denken seiner Zeit und damit Ausdruck eines Wandels „nach dem Boom".[80]

Soziale Gruppen und die Quellenbasis

Was die „beste" Form einer Technologie ist, steht allerdings nicht von vornherein fest. Sie wird von den Akteuren und dem jeweiligen Kontext definiert, in dem sie eingesetzt wird. Die intrinsische Überlegenheit einer Technologie ist keine ausreichende Erklärung dafür, dass sie entwickelt wurde und sich durchgesetzt hat. Vielmehr ist genau dieser Erfolg zu erklären, der durch die historischen Kontexte bedingt ist, insbesondere durch die gesellschaftlichen Interessen an einer bestimm-

78 Ferguson, E.: Toward a discipline of the history of technology, in: Technology and Culture 15 (1974), S. 13-30. Hier S. 19.

79 Vgl. Bijker et al., Social Construction, S. 405, 411. Die Darstellung von Alternativlosigkeit und Linearität laufe in der damaligen Technikgeschichte oftmals implizit im Aufbau des Narratives mit, so Bijker und Pinch.

80 Vgl. Doering-Manteuffel et al., Boom, S. 25–27.

ten Problemlösungskapazität der Technologie. Dementsprechend betont der Ansatz der *Social Construction of Technology* (SCOT) vor allem den Einfluss der an der Entwicklung und frühen Nutzung einer Technologie beteiligten sozialen Gruppen. Jede dieser Gruppen sieht in einem Artefakt bestimmte Interessen realisiert, welche sie für sich als wichtig erachtet. Die Technologie verkörpert eine mögliche Lösung für ein Problem, das von Gruppe zu Gruppe ganz unterschiedlich wahrgenommen werden kann.

> „In deciding which problems are relevant, a crucial role is played by the social groups concerned with the artefact, and by the meanings which those groups give to the artefact: a problem is only defined as such, when there is a social group for which it constitutes a ‚problem'".[81]

Soziale Gruppen wirken durch direkte oder indirekte Einflussnahme dementsprechend auf die Entwicklung dahingehend ein, dass ihre Interessen gewahrt werden. Eine direkte Einflussnahme stellt beispielsweise die Gestaltung eines technischen Artefakts zum Zwecke einer spezifischen Problemlösung dar. Eine indirekte Einflussnahme wäre die Nutzung einer bestimmten Ausformung der Technologie, welche die gruppeneigenen Interessen stärker bedient als eine andere, wodurch sie sich letztlich als Standard durchsetzt. Die Frage nach der Standardisierung einer Technologie ist immer auch eine Machtfrage.[82]

---

81 Ebenda, S. 414. Der Niederländer Bijker veranschaulichte die Methodik an der Technologie des Fahrrades.

82 Wobei hiermit keineswegs altbekannte Erkenntnisse über den unterschiedlichen Einfluss von „Produzenten" und „Konsumenten" einer Technologie reproduziert werden sollen. Vgl. ebenda, S. 415. Vgl. auch die Dissertation von Berz, Peter: 08/15. Ein Standard des 20. Jahrhunderts. München 2001. Der Infrastrukturhistoriker Dirk van Laak verkürzt die These des Werkes in seiner Rezension als das Mantra des Medienwissenschaftlers Friedrich Kittler: „Das Militär hat den Primat auf Standardisierungsvorgänge, die Industrie zieht nach, und Mensch wie Gesellschaft haben sich dieser Normie-

Was genau macht eine soziale Gruppe nach dem SCOT-Ansatz aus?

„The use of the concept of a relevant social group is quite straight forward. The phrase is used to denote institutions and organizations (such as the military or some specific industrial company), as well as organized or unorganized groups of individuals. The key requirement is that all members of a certain social group share the same set of meanings, attached to a specific artifact".[83]

Neben Gruppen wie den Produzenten oder Nutzern einer Technologie ergeben sich in der Frage nach der Sinnzuschreibung an ein spezifisches Artefakt oftmals bisher unbeachtete Einflussgruppen. Weiterhin ist nach der Homogenität einer Gruppe in Bezug auf ihre Sinnzuschreibung in Hinblick auf ein Artefakt zu fragen. Haben beispielsweise bestimmte Teile der Gegenkultur einen anderen Blick auf die vernetzte Computertechnik, oder herrschte hier eine einheitliche Position vor? Natürlich ist nicht jede individuelle Position mit diesem Ansatz einzeln zu erfassen. Eine gewisse Abstraktion ist unumgänglich und muss dementsprechend dargelegt werden.[84]

Bijker und Pinch machen drei Phasen in der Untersuchung einer Technologieentwicklung aus, in denen verschiedenen sozialen Gruppen unterschiedlich starker Einfluss auf die technologische Entwicklung zugerechnet wird:

---

rung schließlich zwingend zu ergeben" (van Laak, Dirk: Rezension zu: P. Berz: "08/15", in: H-Soz-u-Kult, H-Net Reviews, März 2002), was ein gutes Beispiel für das Denken der 1980er-Jahre ist, in denen einerseits Kittler (1986), andererseits Bijker und Pinch (1984) schrieben.

83 Bijker et al., Social Construction, S. 414.

84 Einer der zahlreichen Kritikpunkte, mit denen sich der Ansatz der SCOT in seiner Rezeptionsgeschichte auseinandersetzen musste. Vgl. Bijker et al., Preface 2012, S. xix.

- Offenheit: Die Phase der interpretativen Flexibilität einer Technologie.
- Schließung: Die Konsensphase, in der die interpretative Flexibilität geschlossen wird.
- Kontextualisierung: Die Untersuchung des Weiteren, soziopolitischen Kontextes.

Damit wollen sie ein Erklärungsmodell liefern, das technologischen Wandel, aber auch dessen Ausbleiben erklären kann, das sowohl Erfolg als auch Scheitern von Artefakten berücksichtigt; das die Motivation der Akteure und ihre strukturellen Prädispositionen beleuchtet und das schließlich die impliziten Vorannahmen der Akteure nicht übernimmt.[85]

Besonders gut lassen sich die kontingente Offenheit einer Technologie, die Interessen von Akteursgruppen und die wahrgenommenen Probleme in Oral History Interviews und technischen Dokumentationen herausarbeiten. An ihnen wird deutlich, welche Alternativdeutungen vorgelegen haben und was die jeweiligen Gruppen als ihr Interesse artikulierten. Zahlreiche Fachartikel geben darüber hinaus Auskunft über die Ziele der Akteure, wie auch über die Struktur einer Technologie zum jeweiligen Zeitpunkt. Wie bei vielen zeithistorischen Quellen ist hier der Übergang zwischen Quelle und Sekundärmaterial fließend, sind doch viele technische Funktionsprinzipien dergestalt noch bis heute im Einsatz.

Für die Vorgeschichte des Internet ergibt sich daraus folgende Quellenbasis: Zahlreiche Protagonisten der Konstruktion des Internet und seiner Vorgeschichte wurden in den 1990er-Jahren einem großflächigen *Oral History* Projekt des *Charles Babbage Institutes for the History of Information Technology* an der *University of Minnesota* in Minneapolis interviewt, finanziert von der ARPA selbst. Aus diesen Interviews lassen sich die Interessen und Ziele der einzelnen Gruppen herausarbeiten, die sie innerhalb der Projekte verfolgten. Natürlich ist bei diesen Interviews wie bei allen *Oral History* Quellen eine Distanz

85 Bijker, Of bicycles, S. 191.

zum Gesagten geboten. Der Zeithistoriker Martin Sabrow konstatiert den zunehmenden Bedeutungszuwachs des Zeitzeugen „zur eigentlichen Leitfigur des öffentlichen Geschichtsdiskurses nicht nur in Deutschland, sondern in der westlichen Welt überhaupt“ seit etwa den 1970er-Jahren, was „auf einer Charismatisierung von historischer Nähe und Unmittelbarkeit“ beruhe.[86] In dem vorliegenden Fall der amerikanischen Historiografie, Publizistik und Kultur, in der charismatische Persönlichkeiten eine besondere Rolle einnehmen, ist hier besondere Vorsicht geboten; zumal die historischen Akteure selbst ihre Historisierung betrieben und dabei teilweise zu einer Mythologisierung neigten[87] Weiterhin hinterließen die Akteure technische Dokumentationen, Memoranden und Projektberichte und veröffentlichten wissenschaftliche Aufsätze. Neben Zeitschriftenpublikationen werden in dieser Untersuchung zudem Selbstzeugnisse und graue Literatur vor allem aus dem gegenkulturellen Umfeld zur Argumentationsbildung herangezogen. Wie bereits angeklungen ist, soll ein besonderer Blick auf die technische Infrastruktur des Internet und seiner Vorgängertechnologien geworfen werden. In Kombination schriftlicher Quellen und mündlicher Erzählung können die sozialen Konstruktionsleistung der Computernetzwerktechnologie im Kontext des Ost-West-Konfliktes herausgearbeitet und angemessen historisiert werden.

Die „interpretative Flexibilität“ einer Technologie

Technologie besitze eine „interpretative Flexibilität“,[88] so Bijker und Pinch. Sie ist nicht eindeutig, sondern sie kann von sozialen Gruppen

86 Sabrow, Martin: Die Geburt des Zeitzeugen nach 1945. Göttingen 2012, S. 19–21.

87 Vgl. a. Turner, Fred: Vortrag: From Counterculture to Cyberculture. Berlin 2013.

88 „[N]ot only there is flexibility in how people think of, or interpret, artefacts, but also […] there is flexibility in how artefacts are *designed.* There is not just one possible way, or one best way, of designing an artefact“ (Bijker et al., Social Construction, S. 421).

in unterschiedlichen historischen Umständen in verschiedener Weise gedeutet werden.[89] Eine dieser Deutungen setzt sich am Ende durch und wird zur dominanten, selbstverständlichen Deutung der Technologie, die dann nur noch selten hinterfragt wird.[90] Die zum Entwicklungszeitpunkt gleichwertigen Alternativausprägungen geraten in Vergessenheit. Um den Akt der Innovation oder die Dauerhaftigkeit einer Technologie zu verstehen, reicht es also nicht, schlicht ihr technisches Design minutiös zu durchleuchten. Es muss ihre Position innerhalb einer geschichtlichen Gesellschaftsformation ermittelt werden, ergo die kontingente Offenheit der technologischen Entwicklung an Hand der Quellen freigelegt werden, ohne der später dominant gewordenen Interpretation einer bestimmten sozialen Gruppe zu erliegen.[91] Somit soll die oftmals ungeöffnete Black Box Technologie wie auch die Black Box Gesellschaft geöffnet werden, statt sie als gegeben anzunehmen. Eine Black Box ist ursprünglich ein „device which performs intricate functions but whose internal mechanism may not readily be inspected or understood; (hence) any component of a system specified only in

89 Vgl. ebenda, S. 409.

90 In Bezug auf IKT analysiert dies der Technikpionier Jaron Lanier unter dem Begriff des „lock-in [... which] removes design options based on what is easiest to program, what politically feasible, what is fashionable, or what is created by chance. Lock-in removes ideas that do not fit into the winning digital representation scheme, but it also reduces or narrows the ideas it immortalizes, by cutting away the unfathomable penumbra of meaning that distinguishes a word in natural language from a command in a computer program“ (Lanier, Jaron: You are not a gadget. A manifesto. New York 2010, S. 10).

91 Ein auffälliges Detail ist an dieser Stelle, dass Bijker und Pinch zur gleichwertigen Darstellung der technologischen Ausprägungen und ihrem Zusammenhang zu sozialen Gruppen und deren Interessen ein schematisches Netzwerk der einzelnen Elemente zeichnen, sich also der Netzwerkmetapher bedienten, statt beispielsweise hierarchische Diagramme zu verwenden. Vgl. bspw. Bijker et al., Social Construction, S. 418.

terms of the relationship between inputs and outputs".[92] Erstmals verwendet wurde der Begriff in den Bell Labs, der F&E-Abteilung des damaligen Kommunikationsmonopolisten AT&T. Wobei der Begriff der Black Box analytisch nur mit Vorsicht zu gebrauchen ist. Zum einen wird all zu leicht etwas als undurchschaubare Box dargestellt, um die erhellende Wirkung der eigenen Methode zu verdeutlichen. Zum anderen stammt der Begriff selbst aus der Kybernetik.[93]

Die Stabilisierung/Schließung einer Technologie

Die interpretative Flexibilität einer Technologie bleibt solange erhalten, bis ein stabiler Zustand erreicht ist, an dem sich eine oder mehrere Interpretationen einer Technologie durchgesetzt haben, während die anderen Deutungen langsam verblassen und Geschichte werden. Dieser im Englischen als *Closure* (Schließung) bezeichnete Moment umfasst den Einsatz der Technologie im Sinne einer Problemlösung und die rhetorischen Elemente der Überzeugung im Interesse einer Gruppe. Er beschreibt damit das Ende einer Debatte möglicher Alternativen. Mit Stabilisierung ist hingegen der Prozess gemeint, der sich innerhalb einer relevanten Gruppe in Bezug auf ein Artefakt abspielt, also dass sich eine bestimmte Deutung innerhalb dieser Gruppe in Bezug auf ihr Problem als Lösung durchsetzt.[94] Dabei muss das Problem durch die Technologie noch nicht mal tatsächlich gelöst sein: „The key point is

---

92 Eintrag: "black box, n.", in: Oxford Univ. Pr. (Hrsg.): OED Online, Oxford 2013.

93 Vertreter der aus der Kybernetik resultierenden kognitiven Psychologie warfen den Behavioristen um B. F. Skinner vor, den Menschen nur als Black Box betrachtet zu haben, bei dem rein der Input/Output relevant sei. Berühmte wurde seine Skinner-Box. Die kognitiven Psychologen hingegen wollten die Funktionsweise des dahinterliegenden Gehirns verstehen. Sie bauten mit dem Systembegriff und den Feedbackschleifen aber nur selbst eine neue Black Box. Vgl. Edwards, Closed world, S. 179-190, 229–230; Waldrop, Dream machine, S. 70–71.

94 Bijker, Of bicycles, S. 87.

whether the relevant social groups see the problem as being solved".[95] Bijker und Pinch stellen fest, dass „the process of closure is almost irreversible".[96] Weiterhin kann die Schließung durch eine Neudefinition des Problems erfolgen. Obwohl eine Technologie ursprünglich zu einem ganz anderen Zweck entwickelt worden war, kann sie unbeabsichtigt eine Problemlösung für andere Gruppen darstellen und diese überzeugen.[97] Kulturelle Transferleistungen und die Kontexte, in denen sich die Technologie bewegt, spielen hier eine große Rolle in der Überzeugungsarbeit sozialer Gruppen und sind entscheidend auf dem Weg zur allgemeinen Anerkennung.[98] Damit rücken Testprozeduren von Technologien in das Blickfeld, die in der Informatik generell einen hohen Stellenwert besitzen. In Tests wird die Funktion der Technologie in Bezug auf ein bestimmtes Problem unter Beweis gestellt. Sie stellen also eine Legitimationsstrategie dar. Ebenso kann die Technologie aber innerhalb von Tests von den Akteuren in Hinblick auf die eigenen Interessen angepasst werden. Die allgemeinen Testparameter werden gleichsam zu soziokulturellen Messgrößen der Wirklichkeit.

---

95 Bijker et al., Social Construction, S. 426.

96 Bijker, Of bicycles, S. 87.

97 Bijker und Pinch nennen das „*Closure by Redefinition of Problem*" und exemplifizieren es am Fahrradluftreifen aus Gummi, der ursprünglich entwickelt wurde, um die Erschütterungen zu dämpfen. Obwohl er anfangs von der Gruppe der Sportrennfahrer mehr als nur belächelt wurde, erkannten diese bald den beachtlichen Geschwindigkeitsvorteil und setzten ihn ein. Dieser Legitimationsakt wiederum begünstigte es, dass der Gummireifen sich insgesamt gegenüber dem Holzreifen durchsetzte. Vgl. Bijker et al., Social Construction, S. 427.

98 Beispielsweise in Form von öffentlichkeitswirksamen Präsentationen und kultureller Zuschreibung, wie im Falle des Radreifens mit Geschwindigkeit und Männlichkeit in der Arena des Radrennens.

Der Kontext sozialer Konstruktionsleistung

Der dritte Schritt in der methodischen Anwendung nach der Auslegung der interpretativen Offenheit und der Analyse des *Closure* ist die Verknüpfung der Bedeutungszuschreibung sozialer Gruppen zum breiteren gesellschaftlichen wie polit-ökonomischen Gesamtzusammenhang. In ihrem ursprünglichen Artikel bleiben Bijker und Pinch hier relativ wage und beschränken sich auf die Feststellung, dass dies bisher weder für die Wissenssoziologie, noch für den SCOT-Ansatz durchgeführt worden sei. Dabei liegt genau hier die Erklärungskraft von SCOT in einer historischen Arbeit. In seinem Ansatz des „technological frame" beruft sich Bijker auf Anthony Giddens, in dessen Ansatz soziale Strukturen durch die Akteure instanziert werden und gleichzeitig deren Handlungen, Interessen und Interpretationen leiten. „The social construction of an artifact [...], the forming of a relevant social group [...], and the emergence of a technological frame [...] are linked processes",[99] so Giddens. Letztendlich ist es den Autoren um Bijker ein Anliegen, die künstliche Trennung zwischen Gesellschaft und Technologie zu überwinden, die noch in vielen vorherigen, technikhistorischen Studien vorgenommen wurde – entsprechend der in der Wissenssoziologie der Zeit zunehmend als überkommen erachteten Trennung zwischen Wissenschaft als Entdeckung und Technologie als Anwendung von Wissen.[100] Sie betonen die multilineare Kontingenz technologischer Entwicklung und versuchen, sie in einen historischen Gesamtzusammenhang verständlich zu machen.

Kritik an SCOT

Der Ansatz der SCOT ist keineswegs unumstritten. In der deutschen Debatte sticht besonders die Kritik des Technikhistorikers Wolfgang Königs hervor. Er kritisiert, dass die wissenssoziologischen Annahmen von Bijker und Pinch undifferenziert auf die technologische Entwicklung übertragen worden seien. Zudem sei „[d]ie Rezeption von SCOT

99 Vgl. Bijker, Of bicycles, S. 191–196. Zit. nach ebenda, S. 193.

100 Vgl. Bijker et al., Social Construction, S. 402.

[…] gekennzeichnet von einer eher rituellen Bezugnahme auf das Konzept, wobei sich die sozialkonstruktivistische Argumentation seit 1984 schrittweise selbst revidiert habe".[101] Er kommt zu dem Schluss, das SCOT der Wissenschaftsgeschichte nützlicher gewesen sei, als der Technikgeschichte.[102] Den größten Nutzen von SCOT sieht er in dessen Stoßrichtung gegen den bis in die 1980er-Jahre dominanten Ansatz des Technikdeterminismus.[103]

In der internationalen wissenschaftlichen Debatte um SCOT war es hauptsächlich Langdon Winner, ein US-amerikanischer Wissenschaftshistoriker, der die Kontroverse befeuerte. Nicht weniger pointiert als König warf er Pinch und Bijker vor, die *Black Box* der Technologie nur zu öffnen, um sie leer zu bezeichnen. So würden sie die scheinbare Leerstelle mit ihrem Ansatz zu füllen, um dem eigenen Paradigma zur Dominanz zu verhelfen. Ihre Publikationsumtriebigkeit sei der selbstbewusste Versuch „to establish social constructivism as the dominant research strategy and intellectual agenda within science and technology studies for many years to come".[104] SCOT, so Winner, sei ein engstirniger Forschungsansatz, der nur begrenzt aussagekräftige Ergebnisse produziere, statt das Innenleben der *Black Box* mit ihrer Umwelt in Verbindung zu bringen. Insbesondere kritisierte er, dass SCOT zwar

---

101 Kunitz, Sylvia; da Rosa, Catarina Caetano: Tagungsbericht: Wo steht die Technikgeschichte? Chancen und Herausforderungen zu Beginn des 21. Jahrhunderts, in: H-Soz-u-Kult (2008).

102 In der deutschen technikwissenschaftlichen Debatte um SCOT erfuhr König mit seiner „schon leidlich bekannten, sehr persönliche Züge tragenden Polemik" (Kunze, Rolf-Ulrich: Spurweiten. Technik, Geschichte, Identität u. a. in H0, Normalspur und 1000 mm, Karlsruhe 2011, S. 1) ebenso scharfe Kritik, wie er sie selbst übte.

103 König, Wolfgang: Einleitung, in: König, Wolfgang (Hrsg.): Technikgeschichte. Basistexte, Stuttgart 2010, S. 7–24, hier S. 21–22.

104 Winner, Langdon: Upon Opening the Black Box and Finding It Empty. Social Constructivism and the Philosophy of Technology, in: Science, Technology & Human Values 18 (1993), H. 3, S. 362–378, hier S. 364.

die Entstehung, nicht aber die sozialen Folgewirkungen einer Technologie im breiteren sozialen Kontext erkläre. Zudem würden diejenigen sozialen Gruppen nicht von SCOT beachtet, die von einer Technologie zwar betroffen seien, aber ihre Interessen nicht artikulieren oder produktiv werden lassen könnten, was in einer elitistischen Perspektive auf die technikhistorische Entwicklung ende. Auch sei es oberflächlich, nur die Interessen der Gruppen zu betrachten, ohne die tieferen kulturellen, ökonomischen oder ideengeschichtlichen Wurzeln und Substrukturen ihrer Entscheidungen überhaupt zu beachten.

Seine Kritik reiht sich dabei ein in die Frage, die im Laufe der 1990er-Jahre immer wieder aufkam: Inwieweit lassen sich Erkenntnisse, die an Hand einiger technologischer Fallbeispiele gewonnen wurden, zu einer allgemeingültigen Theorie technologischen Wandels generalisieren? „The sheer multiplicity of technologies in modern society poses serious difficulties for anyone who seeks an overarching grasp of human experience in a technological society",[105] so Winner. Letztendlich wirft er den Sozialkonstruktivisten vor, sich hinter ihrer interpretativen Flexibilität vor einer klaren und stringenten Aussage zu verstecken. Sie weigerten sich, die politischen, gesellschaftlichen und ökonomischen Implikationen, die in eine Technologie eingebaut wurden, zu bewerten, zu hinterfrage oder ändern zu wollen.[106]

Einerseits reagierte der deutsche Wissenschaftshistoriker Bernward Joerges auf Winners Kritik und ging der Frage nach, die auch in diesem Buch im Mittelpunkt steht: Inwieweit kann überhaupt Technologie eine Materialisierung spezifischer Interessen und damit politisch sein? In der historischen Dekonstruktion Winner's Beispielen verdeutlicht er sein Argument, dass eine direkte, „starke" Materialisierung von Macht[107] in Form von Technologie selten, zufällig und kaum realisierbar sei. Er kommt zu dem Ergebnis, dass Technologie als kultureller

105 Ebenda, S. 362.

106 Vgl. ebenda, S. 368–374.

107 Auf eine Problematisierung dieses komplexen Begriffs der Macht soll hier der Kürze wegen verzichtet werden.

Code immer nur das ist, was in ihr gelesen wird. Einen Diskursstrang hebt er dabei besonders hervor: Die Kontrolltheorie.

„In control theories (comprising, in particular, all theories of planned change), social order and disorder are presented as a result of intentional action. The rest is written off under rubrics such as ‚unintended side effects' of action. The great models in this tradition are classical political theory, institutional theory, and early cybernetics. [...] In its apparently opposite variants of theory of power (Herrschaftstheorie) and theory of planning, it had its heyday in the 1960s and 1970s".[108]

Hieran wird deutlich, inwieweit die Entstehung des ARPANET als kybernetischem System unter kontrolltheoretischen Vorzeichen betrachtet werden muss. Eine prozesshafte Neuaushandlung von Technologie, die auch Bijker und Pinch nicht völlig verneinen und die bei Joerges stark nach Foucaults Dispositiv klingt, ist zumindest in Bezug auf vernetzte Computertechnologie deutlich überzeugender. „Too often writers minimize the complexity of technological change, either by assuming that corporations exercise hegemonic control, or by assuming that machines inexorably shape historical events. Even if some people undeniably have more power that others, those who initially control new technologies often find it difficult to maintain their dominance".[109] Dieser Einwurf soll im Folgenden in der Berücksichtigung historischer Komplexität der beteiligten Akteure und der Untersuchung infrastruktureller Materialität aufgenommen werden, die in bisherigen historischen Arbeiten unterrepräsentiert waren.

Aber auch Bijker und Pinch reagierten auf die ihnen vorgebrachte Kritik. In ihrem Vorwort von 2011 zu der ansonsten unveränderten

108 Joerges, Bernward: Do Politics Have Artefacts?, in: Social Studies of Science 29 (1999), H. 3, S. 411–431, hier S. 427.

109 Nye, Narratives, S. 2. Nye führt hier bspw. die scheinbar unzerstörbare Dominanz IBM's im Computersektor an, die so nie gegeben war, aber bis heute fortgeschrieben wird.

Neuauflage ihres „Klassikers" nehmen sie Stellung zu den allgemeinen Kritikpunkten an SCOT. Gegenüber Winner kontern sie, dass sie eine generelle Verurteilung ganzer Technologien auf Grund ethisch-politischer Kriterien schlicht ablehnen. Dies sei wegen des komplexen Zusammenspiels zwischen Akteuren, Artefakten und deren tatsächlichen Nutzungsweise schwierig.[110] Gleichzeitig heben sie hervor, dass dem Ansatz der SCOT durchaus politische Implikationen inhärent seien und er mit der Zeit noch stärker normativen Fragen gewidmet habe.[111] Schon die Verbindung von menschlichen und technischen Akteuren an sich könne Ausgangspunkt einer politischen Haltung sein, was angebrachter sei, als sich auf eine Seite der soziotechnologischen Debatte zu versteifen. Dies entspricht auch einem (technik-)historischen Anspruch, aus der Geschichte einer Technologie keine direkten Handlungsanweisungen abzuleiten, sondern in der Reflektion ihrer Genese Anknüpfungspunkte zu einem selbstentwickelten, politisch-kritischen Handeln zu liefern.

Historiker hatten anfangs besonders Probleme damit, dass in Ansätzen wie der SCOT oder der ANT menschliche Handlungsmacht mit der nicht-menschlicher Akteure wie Maschinen vermischt wird, oder letztere gar eine eigene Akteursqualität bekamen. Ebenso mangele es der SCOT an der Einordnung historischer Vorgänge in soziale wie ökonomische Strukturen und die etablierten Methoden würden durch den Ansatz verwässert.[112] Dem halten Bijker und Pinch entgegen, dass die Grenzen zwischen Mensch und Maschine an sich nur eine Zuweisung seien, die sie dadurch überwinden wollen, Gesellschaft und Technologie zusammen zu denken. Handlungsmacht sei im Zwischenraum zwischen technologischem Artefakt und einer handelnden Person angesiedelt, ohne dabei exakt einer Seite zurechenbar zu sein. Dement-

110 Vgl. Bijker et al., Preface 2012, S. xxi–xxii.

111 Bspw. in den Arbeiten Hughes oder Latours.

112 Vgl. Heßler, Martina: Ansätze und Methoden der Technikgeschichtsschreibung, Zusatzkapitel zu Heßler, Martina: Kulturgeschichte der Technik, Frankfurt am Main 2012. S. 7-11.

sprechend seien auch die Methoden neu zu denken und um die Kategorie der Technologie und der Infrastruktur zu erweitern, ohne dabei Technikdeterministisch zu argumentieren. Ebenso seien auch die Makrostrukturen, in welche die jeweilige Entwicklung eingebettet sind, letzten Endes selbst nur ein Ergebnis des Zusammenspiels zwischen der Technologie und Gesellschaft, nicht nur ein Faktor der Entwicklung.[113]

Das technologische Moment

Der bereits erwähnte Technikhistoriker Thomas Hughes, der ursprünglich mit den beiden aufstrebenden Soziologen Bijker und Pinch 1987 den Sammelband herausgegeben hatte, nahm selbst mit der Zeit Abstand von einer allzu engen Auslegung des Sozialkonstruktivismus und entwickelte sein eigenes Programm großer technologischer Systeme weiter.[114] Er etablierte den Begriff des *Technological Momentum* als Zwischenbegriff zwischen Technik- und Sozialdeterminismus, einem interaktionistischen Ansatz, welcher die diachrone Dimension großer technologischer Systeme und ihrer Trägheit stärker in den Blick nahm.[115] Er hob hervor, dass junge technologische Systeme noch offener für soziokulturelle Einflüsse seien, während ältere Systeme an „*Momentum*“ gewinnen. Sie sind tendenziell träger und damit erstens weniger beeinflussbar von sozialen Umweltfaktoren und wirken zwei-

113 Vgl. Bijker et al., Preface 2012, S. xxi–xxii.

114 Bijker und Pinch waren selbst anfänglich überrascht, den zur Zeit der Herausgabe bereits wohletablierten und angesehenen Hughes für ihr Vorhaben gewonnen zu haben (Vgl. ebenda, S. xii.). Hughes nahm 1994 jedoch mit recht deutlichen Worten Abstand von beiden: „In summary, I find the Bijker-Pinch interpretation tends toward social determinism, and I must reject it on these grounds“ Hughes, Technological Momentum, S. 104.

115 Vgl. ebenda, S. 107–108.

tens determinierender auf selbige.[116] Das technologische Momentum manifestiert sich damit in Charakteristika wie dem erarbeitetem Wissen und den Fähigkeiten in Bezug auf eine Großtechnologie, die zu ihrem Bau notwendigen Spezialmaschinen und Prozesse, ihre Infrastrukturen selbst, sowie die sie verwaltende Bürokratie.[117] Sie besitzen eine historische Härte, sind auf Dauer gestellte Formen der Macht. Einmal geschaffen, ziehen sie allerdings die Visionen und Pläne an wie ein Magnetfeld und können auf Grund ihrer Trägheit Problemlösungen auf der Suche nach einem Problem sein, wenn sich das Ursprungsproblem bereits gelöst hat oder als nicht mehr wichtig empfunden wird[118] – was auch teilweise im ARPANET der Fall gewesen ist.

Abschließend sei an dieser Stelle betont, dass SCOT nur ein Modell ist, das eine Orientierung ermöglicht und mit dem eine Strukturierung des Narratives vorgenommen werden kann. Anders gesagt: „What appealed to me in SCOT was that it provided a set of tools for structuring the telling of complex stories. But the stories were what ultimately mattered".[119]

116 Soziale Umwelt hier verstanden im Sinne Hughes als „the world that is not technical, or that is not hardware or technical software" (ebenda, S. 102).

117 Vgl. ebenda, S. 108.

118 Vgl. ebenda, S. 109–111.

119 Larry Cohen, zitiert nach: Bijker et al., Preface 2012, S. xvii.

III. Die Konstruktion des Internet. Akteure und soziale Gruppen

In der sozio-technologischen Konstruktion des ARPANET und dessen Weiterentwicklung zum Internet stechen drei relevante soziale Gruppen hervor. Die ersten beiden scheinen evident: „das Militär“[1] als Financier und Auftraggeber des Großprojektes ARPANET und zweitens „die Computerwissenschaftler“ als Produzenten sowie als erster Nutzergruppe. Eine dritte soziale Gruppe, die eng mit der Entwicklung des ARPANET verknüpft ist, aber bisher kaum Beachtung fand, ist die Gruppe der „Gegenkulturellen“ in den USA der 1960er- und -70er Jahre, genauer die *New Communalists*. Der Methode der *Social Construction of Technology* folgend sind zuerst die relevanten sozialen Gruppen und ihre spezifischen Interessen an einer Technologie zu bestimmen. Diese sollen kurz porträtiert werden, um die handelnden Akteure abzugrenzen.

---

1 Der Begriff ist hier in Anführungszeichen gesetzt, um zu verdeutlichen, dass es sich bei der Vereinheitlichung des Akteurs „Militär“ um eine hochgradig analytische Vorannahme handelt. Sowohl „das Militär, „die Computerwissenschaftler“, als auch „die *New Communalists*“ besitzen eine größere Heterogenität, als das in Interessengruppen abbildbar ist. An Hand der konkreten historischen Interventionen einzelner Akteure soll dieser Heterogenität sozialer Gruppen Genüge getan werden.

DAS MILITÄR

Das ARPANET entstand im Auftrag des US-Militärs und dementsprechend entstand es *auch, aber nicht nur* unter militärischen Vorzeichen.[2] Unter der sozialen Gruppe des Militärs werden in diesem Buch zahlreiche Akteure subsumiert, welche ein einheitliches Interesse an Computerkommunikationsnetzwerken als militärisches Kommunikationsnetzwerk des *Command & Control* eint, also der Befehlsmacht über die eigenen Einheiten und deren Kontrolle.

Militärische Grundlagenforschung: Die Gründung der Advanced Research Projects Agency (ARPA)

Im Zuge des Zweiten Weltkrieges hatten sich die Teilstreitkräfte des US-Militärs, die *Air Force*, die *Navy* und die *Army* als starke eigenständige Institutionen innerhalb des Militärs etabliert.[3] Ihr Verhältnis war in den folgenden Jahren stärker von Konkurrenz als von Kooperation in der Frage nach der Deutungshoheit um die militärstrategische Gesamtplanung und Budgetzuweisungen geprägt. Das führte dazu, dass dieselben Forschungsprojekte oft parallel in verschiedenen Berei-

---

2 In der Historiografie des Internet stehen sich Seiten gegenüber: Einerseits diejenigen, die das ARPANET als eine vollständig militärische Entwicklung deklarieren. Vgl. bspw. in der deutschen Debatte Wunderlich, Stefan: Vom digitalen Panopticon zur elektrischen Heterotopie. Foucaultsche Topographien der Macht, in: Maresch, Rudolf (Hrsg.): Kommunikation, Medien, Macht, Frankfurt am Main 1999, S. 342–367, hier S. 359. Andererseits diejenigen, welche die These vertreten, das Internet habe keinerlei militärische Wurzeln jenseits seiner Finanzierung. Vgl. bspw. die einflussreiche Erzählung der Journalisten Hafner, Katie; Lyon, Matthew: Where wizards stay up late. The origins of the Internet. New York (N.Y.) 1998, in welcher der enthüllte Mythos militärischen Ursprungs auf einen schlecht recherchierten New York Times Artikel zurückgeführt wird.

3 Respektive die Luftwaffe, die Marine und das Heer.

chen der Armee verfolgt wurden, um sie für die eigenen Ziele instrumentalisieren zu können. Das traf vor allem für die Raketentechnik, die Nachrichten- und Kommunikationstechnik und die Strategieplanungen bezüglich der Militärdoktrin zur Verteidigung des Landes zu.[4]

Um diese Konkurrenzsituation zu überwinden, die technologischen Fortschritten oftmals im Wege stand und zu doppelten Forschungsausgaben führte, gründete der damalige US-Präsident Dwight D. Eisenhower im Jahr 1958 die *Advanced Research Projects Agency* (ARPA).[5] Sie war gleichzeitig eine Antwort auf den Start des sowjetischen Satelliten *Sputnik* im Oktober 1957, welcher die Kapazität der Sowjetunion unter Beweis stellte, Langstreckenraketen bauen zu können. Das löste in den USA einen doppelten Schock aus: Den der militärischen Verwundbarkeit und den, im technologischen Wettrennen gegenüber der zentralistischen Planwirtschaft zurückzuliegen. Es war der Sowjetunion scheinbar besser als dem liberal-kapitalistischen Westen gelungen, seine Ressourcen für die entscheidenden Projekte zu mobilisieren. Technologische Überlegenheit war immer auch eine Überlegenheit des jeweiligen polit-ökonomischen Systems.

Als unabhängige Instanz keiner der Teilstreitkräfte zugeordnet und direkt dem Verteidigungsminister unterstellt, sollte die ARPA interne Konkurrenz und technologische Überraschungen wie durch den *Sput-*

---

4 Hier setzte sich hauptsächlich die Air Force, die im Zweiten Weltkrieg deutlich an Bedeutung gewonnen hatte, mit einer Offensivstrategie luftbasierter, massiver Vergeltung im Falle eines sowjetischen Atomangriffs durch. Vgl. Edwards, Closed world, S. 83–86; Waldrop, Dream machine, S. 196.

5 Im Jahr 1972, also genau an der Nahtstelle der Entwicklung vom ARPANET zum Internet, stieg die ARPA zu einer eigenständigen Agentur im Verteidigungsministerium auf und bekam daher den Zusatz *Defense*, kurz DARPA. 1993 wurde die Agentur wieder in ARPA, 1996 schließlich nochmals in DARPA umbenannt. Aus Gründen der Lesbarkeit und Konsistenz wird in diesem Buch, außer in Quellenzitaten, durchgehend die Abkürzung ARPA verwendet.

nik künftig als Koordinationsschnittstelle dadurch verhindern, dass sie sich auf langfristige und über die direkte Nutzbarmachung hinausweisende Forschung für die gesamten Streitkräfte konzentrierte. Die Teilstreitkräfte attackierten die als Konkurrentin um Forschungsgelder wahrgenommene Abteilung allerdings umgehend und erfolgreich. Alle nicht-militärischen Weltraumforschungsprojekte wurden an die NASA ausgegliedert, die ARPA nur noch dem *Director of Defense Research and Engineering* (DDR&E) unterstellt und alle anderen Forschungsprojekte zurück in die Teilstreitkräfte geholt – außer denen, die sehr weit in die Zukunft reichten und daher als wenig kalkulierbares Risiko eingestuft wurden.[6]

Die zurechtgestutzte ARPA war Anfang der 1960er-Jahre eine Organisation auf der Suche nach einem Problem und machte daraus eine Tugend. Sie überlebte und gewann letztlich sogar an Reputation, indem sie ihren Schwerpunkt genau auf diese weit in der Zukunft liegenden Forschungsziele legte. Jack Ruina, Direktor ab 1961, schnitt die Struktur der ARPA als kleine Behörde darauf zu: Unbürokratisch sollten technologische Sprünge in nicht etablierten Forschungsbereichen durch flexibel angeworbene und eigenständig arbeitenden Vertragsnehmer erreicht werden. Ruina strebte an, technische Spitzenforschung in den Universitäten, unabhängigen Forschungseinrichtungen und in der Privatwirtschaft zu fördern, kurz: „[to] assault the technological frontiers“.[7] Passend zum *Frontier*-Denken des jungen US-amerikanischen Präsidenten John F. Kennedys suchte die ARPA Menschen mit frischen Ideen.[8] Ihnen bot Ruina die Möglichkeit, komplexe Projekte an-

6 Ebenda, S. 198.

7 Ebenda, S. 199.

8 Die Problemwahrnehmung Kennedys wird an folgendem Zitat in einer Rede vor dem Kongress zum Verteidigungsetat der kommenden Jahre deutlich: „[We] stand today on the edge of a New Frontier – the frontier of the 1960's, the frontier of unknown opportunities and perils, the frontier of unfilled hopes and unfilled threats. […] Beyond that frontier are uncharted ar-

zugehen, die in anderen Bereichen der Forschungslandschaft oder der Wirtschaft weder finanziert noch unterstützt wurden. Die Leiter solcher Forschungsprojekte, *Principle Investigators* genannt, hatten sich bereits in jungen Jahren in ihrem jeweiligen Fach einen Namen gemacht. Im Gegensatz zur ansonsten hierarchischen Herangehensweise des Pentagon bekamen aufstrebende Forscher bei der ARPA die Autonomie, sich jenseits enger Vorgaben vollständig ihrer Forschung zu widmen.[9] Es war der Versuch, eine technologische Avantgarde zu formen. Der Eindruck von Patronagenetzwerke und Selbststilisierung lässt sich dabei allerdings nicht abstreiten. Wesley Clark, einer der *Principle Investigators* und Ideengeber des ARPANET, deutete dies in einem Interview „[I]n the ARPA system once you were in you were a member of a club, a stable of supportees [...], with the early meetings in exotic places [...] and a pretty good sense of community with other people who were receiving support from that office".[10]

Einflussfaktoren I: Militär und Computerforschung

Ursprünglich finanzierte die ARPA keine Computerforschung. Computer wurden in den 1950er-Jahren noch primär als automatisierte Maschinen der Buchhaltung und der Kontrolle standardisierter Vorgänge gesehen.[11] Das änderte sich mit der Krise des *Command & Control* im

eas of science and space" (Kennedy, John F.: Special Message to the Congress on the Defense Budget. Washington, D.C 1961).

9 Was sich als „ARPA style" der Forschungsfinanzierung einen Namen machte. Vgl. Waldrop, Dream machine, S. 199.

10 O'Neill, Judy; Clark, Wesley: An Interview with Wesley Clark. OH 195. Minneapolis, MN. 1990, S. 22.

11 Ein Trend, der sich in Europa so noch länger fortsetzen sollte, beispielsweise in der Automatisierung von Finanzgeschäfte bis in die 1970er-Jahre. Vgl. Bonhage, Barbara: Befreit im Netz. Bankdienstleistungen im Spannungsfeld zwischen Kunden und Computern, in: Kaufmann, Stefan (Hrsg.):

Angesicht der rapiden nuklearen Vernichtung. Sie machte eine beschleunigte, sichere und über den Globus verteilte Kommunikation unerlässlich, um im Eskalationsfall auf einen Angriff reagieren zu können.[12] Die Kennedy-Administration, allen voran Verteidigungsminister Robert McNamara, vollzog einen militärstrategischer Wechsel von der *massive retaliation* hin zu einer *flexible response.*[13] Demnach reichte es nicht, nur einen massiven Rückschlag anordnen zu können, sondern die Kommunikationssysteme mussten es ermöglichen, die dem Angriff angemessene Antwort innerhalb einer kurzen Zeitspanne durchzuführen.[14] Dies lässt sich an Hand einer Rede des damalige US-Präsidenten Kennedys belegen, der in einer Ansprache an den Kongress forderte, die *Command & Control* Systeme müssten „more flexible, more selective, more deliberate, better protected, and under ultimate civilian authority at all times"[15] werden.

Vernetzte Steuerung. Soziale Prozesse im Zeitalter technischer Netzwerke, Zürich 2007, S. 95–108.

12 Vgl. Waldrop, Dream machine, S. 200.

13 Ersteres bezeichnet eine um das Vielfache größere Vergeltung im Falle eines gegnerischen Atomangriffes, um diesen davon abzuschrecken. Zweites eine an das Ausmaß der feindlichen Attacke angepasste Antwort, um den Ausbruch eines Atomkrieges zu verhindern. Die *flexible response* wurde 1967 zur offiziellen NATO-Doktrin und blieb es im Verlauf des gesamten Ost-West-Konfliktes.

14 Edwards, Closed world, S. 132–133.

15 Weiter konstatiert er: „The invulnerable and continuous command posts and communications centers provided in these recommendations (requiring an additional $16 million in new obligational authority) are only the beginning of a major but absolutely vital effort to achieve a truly unified, nationwide, indestructible system to insure high-level command, communication and control and a properly authorized response under any conditions" (Kennedy, Special Message, o.S.). Hier liegen die frühen Wurzeln des ARPANET.

Als sich im darauffolgenden Jahr in der Kubakrise nicht nur die Möglichkeit einer nuklearen Konfrontation, sondern auch die Ineffizienz der eigenen Kommunikationssysteme zeigte, wurde die Computerforschung im Interesse des *Command & Controls* das Kerngeschäft der ARPA. In dieser Entwicklungslinie steht auch das Interesse des Militärs an der Entwicklung des ARPANET: „In the same way [as financing computer development], the enhancement of command-control processes motivated military investment in communications technology and psychology over the long term“.[16] Stephen Lukashik, stellvertretender Direktor der ARPA von 1967 bis 1969 und erster Direktor von 1969 bis 1974 und damit die zentrale Figur für die Forschungsfinanzierung während der Entwicklung von ARPANET und Internet, fasst seine Motivation im Nachhinein folgender Maßen zusammen: „The goal was to exploit new computer technologies to meet the needs of military command and control against nuclear threats, achieve survivable control of US nuclear forces, and improve military tactical and management decision making“.[17]

Einflussfaktoren II: Akustik und Resonanz

Durch Rauschen gestörte Kommunikationskanäle bedeuteten für die Militärführung ein Verlust ihrer Handlungs- und Informationsgewalt. Die Ursprünge der Computerkommunikation liegen dementsprechend unter anderem in der Akustikforschung. Bereits der Erste Weltkrieg als erster Industriekrieg war durch eine infernalische Lärmentwicklung auf dem Schlachtfeld gekennzeichnet.[18] Im Zweiten Weltkrieg führten

16 Edwards, Closed world, S. 205.

17 Lukasik, Stephen J.: Why the Arpanet Was Built, in: IEEE Annals of the History of Computing 33 (2011), H. 3, S. 4–21, hier S. 4.

18 „Der Kanonendonner ist häufig derart lebhaft, daß man keinen einzelnen Kanonenschuß hört, sondern nur ein stundenlanges ununterbrochenes Rollen“ Feldpostbrief von Fr. Landhorst, 2.1.1915, zitiert nach: Ulrich, Bernd: Frontalltag im Ersten Weltkrieg. Ein historisches Lesebuch. Essen 2008, S. 89–90.

technologische Weiterentwicklung und psycho-akustische Kriegsführung zu einer nochmaligen Potenzierung des Schlachtenlärms, beispielsweise in der Sowjetunion durch den Einsatz der Stalinorgeln. Das Problem aus Sicht der jeweiligen Militärführung war nicht so sehr die Auswirkung auf die Kampfkraft der Soldaten, die als gering eingeschätzt wurde. Viel entscheidender war die Störung der Befehlskette und der militärischen Kommunikation. Primär erreichten Anweisungen nicht die Befehlsempfänger, aber sekundär war auch der Rückkanal vom Schlachtfeld zur Militärführung beeinträchtigt, beispielsweise zur Positionsbestimmung der Soldaten oder anderer Informationsgewinnung. Zur effizienten Kriegsführung mit den neuen Mitteln des Krieges hoher Geschwindigkeit war eine gesicherte und schnelle Kommunikation aber unabdingbar. Der Mensch wurde in diesem Denken als Fehlerquelle Nummer eins angesehen. [19] Verlässlichkeit, beschleunigte Kommunikation und damit ebenso der Ansatz, den Menschen so weit wie möglich aus der Datenübertragung herauszuhalten finden sich in der dem ARPANET zugrunde liegenden Technologie wieder.

Die Artikulation der Interessen des Militärs an Computernetzwerken vollzog sich innerhalb einer zunehmenden Zentralisierung im Laufe des sich immer stärker zuspitzenden Vietnamkrieges. In den zwei Dekaden nach 1945 führten mehrere Faktoren zu einem bisher nicht dagewesenen Prozess der Zentralisierung. Erstens machten „electronic communication and automatic data processing equipment […] worldwide command and control from Washington a practical technological proposition".[20] Zweitens gab es einen dringenden Bedarf an fehlerfreier Kommunikationstechnologie, um einen ungewollten Ausbrauch eines Atomkrieges zu verhindern. Diese Sorge führte 1962 zum Bau des *Worldwide Military Command and Control System* (WWMCCS), wel-

19 Edwards, Closed world, S. 211.

20 Van Creveld, Martin: Command in war. Cambridge (Mass.). London 1985, S. 236. Hier klingt allerdings noch die stärker technikdeterministische Schlagseite der Forschung in den 1980er-Jahren durch, welche auch in der Militärgeschichte vorherrschte.

ches nachfolgend immer weiter ausgebaut wurde. Drittens trugen neue betriebswirtschaftliche Konzepte wie die Kosten-Nutzen-Analyse dazu bei, dass Ressourcen zunehmend zentralisiert und Ausgaben zueinander in Beziehung gesetzt wurden, was zentralisierte Managementformen begünstigte.[21] Hinzu kamen Fortschritte in der betriebswirtschaftlichen Datenverarbeitung.[22]

Der neue Verteidigungsminister Robert McNamara, unter dem das ARPANET in Auftrag gegeben wurde, arbeitete zuvor als Präsident bei Ford. Die dortigen Managementstrategien mathematischer Berechnung und Steuerung nahm er mit zum Militär und verhalf ihnen unter dem Namen der kybernetischen *Operations Research* (OR) zum Durchbruch. Quantitative Informationsgewinnung und ihre Verarbeitung auf Basis kybernetischer Annahmen und Steuerungsmethoden wurde zum Leitbild des Militärs in den nachfolgenden Jahren.[23] Insbesondere die Theoretiker im Umfeld der RAND Corporation in der *Operations Research* taten sich hierbei hervor. Für sie war das Militär eine „nested hierarchy of cybernetic devices", mit Kampfflugzeugen, Computern und Luftabwehrsystemen auf unterster Ebene, Flugzeugträgern oder dem *North American Aerospace Defense Command* (NORAD) auf der Mesoebene und militärischen Einheiten, wie Battalione, dem Heer oder Luftwaffe als Zusammenspiel aus elektronischen und menschlichen Komponenten auf oberster Ebene. Jede Ebene folgte formalisierten Handlungsregeln, indem sie Befehle von der nächsthöheren Ebene annahm und Informationen über ihre Handlungen und deren Ergebnis an sie weitergab.

Das amerikanische Militär darf allerdings nicht nur als eindimensional hierarchischen Block gedacht werden, wie es vielfach angesichts

21 Vgl. ebenda.

22 Haigh, Thomas: A Veritable Bucket of Facts. Ursprünge des Datenbankmanagementsystems, in: Gugerli, David; Tanner, Jakob; Hagner, Michael; Hampe, Michael; Orland, Barbara; Sarasin, Philipp (Hrsg.): Daten, Zürich 2007, S. 57–98.

23 Vgl. Edwards, Closed world, S. 126–131.

der strikten Kommandostrukturen getan wurde. Der Historiker und Technikphilosoph Manuel da Landa macht vereinfachend zwei grundlegende Arten der militärischen Organisation aus. Einerseits die hierarchische Gliederung zur vollständigen Kontrolle aller Einzelglieder durch exakte Befehle von der Spitze der Hierarchie hinab und der Überwachung ihrer Ausführung zu ihr zurück – gleichsam eines durchgängigen Informationsflusses. Demgegenüber steht eine dezentralisierte Form missionsorientierter Befehlsgabe, in der den jeweiligen Einheiten grobe Vorgaben gemacht werden, welche diese mit einer hohen eigenen Autonomie ausführen können.[24] In einer Atomstreitmacht klassischen Typus waren beiderlei Funktionsweisen notwendig: Einerseits die zentralisierte Kontrollgewalt in möglichst wenigen Händen und die unhinterfragte Ausführung exakter Befehle in Sekundenbruchteilen, um einen Gegenangriff im Sinne der *massive retaliation* durchzuführen. Computertechnologie wurde aus dieser Perspektive als automatisierte Befehls- und Kontrollmaschinen von scheinbar fehlerloser Perfektion. Andererseits führte die Existenz eines einzigen Kommandozentrums, das durch einen Atomschlag ausgelöscht werden konnte, zum völligen Verlust der Handlungsfähigkeit der eigenen Streitkräfte und gestörte, oder fehlerhafte Kommunikationskanäle zum Versagen einer *flexible response*. Das Interesse des Militärs war es mit dem Wechsel der Militärdoktrin, bei weiterhin zentralem Informationsfluss flachere Hierarchien herzustellen, was durch sichere Kommunikationskanäle zu autonomer agierenden Einheiten erreicht werden sollte. Dieser Ansatz schrieb sich in die Netztechnologie ein.[25]

---

24 De Landa, Manuel: War in the age of intelligent machines. New York 1991, S. 58–61. De Landa ist in seiner Untersuchung übergeordneter Phänomene langer Zeiträume der historischen Annales-Schule und den Konzepten Deleuze und Guattaris zuzuordnen. Vgl. v.a. Deleuze, Gilles; Guattari, Félix: Tausend Plateaus. Berlin 1992.

25 Vgl. Edwards, Closed world, S. 131, 206.

Motive: Informationsmacht, Operations Research und das Internet

Autonom agierende Einheiten im Feld besaßen allerdings im Vergleich zum Zentrum nur begrenzt Informationen über die allgemeine Gefechtssituation. Ihr informationeller Horizont war durch die auf die zuvor bereitgestellten Gefechtsdaten, die eigene Erfahrung und die aus der Umgebung ermittelten Daten begrenzt. Änderten sich aber nun einige der Parameter durch unvorhergesehen Ereignisse, auf die flexibel reagiert werden musste, benötigten die Einheiten zur militärischen Entscheidungsfindung die Möglichkeit eines weiteren Informationsabrufes aus dem Feld. Der weitere Verlauf musste neu geplant und berechnet werden. Die Großrechner der Zeit waren aber weder mobil, noch gefechtsresistent.[26] Aus diesem Interesse heraus gaben die Militärs Anfang der 1970er-Jahre die Entwicklung des Radiowellennetzes PRNET zum Informationsabruf mobiler Einheiten in Auftrag – das später auch über das ARPANET funktionieren sollte. Der Mathematiker und Informatiker Vinton Cerf erläuterte das in einem Oral History Interview ausführlich und verdeutlichte so die Nähe zwischen Militär und Wissenschaft und das gemeinsame Interesse, das sich daraus ergab.

„There were lots of ramifications for the military. For example, we [sic!] absolutely wanted to bring data communications to the field, which is what the packet radio project and the packet satellite projects were about; how to reach wide areas, how to reach people on the oceans. Can't do it by dragging fiber, can't do it very well with terrestrial store-and-forward radio. [...] So the whole effort was very strongly motivated by bringing computers into the field in the military and then making it possible for them to communicate with each other in the field and to assets that were in the rear of the theatre of operations. So all of the demonstrations that we did had military counterparts".[27]

26 Vgl. Abbate, Inventing, S. 121.

27 O'Neill, Judy; Cerf, Vinton G.: An Interview with Vinton Cerf. OH 191. Minneapolis, MN. 1990, S. 28.

Mit der erfolgreichen Präsentation des ARPANET vor eben diesen Militärs änderten sich der Kontext der Entwicklung. Die nun im ARPANET erprobte Technik des digitalen *Packet Switching* bot die Möglichkeit, den Computer auf das Schlachtfeld zu bringen und die Befehlsübertragung akustisch wie übertragungstechnisch zu optimieren.[28] Die neuen Bedingungen des Netzwerkeinsatzes beeinflusste dann auch die Entwicklung der TCP-IP-Protokollfamilie des Internet, da das ursprünglich im ARPANET eingesetzte *Network Control Program* (NCP) für derartig hohe Störungsraten wie bei der Radiowellenübertragung versagte. Das ARPANET verband mehrere inkompatible Rechner miteinander. Im Internet war jetzt die Herausforderung, mehrere inkompatible Netzwerke wie das PRNET, das SATNET und das ARPANET und damit grundverschiedene Übertragungstechniken miteinander zu verbinden, wie in Kapitel VI des Buches ausgeführt wird. Das Interesse des Militärs war es entsprechend einerseits, die eigenen Befehle über die geschlossenen Grenzen der unterschiedlichen Netzwerke hinweg zu kommunizieren und andererseits, die Reichweite des eigenen Informationszuflusses zum Zentrum hin zu stärken, um den Krieg berechenbar zu machen. Die Militärs verfielen der Erotik der wissenschaftlichen Rationalität.[29]

Vernetzte Computer ermöglichten es scheinbar, Systemanalysen enorm komplexer Probleme anzugehen. Daten über die Welt des Schlachtfeldes als Ganzes brachte in ihrem Denken den Vorteil der Informationsmacht. In den Praxiseinsatz kam dieses Denken beispielsweise in der Operation Igloo White als dem Versuch, den Ho Chi Minh Pfad im Süden Laos mittels massenhaft verteilter Sensoren zu informationalisieren, was allerdings fehlschlug. Um die Welt aber zu berechnen, brauchten sie möglichst alle zu erfassenden Daten.[30] Nicht weniger, sondern mehr Daten sollte also die Antwort sein. Dementsprechend hatte auch das Militär nach dem Bau des ARPANET ein großes

28 Vgl. Abbate, Inventing, S. 118.

29 Edwards, Closed world, S. 121

30 Vgl. ebenda, S. 3–6.

Interesse daran, seine eigene Reichweite zu vergrößern, Hierarchien scheinbar abzuflachen und Netzwerke von Netzwerken zu verbinden. Der Einsatz und die Entwicklung vernetzter Computertechnologie im Militär ist damit ein Beispiel für eine scheinbare Dezentralisierung: Der verlässliche und weitreichende Informationsfluss über computerbasierte Kommunikationsnetze erlaubte eine flachere Hierarchie durch die Möglichkeit der detaillierten zentralen Überwachung innerhalb der Netzwerke.

DIE WISSENSCHAFTLER

Die soziale Gruppe der Wissenschaftler einte ihr intrinsisches Interesse, die Computernetzwerktechnologie an sich voranzubringen. Sie strebten zudem danach, die Welt von einer neuen, besseren Art der Computernutzung zu überzeugen. „The university researchers were interested in smarter, more flexible, and more interactive systems".[31] Ende der 1960er-Jahre handelte es sich in den USA nur um eine bestimmte Gruppe an Computerwissenschaftler, die besonderes Interesse an der *Packet Switching* Technologie zeigten. Vor allem waren dies Informatiker aus Umfeld der ARPA, aus Teilen der von der ARPA finanzierten Forschungslabore an den Eliteunivesitäten der USA und aus dem *Palo Alto Research Center* der Firma Xerox (Xerox PARC).[32]

31 Norberg, Arthur L; O'Neill, Judy E; Freedman, Kerry J.: Transforming computer technology. Information processing for the Pentagon, 1962-1986. Baltimore 1996, S. 13.

32 Vgl. Waldrop, Dream machine, S. 333–340. Xerox, ein führender Kopiererhersteller stellte sich Ende der 1960er-Jahre breiter auf, um nicht allein vom Kopiererverkauf abhängig zu sein. Dafür gründeten sie das Palo Alto Research Center (PARC), an dem viele der Computertechnologien entwickelt wurden, die heute für uns selbstverständlich sind. Dazu gehört unter anderem das Ethernet als lokales Netzwerk, das wiederum eine Grundlage für das Internet darstellte. Vgl. Hiltzik, Michael A.: Dealers of lightning.

Forscher bei IBM oder AT&T hingegen blieben enorm skeptisch gegenüber dem Ansatz des ARPANET als digitalem Packet-Switching-Computernetzwerk und favorisierten eine Weiterentwicklung etablierter Übertragungsformen. Lawrence Roberts urteilte im Nachhinein über sie:

> „Industry was so set against packetization as opposed to channelization. [...] As soon as I left [GTE I, an electronics firm] [...] the project got killed [...]. That same thing has happened at AT&T. It has happened at every major place where they have tried to do a packet project for voice. [...] They [engineers at AT&T etc.] have one technology that they know. They do not want to lose their position to some other group within an organization and they fight it".[33]

Von Akustikern zu Kybernetikern

In den Vereinigten Staaten entstanden während des Zweiten Weltkrieges zahlreiche Forschungslabore als Auskoppelung der universitären Forschung, um der Vordringlichkeit des militärischen Problems der Informationsübertragung unter Störungsbedingungen gerecht zu werden. In ihrer Bedeutung für die Computerforschung stechen vor allem das *Psycho-Acoustic Laboratory* (PAL), das Electro-Acoustic-Laboratory (EAL) in Harvard und das Lincoln Laboratory hervor.[34] Die Optimierung der akustischen Übermittlung, dem *accoustic engineering*, war aber nur die eine Seite der aufkommenden Forschung und

Xerox PARC and the dawn of the computer age. New York 2000, und Smith, Douglas K; Alexander, Robert C.: Fumbling the future. How Xerox invented, then ignored, the first personal computer. New York 1999, beide allerdings ebenfalls in der Euphorie des Dotcom-Booms geschrieben.

33 Norberg, Arthur L; Roberts, Lawrence: An Interview with Lawrence Roberts. OH 159. Minneapolis, MN. 1989, S. 47–48.

34 Vgl. Edwards, Closed world, S. 209–216.

keineswegs neu.[35] Das Neue war die Einbettung der Forschung in das kybernetische Paradigma. Der einzelne Mensch wurde dementsprechend nur als ein Element innerhalb eines technischen Systems gedacht, dessen Fehleranfälligkeit durch die Optimierung einerseits der Maschinen und andererseits durch optimales Training an diesen Maschinen ausgemerzt werden konnte. Ziel der Wissenschaftler war nicht die Perfektionierung der Maschine. Ziel war die optimale Mensch-Maschine-Interaktion, das *human engineering*. Der Mensch wurde dazu in der Interaktion mit dem Computer vollständig überwacht, vermessen, informationalisiert und schließlich angepasst an das Zusammenspiel mit der Maschine im Netzwerk.

Interessanterweise arbeiteten an diesen Forschungsinstituten (PAL, EAL, Bell) einige der Akteure, die später federführend beim Aufbau früher Computernetzwerke werden sollten: J.C.R. Licklider, wissenschaftlicher Vordenker der digitalen Computerkommunikation, Leo Beranek, Leiter des EAL, der später die Consultingfirma Bolt, Beranek and Newman (BBN) gründete, die wiederum die Ausschreibung für das Herzstück des ARPANET und Claude Shannon, dessen bei Bell publizierte Informationstheorie zur Übertragung von Information über einen störungsbehafteten Kanal gedankliches Grundgerüst des ARPANET wurde.[36] Und auch Robert Taylor, der als leitender Direktor die Genehmigung zum Bau des ARPANET einholen konnte, hatte seinen Master im Psychoakustik-Programm der University of Texas in Austin gemacht und an militärischen Projekten mitgearbeitet. So machte er in einem Oral History Interview deutlich: „We were trying to build a model of the auditory nervous system as it functioned in the cases of sound localization and masking of signal against noise back-

---

35 Die Optimierung der Kommunikation durch Technologie beschäftigte Ingenieure schon zu Zeiten der Telegrafie. Die damaligen Telekommunikationsmonopolisten AT&T und ihr Zulieferer Western Electric hatten bereits 1928 die Bell Laboratories genau mit diesem Ziel gegründet. Vgl. Waldrop, Dream machine, S. 34–36.

36 Vgl.ebenda, S. 13.

ground, and doing some research in applied undersea warfare under sponsorship of the Navy as well. So, we were doing both basic and applied research in acoustics".[37] In der interdisziplinären Atmosphäre der Nachkriegszeit trafen die Forscher des PAL, allen voran Licklider, mit den Psychologen und Mathematikern zusammen, die am MIT die Kybernetik als neues Forschungsparadigma entwarfen.[38] Das Zusammentreffen mit den Kybernetikern und deren Ideen, insbesondere der Theorie neuronaler Netze Warren McCullochs und Walter Pitts, die das Gehirn als binär arbeitender Computer und universale Touringmaschine begriffen, beeinflusste die Entwickler des ARPANET nachhaltig in ihrer Konzeption.[39]

Einflussfaktoren: Kybernetik und künstliche Intelligenz

Ein frühes Beispiel für die Bedeutung des *human engineering* und seiner Wirkung auf den Bau des ARPANET ist das *System Research Laboratory* (SRL). Von der RAND Corporation bereits 1951 ins Leben gerufen, sollte es im Umfeld von SAGE ergründen, warum die Besatzungen der Radarüberwachungsstationen plötzlich vermehrt von Ausfällen und Störungen berichteten. Die Wissenschaftler, hauptsächlich Psychologen und Soziologen, begannen damit, die Besatzungen selbst zu überwachen.

37 Aspray, William; Taylor, Robert W.: An Interview with Robert Taylor. OH 154. Minneapolis, MN. 1989, S. 3.

38 Jeden Dienstagsabend trafen sich bei Norbert Wiener zum Abendessen und diskutierten oft bis tief in die Nacht. Vgl. Waldrop, Dream machine, S. 66.

39 So gibt Taylor zu Protokoll, dass neben den Arbeiten Lickliders „some of the work of Norbert Wiener in the late 1940s also had some influence" (Aspray et al., Interview Taylor, S. 5).

„[T]he experimenters could listen to and observe everything. They placed microphones at every console station and by each display map so that they could overhear every conversation".[40]

Aus den gewonnenen Datenmassen versuchten sie, Erkenntnisse darüber zu gewinnen, wie der Faktor Mensch im Luftabwehrsystem funktioniere. Diese Erkenntnisse gossen sie in das *Systems Training Program* (STP), das mittels der Simulation von Gefechtssituationen Mensch und Maschine aufeinander abstimmen sollte. Dadurch, dass alle Faktoren des Systems bekannt waren, es also ein geschlossenes System geworden war, schien es für die Militärs und Wissenschaftler beherrschbar. Sie nahmen aus dem STP die Vorstellung geschlossener Systeme des Kalten Krieges mit, die mittels computergesteuerter quantitativer Analyse beherrschbar wurden – inklusive des Menschen.[41] Das war die Denkweise, die auch zahlreiche Wissenschaftler prägte, die später am Internet arbeiteten: Die störungsfreie Kommunikation zur Aufrechterhaltung der Informationsgewinnung hatte die höchste Priorität, um die Welt in den Computer zu holen.

Die Kybernetik wurde zu *Lingua Franca* der jungen Computerwissenschaft. Sie bot den Wissenschaftlern, die in den 1960er-Jahren an der Vernetzung von Computern arbeiteten, eine kollaborative, interdisziplinäre und flexible Forschungs- und Kommunikationsform. Da die Computerwissenschaft noch keine kodifizierte Disziplin geworden war, stammten viele Informatiker aus benachbarten Disziplinen, vor allem der Elektrotechnik, der Kommunikationstechnik oder der Mathematik. Die Kybernetik und die Informationstheorie boten ihnen

40 Ghamari-Tabrizi, Sharon: Cognitive and perceptual training in the Cold War Man-Machine Nexus, in: Isaac, Joel/Bell, Duncan (Hrsg.): Uncertain empire. American history and the idea of the Cold War, Oxford, New York 2012, S. 267–294, hier S. 287. Über die Messungen fordistischer Prägung von Zeit und Bewegung ging das insofern weit hinaus, als dass die Kybernetiker versuchten ganze Wertsysteme zu messen. Vgl. ebenda, S. 270.

41 Vgl. Edwards, Closed world, S. 121–125; Schirrmacher, Ego, S. 21–28.

praktische Modelle und Methoden, um sich auf dem unbekannten Terrain der digitalen Datenübertragung per Computer zu Recht zu finden. Deren Ordnungsprinzipien hatten sich in vergangenen Großprojekten kybernetischer Machart wie SAGE oder dem Project MAC bewährt und die an ihnen beteiligten Wissenschaftler tief geprägt. An der technologischen *Frontier* der Computervernetzung war die Kybernetik ihr Kompass.

Die Kybernetik inspirierte sie erstens zur binären Digitaltechnik, die gegenüber bisher analogen Kommunikationsnetzen das große Novum des ARPANET darstellte, und zweitens zu der Vorstellung, das Gehirn mit Hilfe vernetzter Computertechnologie nachbauen zu können. Mit der in der *computational metaphor* vorgenommenen Gleichsetzung von Maschine und Geist ergaben sich auch Konsequenzen für deren technische Realisierung. Wenn nur das Material ein unterschiedliches sei, nicht aber das dahinterstehende Funktionsprinzip, könne das Gehirn mit technischen Mitteln, also Kommunikationsleitungen, Routern und Switches nachgebaut, aber in gleicher Art wie neuronale Netzwerke verstanden werden. Diese Annahme führte dazu, dass zahlreiche Wissenschaftler des PAL in ihrer späteren Arbeit Computernetzwerken entsprechend der Architektur des Gehirns als hierarchisch strukturierten Informationsverarbeiter konzipierten, dessen redundanten Kanäle als Versicherung gegen Kommunikation unter Stress und Störung galten. Baute von Neumann noch seinen Digitalcomputer als Gehirn, gingen die Ingenieure am ARPANET einen Schritt weiter und bauten das Computernetzwerk als Gehirn.

Im Laufe der 1960er-Jahre wurde die Kybernetik unter dem Einfluss der Forschung an künstlicher Intelligenz (KI, oder auch AI) weiter entwickelt, gefördert von J.C.R. Licklider im dargestellten Kontext militärischer Befehlsforschung.[42] Das Ziel der künstlichen Intelligenz

---

42 „IPTO's founder, PAL and SAGE veteran J.C.R. Licklider, aggressively promoted a vision of computerized military command and control that helped to shape the AI research agenda for the next twenty-five years" (Edwards, Closed world, S. 240).

war es im Gegensatz zur biologisch-mechanisch verhafteten Kybernetik nicht, die bio-technische Basis des Gehirns nachzubauen. Wie in Kapitel II ausgeführt versuchten sie sich statt des physischen Mimikrys daran, den Geist in Software abzubilden, dessen Hardware zu vernachlässigen sei.[43] Statt in Feedback, Reflexen und Neuronalen Netzwerken zu denken, dachte die Künstliche Intelligenz in Begriffen wie Befehlen, Sprachen, Zielen und logischen Operationen. Es vollzog sich kein abrupter Bruch in den Denkmustern, sondern ein langsamer Wandel. Die Trennung von Materie und Geist bei Beibehaltung der grundlegenden Annahme ihrer Nach- und Abbildbarkeit schlug sich direkt nieder im Bau des ARPANET in der Trennung der einzelnen Funktionsschichten in Layern und des Routingalgorithmus.

Als dem Pentagon im Jahr 1962 die Bedeutung und das Potenzial von Computertechnologie klar und die *Operations Research* immer bedeutender wurde, bewilligte der damalige Direktor der ARPA, Jack Ruina, die finanziellen Mittel, um mit dem Information Processing Techniques Office (IPTO) der Computerforschung in der ARPA einen Platz einzuräumen. Sie war verglichen mit den Hauptaufgaben der Behörde, der „ballistic missile defense, [and] nuclear test detection“,[44] aber ein eher kleines Programm. Ziel war es laut Ruina, Computertechnologie primär für das *Command & Control*, aber ebenso für die anderen Schwerpunkte der Behörde nutzbar zu machen. Für den Direktorenposten der IPTO gelang es Ruina den passionierten Wissenschaftler J.C.R. Licklider anzuwerben.

43 „The physical machine became little more than an arbitrary vehicle for the interactions of pure information“ (ebenda, S. 252).

44 Aspray, William; Ruina, Jack: An Interview with Jack P. Ruina. OH 163. Minneapolis, MN. 1989, S. 3.

Motive: Interaktive Computernutzung, Rechenkraft als Public Utility, Resource Sharing

Computernetzwerke bedeuteten für diese kleine Gruppe Wissenschaftler gleichzeitig zwei Dinge: Erstens eine Möglichkeit, den Menschen und den Computer einander näher zu bringen. Das umfasste die Entwicklung interaktiver Systeme und neuer Nutzungsformen jenseits des Rechnungswesens mit direktem Zugriff durch den Nutzer, idealerweise mittels einer natürlichen Sprache, anstatt der Maschinensprache. Der Computer sollte nicht mehr eine arkane Maschine weit entfernt vom Benutzer sein, sondern ihm unmittelbar, universell und intuitiv zur Verfügung stehen. Er wurde von ihnen als Denkhilfe gedacht, als Werkzeug zur Erweiterung des menschlichen Intellektes durch dessen Replikation in intelligenten Maschinen.[45] Zweitens waren Computernetzwerke für sie die technische Grundvoraussetzung für die Mensch-Maschine-Symbiose. Mit Hilfe von miteinander verbundenen Computern sollten Ressourcen und Rechenleistung für die Nutzer bereit gestellt werden können.

Im engeren Sinne strebten die Wissenschaftler das *resource sharing* an, also den Zugriff auf die Rechenleistung und die spezifischen Fähigkeiten anderer Rechner in entfernten Institutionen per *remote login*. Beispiele hierfür sahen sie in der Grafikverarbeitung oder in der besseren Auslastung der teuren Großrechner über geografische und institutionelle Grenzen hinweg. Die leitenden Wissenschaftler verwendeten dies argumentativ insofern für die Mitteleinwerbung, als dass durch ihre Forschung ein Einsparpotenzial versprochen wurde, wenn nicht jede Institution für jeweils spezifische Zwecke ihren eigenen, enorm teuren Rechner anschaffen musste, der gar nicht die ganze Zeit genutzt werden konnte.

45 Vgl. Licklider, J.C.R; Taylor, Robert W.: The Computer as a Communication Device, in: Science and Technology (1968), S. 21–41, hier S. 25–27. Eine tatsächlich intelligente Maschine zu bauen ist nebenbei bemerkt bis heute nicht gelungen.

Eng damit zusammen hing ihr Interesse daran, die bis dahin oftmals inkompatiblen Systeme über Schnittstellen und Metaebenen der Datenübertragung kommunizieren zu lassen und den Datenaustausch zwischen diesen Systemen zu vereinfachen.[46] Im weiteren Sinne verfolgten zahlreiche Wissenschaftler die Vorstellung von der Rechenleistung als *Public Utility*, also als öffentlichem Gut wie der Strom aus der Steckdose. Der Elektroingenieur Lawrence Roberts brachte die Motivation der Wissenschaftler zum Bau des ARPANET folgender Maßen auf den Punkt:

„The goal of the computer network is for each computer to make every local resource available to any computer in the net in such a way that any program available to local users can be used remotely without degradation. That is, any program should be able to call on the resources of other computers much as it would call a subroutine. The resources which can be shared in this way include software and data, as well as hardware. Within a local community, time-sharing systems already permit the sharing of software resources. An effective network would eliminate the size and distance limitations on such communities. […] With a successful network, the core problem of sharing resources would be severely reduced".[47]

Janet Abbate interpretiert diese Aussage Roberts' als Beleg dafür, dass er bereits in den Anfangsplänen des ARPANET nicht nur Rechner,

---

46 Systeminkompatibilität ist im Digitalzeitalter interessanter Weise sowohl ein Hemmschuh wie eine starke der Triebkraft technologischer Entwicklung. Auch bei der Entwicklung des Web war die Überwindung Inkompatibilität der Informationssysteme am CERN für Berners-Lee eine zentrale Motivation. Berners-Lee et al., Weaving, S. 15; 168. Vgl. als Gegenwartsdiagnose hierzu Zittrain, Jonathan L.: The future of the Internet. And how to stop it. New Haven, Conn. [u.a.] 2008.

47 Roberts, Lawrence; Wessler, Barry D.: Computer network development to achieve resource sharing, in: AFIPS '70 (Spring) Proceedings of the May 5-7, 1970, spring joint computer conference (1970), S. 543–549, hier S. 543.

sondern ebenso Wissenschaftler mittels der Netzwerktechnologie miteinander verbinden und zu einer Gemeinschaft formen wollte.[48] Roberts relativierte eine solche Aussage aber an anderer Stelle desselben Dokumentes zumindest in Hinblick auf die späteren Vorstellungen einer solchen Gemeinschaftsbildung. Er betonte in den Anfangsjahren vor allem die „computational network activities“, während er ein interpersonelles Kommunikationsmedium als „not an important motivation for a network of scientific computers“ einstufte.[49]

Forschungskultur

Das ARPANET und das Internet wurden von Anfang an von einer Vielzahl unterschiedlicher Informatiker, Programmierer und Wissenschaftler in den USA und Europa entwickelt. Der internationale Ursprung des Internet ist angesichts der vielen Heldengeschichten um dessen „Erfindung“ durch wenige, männliche, nordamerikanische „Väter des Internet“ nicht oft genug zu betonen; selbst wenn nicht bestritten werden kann, dass manche Personen schlichtweg größeren Einfluss sowohl auf die Technologie, als auch auf die an ihr arbeitenden Entwickler hatten, die sie als Vorbilder und Vorgesetzte prägten. Vor allem die neuere Forschung der Digitalgeschichte macht die zahlreichen, vorgeblich namenlosen *computer people* im Verlauf der Computerisierung stark.[50] Die im folgenden angeführten Persönlichkeiten sollen daher höchstens repräsentativ für all diejenigen stehen, die im Hintergrund arbeiteten. Durch die Einbettung der Handlungen prominenter Akteure in den historischen Kontext und die technischen Strukturen kann vermieden werden, einen Mythos erneut zu reproduzieren.

---

48 Vgl. Abbate, Inventing, S. 46.

49 Roberts, Lawrence: Multiple Computer Networks and Intercomputer Communication, in: Proceedings of the ACM Symposium on Operating System Principles (1967), S. 3.1-3.6, hier S. 1.

50 Vgl. Ensmenger, Nathan: The computer boys take over: computers, programmers, and the politics of technical expertise. Cambridge, Mass 2010.

Im Amalgam aus akademischen, kybernetisch-psychologischen und ingenieurstechnischen Wurzeln reicht die Forschungskultur der Internet-Entwickler bis in den Zweiten Weltkrieg zurück, und dabei über eine reine „Hackerkultur“[51] weit hinaus. Der katalanische Soziologe Manuel Castells beschreibt diese vom Berufsethos des Ingenieurs (*engineering*) geprägte Forschungskultur als „culture of belief in the inherent good of scientific and technological development as a key component in the progress of humankind“,[52] gebildet von technisch bewanderten Mitgliedern, die sich gegenseitig als Gleiche in einer Gemeinschaft respektierten. Gemeinsame akademische Werte und der Berufsethos des Ingenieurs wurden hierbei in der Hingabe für ein zentrales, gemeinschaftsförderndes Projektes konkretisiert:

> „The construction and development of a global (even universal, in the future) electronic communication system that brings computers and humans together in a symbiotic relationship“.[53]

Technologische Entwicklung galt als höchster Wert, nicht der kommerzielle Erfolg, der sich mit der Entwicklung erzielen ließe. Die Mitgliedschaft und Reputation in einer solchen Forschungskultur definierte sich über den persönlichen Beitrag an der Fortentwicklung des technologischen Artefaktes. So gewonnene Reputation war zentral für die Position, die ein Mitglied einnahm. Die Koordination von Aufgaben und Projekten wurde oft von charismatischen Persönlichkeiten übernommen, welche die zur Verfügung stehenden Ressourcen allozierten und das Vertrauen der Gemeinschaft genossen.[54] Die Grundprinzipien

---

51 Vgl. v.a. das grundlegende Werk von Levy, Steven: Hackers. Heroes of the computer revolution. Garden City, N.Y 1984.

52 Castells, Internet Galaxy, S. 39.

53 Ebenda.

54 Womit sie ähnlich anfällig für charismatische Persönlichkeiten wurden, wie die *New Communalists*. Im Internet führte das bei egalitärer Rhetorik

offener Softwarefertigung stellten ihre Handlungsbasis dar: Eine freie Veröffentlichung des in kollaborative Arbeit erzielten Fortschrittes – oft möglich gemacht durch öffentliche Finanzierung. Dabei wäre es aber naiv anzunehmen, dass viele der Forscher, angefangen von den Chefentwicklern wie Lawrence Roberts bis hin zu den vielen am Projekt beteiligten *Graduate Students*, die Entwicklung des ARPANET nicht auch als Karriereschritt sahen. Lawrence Roberts lehnte beispielsweise 1966 noch das Angebot ab, Direktor der in seinen Augen weniger angesehenen IPTO zu werden und ließ sich erst nach Druck seines damaligen Fortgesetzen darauf ein, der deutlich machte, dass „a stint at ARPA might be a very good career move for him".[55] Nach Beendigung des ARPANET-Projektes heuerte er wiederum bei Telenet an, um die gewonnen Erfahrungen zu kommerzialisieren. Das verdeutlicht, das neben viel Idealismus durchaus auch strategische Entscheidungen die Interesse der Computerwissenschaftler prägten.

Paradigmatisch deutlich wird der idealistische Anspruch der Gruppe in der Aussage Roberts', durch das ARPANET die inkompatiblen und voneinander getrennten Rechner zu verbinden: „It seemed to me that civilization would change if we could move all this stuff [over a network]. It would be a whole new way of sharing knowledge. And that, to me, seemed the new challenge".[56]

DIE NEW COMMUNALISTS

In den USA der 1960er-Jahre herrschte ein Fortschrittsglaube an die Lösungsmacht von Technologie vor, für den die zwei zuvor porträtierten Gruppen exemplarisch waren. In der Gesamtgesellschaft entwickelte sich allerdings in dieser Zeit ein Zweifel gegenüber einer wahrge-

dazu, dass charismatische Personen Einfluss und Kontrolle über die technische Entwicklung auf sich vereinen konnten.

55 Waldrop, Dream machine, S. 269.

56 Ebenda, S. 268.

nommenen Dominanz von Militär, rationaler Wissenschaft und Industrie im Schatten der atomaren Vernichtung und der damit einhergehenden, hierarchisch-technokratischen Gesellschaftsordnung. Der breit rezipierte Historiker Theodor Roszak brachte diese Sorge 1969 auf den Punkt: „Die Technokratie arbeitet mit so unbestrittenen Imperativen wie dem Zwang zu Effektivität, sozialer Sicherheit, möglichst weitgehender Koordinierung von Menschen und faktischen Möglichkeiten, immer höherem Lebensstandard und immer eindrucksvollerer Manifestation der vereinten menschlichen Fähigkeiten, und sie kittet auf diese Weise die anachronistischen Risse und Sprünge der Industriegesellschaft".[57] Die Ängste der Bevölkerung verdichteten sich zu einer Infragestellung dieser Ordnung.

Gegenkulturelle Antworten auf die Industriemoderne

Die permanente Angst vor dem Ausbruch eines Atomkrieges in Verbindung mit der scheinbar vollständigen Steuerung aller Lebensbereiche durch eine bürokratische Machtelite ließ viele junge Amerikaner mit dem Gefühl der Alternativ- und Perspektivlosigkeit zurück. Die doppelte Logik der Entmenschlichung, die sich sowohl im Falle eines Atomkrieges,[58] als auch seine Rationalisierung durch die zunehmende

57 Roszak, Theodore; Kopper, G; Ottmer, G. E.: Gegenkultur. Gedanken über die technokratische Gesellschaft und die Opposition der Jugend. Düsseldorf [u.a.] 1971, S. 24–25.

58 Exemplarisch kommt das in Filmen wie dem 1964 erschienen „Dr. Strangelove or: How I Learned to Stop Worrying and Love the Bomb" zum Ausdruck, in dem ein verrückter General den atomaren Weltkrieg auslöst und Menschenleben zur reinen Verrechnungsmasse rationaler Wissenschaftler wurden. Der Film spielt auf den Wissenschaftler Herman Kahn an. 1959 veröffentlichte Kahn seine Studie „On Thermonuclear War", in der er einen Atomkrieg als durchführbar ansah.

automatisierte Industrie trugen zu einem Gefühl der Entfremdung bei.[59] Selbst der private Bereich schien dominiert durch die Interessen einer weißen, männlichen, protestantischen Mittelklasse in einer starren, von Rassenkonflikten und Anti-Kriegsdemonstrationen erschütterte Gesellschaftsstruktur. Die Unterdrückung von Angst und Emotionen des Individuums entsprach der Unterdrückung der Frau innerhalb der Familie, sowie der Unterdrückung von Minderheiten auf sozialer Ebene.[60] Vor allem die Jugend, die in diese geschlossene Welt hineinwuchs, suchte nach Wegen, sich ihr zu entziehen. Ein bis dahin unerreichter Wohlstand und die Bildungsinvestitionen der Nachkriegszeit ermöglichten es ihnen dabei, die Funktionsregeln der Gesellschaft zu hinterfragen.[61]

Die Jugendlichen der 1960er-Jahre fanden darauf zwei unterschiedliche Antworten: Einerseits suchten viele in Form der *New Left* die aktive politische Veränderung und strebten nach außen auf die Straße. Computertechnologie war für sie Symbol und Motor des entmenschlichenden Gesamtsystems. Sie lehnten Computer rundheraus ab. Davon distanzierten sich die *New Communalists*[62] ganz bewusst. Sie zogen sich scheinbar von der Gesellschaft in Kommunen auf das Land zurück und wandten sich nach innen, hin zu den Fragen von individuellem Bewusstsein, dem Geist, der Natur und persönlicher Gemeinschaft. LSD, psychedelische Musik und Kunst waren für sie dabei Mittel, um

59 Vgl. Marcuse, Herbert: Der eindimensionale Mensch. Studien zur Ideologie der fortgeschrittenen Industriegesellschaft. Neuwied. Berlin 1967.

60 Angefangen bei der Kommunistenhatz der McCarthy-Ära, die von Misstrauen und innergesellschaftlichen Auseinandersetzungen geprägt war, bis hin zu den alltäglichen Rassendiskriminierungen. Vgl. Stöver, Bernd: United States of America. Geschichte und Kultur; von der ersten Kolonie bis zur Gegenwart. München 2012, S. 477–481.

61 Turner, From Counterculture, S. 28–32.

62 Angesichts der Mehrdeutigkeit des Begriffes wird hier auf eine Übersetzung der *New Communalists* als Kommunitaristen verzichtet und der englische Begriff verwendet.

ihr Bewusstsein zu erweitern, die rationale Gesellschaft zu durchbrechen und interpersonelle Verbundenheit herzustellen. „[I]t was a turn toward what they imagined could become a new nation, a land of small, egalitarian communities linked to one another by a network of shared beliefs".[63] Der Historiker Fred Turner weißt hier zu recht auf die historische Fehlinterpretationen hin, beide Flügel der Gegenkultur unter der *New Left* oder dem Label einer technologiekritischen Gegenkultur zu fassen, und davon auszugehen dass die *New Communalists* der amerikanischen Mehrheitsgesellschaft vollständig den Rücken zu gedreht hätten. Sie verließen sie nie ganz, sondern nahmen auf dem Weg in die Kommunen die kollaborativen sozialen Umgangsformen, den Glaube an die Technologie als Werkzeug zur Verbesserung der Welt und die kybernetische Rhetorik des militärisch-industriellen Komplexes mit sich – ganz zu schweigen von Sozialisierungserfahrungen und dem Geld der Eltern.[64]

Computertechnologie wurde für sie zu einem Werkzeug der Transzendenz. Vor allem die durch die Vernetzung geschaffene digitale Spähre diente den *New Communalists* als ein egalitäres, freiheitliches, horizontal strukturiertes Gegenmodell zur ausweglosen Realität der rationalen Moderne. Der Mensch sollte durch die Nutzung technischer Hilfsmittel wieder ganzheitlich mit sich und seiner Umwelt in Einklang kommen. Durch den freien und gleichen Zugang aller zu Information, unabhängig von Geschlecht, Rasse, Glaube oder Kaufkraft sollte die Welt zu einem besseren Ort gemacht werden.[65]

---

63 Ebenda, S. 33.

64 Vgl. ebenda.

65 Wichtig ist hier zu berücksichtigen, dass es sich bei dem Begriff der „Freiheit" um einen US-amerikanischen Kampfbegriff des Ost-West-Konfliktes handelt, der als anti-totalitäre Waffe gegen den Systemfeind Sowjetunion eingesetzt wurde und auf unterschiedlichen Ebenen operiert. Vgl. Hochgeschwender, Michael: Freiheit in der Offensive? Der Kongress für Kulturelle Freiheit und die Deutschen. München 1998, S. 38.

Einflussfaktoren: Die Umarmung der Kybernetik

Die Kybernetik und die Informationstheorie mit ihrer Analogiebildung biologischer wie technologischer Systeme boten den *New Communalists* die Methode dazu, sich und ihr Verhältnis zur Welt zu begreifen. „Like Norbert Wiener two decades earlier, many in the counterculture saw in cybernetics a vision of a world built not around vertical hierarchies and top-down flows of power, but around looping circuits of energy and information", [66] Die Informationsflüsse innerhalb von selbstorganisierten, autonomen und gleichwertigen Entitäten innerhalb größerer Systeme boten eine gedankliche Alternative zur Subordination unter die hierarchischen Befehlsketten einer übermäßig rationalen Industriekultur des Kalten Krieges. Gerade dadurch, dass sie die kybernetischen Prinzipien eines Teiles des militärisch-industriell-akademischen Komplexes adaptierten, waren sie nicht dessen Gegenteil, sondern anschlussfähig zu den anderen sozialen Gruppen.

Belegen lässt sich die Umarmung der Kybernetik durch die *New Communalists* an einem Gedicht des gegenkulturellen Poeten Richard Brautigan aus dem Jahr 1967. Brautigan, der während des *Summer of Love* in Haight Ashbury lebte und mit seinen Gedichten zu einer Ikone der Hippies wurde, hatte Anfang des Jahres als *poet-in-residence* am California Instititue of Technology Bekanntschaft mit den dortigen Informationswissenschaftlern gemacht. Im Sommer 1967 beschrieb er die Liaison von Kybernetik und Gegenkultur mit utopischen Worten:

66 Turner, From Counterculture, S. 38.

„I like to think (and
the sooner the better!)
of a cybernetic meadow
where mammals and
computers
live together in mutually
programming harmony
like pure water
touching clear sky.

I like to think
(right now please!)
of a cybernetic forest
filled with pines and
electronics
where deer stroll
peacefully
past computers
as if they were flowers
with spinning blos-
soms.

I like to think
(it has to be!)
of a cybernetic ecolo-
gy
where we are free of
our labors
and joined back to
nature,
returned to our mam-
mal
brothers and sisters,
and all watched over
by machines of loving
grace".[67]

Deutlich wird hier besonders die Bedeutungsverschiebung von Kybernetik. War sie zuvor noch der Inbegriff der industriellen, rationalen Hochmoderne, griffen die *New Communalists* sie auf und versahen sie mit neuen Werten und Konnotationen, die sich schließlich in das ARPANET und Internet einschrieben. Damit wurde die Ursprungsbedeutung der Kybernetik von Planung, Kontrolle und Berechnung aber nur überdeckt, nicht überschrieben – was sich dann im ARPANET, aber auch im Internet in seiner späteren Entwicklung auswirkte.

Ein wichtiger Ansatzpunkt hierfür war der Medientheoretiker Marshall McLuhan und seine in der Gegenkultur breit rezipierten Werke.[68]

67 Brautigan, Richard: All Watched Over by Machines of Loving Grace. San Francisco 1967. Ein Restzweifel bleibt bestehen, ob die schöne Utopie bei ihm nicht beißende Ironie ist, wie sie vor allem in der drängenden Wunscherfüllung kybernetischer Natürlichkeit anklingt. Damit könnte er gleichermaßen das unverzügliche Heilsversprechen der Kybernetik auf das Korn nehmen.

McLuhan selbst ließ sich unter anderem von Norbert Wieners „The human use of human beeings“ inspirieren und spielte in seinen eigenen Werken technikdeterministischer Medienanalyse gekonnt auf der Klaviatur der Kybernetik. Er verstand Medien als Ausweitung des menschlichen zentralen Nervensystems, mittels derer der Mensch Raum und Zeit hinter sich lassen und sich selbst nach Außen kehren könne.[69] Die Medien, so McLuhan würden ein weltumspannendes Netzwerk aus elektronischen Signalen formen, das jeden Menschen wie die Neuronen in seinem Gehirn miteinander verbänden. Neben der *computational metaphor* und dem Neuronenmodell McCullochs-Pitts kommt in dieser Vorstellung die kybernetische Idee der Vereinigung von Mensch und Maschine in einem System hervor, wie McLuhan selbst schrieb: „By continuously embracing technologies, we relate ourselves to them as servomechanisms[sic!]. That is why we must, to use them at all, serve these objects, theses extensions of ourselves, as gods or minor religions“.[70]

In Verbindung mit der im Werk McLuhans immanenten Reorientierung auf die Organisation in Stämmen als die natürliche menschliche Form sozialen Zusammenlebens boten seine Schriften den in die Kommunen ausziehenden *New Communalists* die Möglichkeit, sich als „vanguard techno-tribesmen who recognized the power of McLuhan's vision“[71] zu begreifen. Er befeuerte ihr „Streben […] nach Ganzheit, Einfühlungsvermögen und Erlebnistiefe“ und erklärte es als „eine natürliche Begleiterscheinung der Technik der Elektrizität“.[72] Eine zentrale politische Steuerung lehnten sie ab und propagierten demgegenüber eine radikalen Befreiung des Menschen. Ihr Ordnungsmodell war

68 Vgl. bspw. McLuhan, Marshall: Die Magischen Kanäle. Düsseldorf 1968; McLuhan, Marshall; Fiore, Quentin: The medium is the massage. An inventory of effects. New York [u.a.] 1967.

69 Vgl. McLuhan, Kanäle, S. 9.

70 McLuhan et al., The medium, S. 46.

71 Turner, From Counterculture, S. 54.

72 McLuhan, Kanäle, S. 11

eines der lokalen Gemeinschaften. Zwischen ihnen würde sich eine Ordnung aus dem natürlichen Zusammenspiel rückkoppelnder Interessen gleichsam eines homöostatischen Gleichgewichtes ergeben. Die gesellschaftliche Vision der Selbstorganisation verstand sich gut mit der Technologie von Computernetzwerken als selbstorganisierte, kybernetische Systeme ohne zentralen Eingriff von außen. Die *New Communalists* griffen die kybernetisch inspirierten Ideen McLuhans auf und konnten in der Folge sowohl die Computertechnologie als Werkzeug der eigenen Interessen begreifen, als auch Einfluss auf die praktische Realisierung der Vision vernetzter Computer nehmen.

Motive: „Access to Tools" – Steward Brand und der Whole Earth Catalog

Verbreitung wie Ausdruck fanden kybernetische Ideen unter den *New Communalists* im *Whole Earth Catalog*, den der charismatische Netzwerker Steward Brand in den Jahren 1968 bis 1972 publizierte.[73] Der *Catalog* ist das zentrale Dokument für die Verbindung der Bewegung der *New Communalists* mit der Computertechnologie Kaliforniens und gleichzeitig „in seiner spezielle[n] Struktur als „Katalog" [ihr] Archiv".[74] Er war eine Art Magazin und Warenkatalog für die auf das Land ausgezogenen *New Communalists*. Er stellte Werkzeuge und Ideen vor, die von praktischem Nutzen für die selbsterklärte Avantgarde sein konnten: „Access to Tools",[75] so lautete das Motto des *Catalog*, gedruckt in großen Lettern auf der Frontseite jeder Ausgabe. In dem Vorwort der ersten Ausgabe zelebrieren die Herausgeber ihre Ableh-

73 Vgl. für das Folgende primär Turner, From Counterculture, S. 71–97, der Brand als charismatisch beschreibt.

74 Franke, Anselm: Earthrise und das Verschwinden des Außen, in: Diederichsen, Diedrich/Franke, Anselm (Hrsg.): The Whole Earth. Kalifornien und das Verschwinden des Außen, Berlin 2013, S. 12–18, hier S. 12.

75 Brand, Stewart: The Whole Earth Catalog. Access to Tools. Menlo Park, CA 1968.

nung der hierarchischen Macht der Industriemoderne und der amerikanischen Mehrheitsgesellschaft offensichtlich:

„So far, remotely done power and glory – as via government, big business, formal education, church – has succeeded to the point where gross defects obscure actual gains. In response to this dilemma and to these gains a realm of intimate, personal power is developing – power of the individual to conduct his own education, find his own inspiration, shape his own environment, and share his adventure with whoever is interested. Tools that aid this process are sought and promoted by the WHOLE EARTH CATALOG".[76]

Teile der Gegenkultur, unter ihnen Steward Brand, hatten bereits seit Mitte der 1960er-Jahre Erfahrungen mit kleinteiliger Technologie aus dem Herzen des militärisch-industriellen Komplexes gemacht und sie auf Happenings eingesetzt. „Strobe lights, light projectors, tape decks, stereo speakers, slide sorters – […] the products of technocratic industry served as handy tools for transforming their viewer's collective mind-set",[77] konstatiert Fred Turner. So informierte der *Catalog* über die *Geodesic Domes* des technophilen Designers und Architekten Buckminster Fullers, Rechenmaschinen von HP, wie über die neusten Bücher zu Informationstheorie und Kybernetik, direkt nebeneinandergestellt mit Zelten, Spaten oder Indianerkleidung.[78] Im kybernetischen

76 Ebenda, S. 3, Hervorhebung im Original.

77 Turner, From Counterculture, S. 49.

78 Geodensic Domes waren halbkugelförmige Gebilde, deren sphärische Oberfläche aus einem Netzwerk von Stangen bestand. Bei richtigem Zusammenbau boten sie eine schnell zu errichtende, robuste Konstruktion. Darüber hinaus war sie bei den *New Communalists* deswegen beliebt, weil ihre runde Form mit der rechtwinkligen, linearen und ornamentfreien modernen Architektur brach. Vgl. ebenda, S. 94–95. Beispielhafte Belegstellen in Brand, Catalog: Geodensic Domes (S. 3), HP-Rechenmaschine (S. 34), kybernetische Computerliteratur direkt neben Indianerkleidung (S. 31-32).

Denken, das dem *Catalog* zu Grunde lag, war dies kein Widerspruch. Soziale, technische oder biologische Systeme wie Artefakte fanden ineinander Ausdruck. Sie alle waren Informationsmuster innerhalb eines ganzheitlichen Systems, Prototypen einer neuen Beziehung zwischen dem Individuum und der Technologie.

Buckminster Fuller, der tief beeindruckt war von der Leistungsfähigkeit der Technologie und diese nach den universalen Regeln religiöser Natur verstand, hatte ideell große Wirkung auf die entstehende Gegenkultur.[79] Er entwarf den Typus des *comprehensive designers* als Universalgelehrtem neuer Schule, der einerseits als Ingenieur und objektiver Ökonom die Macht der kybernetischen Informationstechnologie des Kalten Krieges zu erschließen fähig war, sich aber gleichzeitig als individueller Künstler in Kontakt zur Umwelt außerhalb der geschlossenen Welt der Bürokratie stellen konnte. So bleibe er davor bewahrt, als eingeschränkter Experte ein Rädchen im System zu bleiben. „I see God in the instruments and the mechanisms that work reliably",[80] schreibt Fuller in einem Gedicht, das in der ersten Ausgabe des *Catalog* abgedruckt wurde. Stewart Brand und die *New Communalists* ließen sich davon inspirieren und erhoben sich als *comprehensive designer* in einem Moment der Hybris zu Göttern auf, die die Welt überblickten und ihre geheimen, natürlichen Regeln erkannt hatten. „We *are* as gods and might as well get good at it".[81] Das entsprach der ky-

79 Ähnlich wie Wiener schöpfte er als Unitarier aus seiner religiösen Erziehung eine universalistische Herangehensweise. Er stellte sich die Dinge als eine Reihe korrespondierender, miteinander in Verbindung stehender Formen universaler Regeln als Teil eines großen Ganzen vor. Vgl. Turner, From Counterculture, S. 55.

80 Fuller, Buckminster: No More Secondhand God, in: Brand, Stewart (Hrsg.): The Whole Earth Catalog. Access to Tools, Menlo Park, CA 1968, S. 4, hier S. 4.

81 Brand, Catalog, S. 1, Hervorhebung im Original. Gleich auf der ersten Inhaltsseite schreibt Brand über Fuller: „The insights of Buckminster Fuller are what initiated this catalog" (ebenda, S. 4).

bernetischen Vorstellung des *system builders,* der die globalen Variablen eines Systems definierte, es in mathematischen Formeln verstand, mittels konstanter Informationsflüsse kontrollierte und per Feedbackschleifen beeinflusste. Die Vorstellung bot auch aufstrebenden Computeringenieuren die Möglichkeit, sich und ihre Arbeit jenseits des verkrusteten bürokratischen Apparates zu konzipieren. Sie rezipierten ihn eifrig[82]

Aufbau und Herangehensweise des *Catalog* hoben sich zudem von bisherigen Publikationen ab und orientierte sich an dem Ideal des *comprehensive designers*: Ein beachtlicher Teil der Beiträge kam von Gegenkulturellen selbst. So wurde der *Catalog* von seinen Lesern nicht nur als Informationssystem, sondern gleichzeitig als Kommunikationssystem aufgefasst, mit dem sich die *New Communalists* über ihre Erfahrungen austauschen konnten. Die Leser bewerteten nicht nur die vorgestellten Artefakte, reichten Verbesserungsvorschläge ein und diskutierten über deren Verwendungsmöglichkeiten.[83] Sie konnten auch miteinander in Kontakt treten und Gemeinschaft begründen. Sie bekamen scheinbar einen Überblick über die Welt in ihren verschiedensten Facetten in Katalogform, von den verschiedenen Kommunen der Gegenkultur über die Wissenschaft bis hin zu den Künsten. Die im *Catalog* aufgelisteten Werkzeuge boten unter der Kategorie „Kommunikation" die praktischen technischen Hilfsmittel dazu, Verbindungen zu etablieren Gemeinschaft zu schaffen und seine informative Kontrolle über die Welt zu auszuweiten. Der Leser blieb so nicht nur passiver Rezipient eines einseitig verlaufenden Kommunikationskanals von einem arkanen Zentrum (der Redaktion) zur Peripherie (einer gesichtslosen, separierten Leserschaft). Er wurde zu einer aktiven Teilnahme angeregt, den Inhalt des *Catalog* mitzubestimmen und Einblick in seine Funktion zu erhalten.

---

82 Vgl.Turner, From Counterculture, S. 55–58.

83 Vgl. ebenda, S. 79–84, 89-91. 90% der im Catalog veröffentlichten Artefakte waren Bücher.

Steward Brand nahm allerdings letztlich eine Sonderstellung innerhalb der Publikation ein, was der Mitbestimmung Grenzen setzte. Er bestimmte als charismatisches Zentrum durch persönliche Kontakte und Erfahrungen die Richtung des *Catalog*. Die letztendlichen Publikationsentscheidungen traf er.[84] Scheinbar verteilte sich die Entscheidungsmacht, blieb aber gleichzeitig in den Händen weniger zentriert, überdeckt durch die Rhetorik von Partizipation und Offenheit. Im Kleinen ist so der *Catalog* ein Beispiel für ein breiteres Phänomen der Gegenkultur, das sich letztlich in der Aufladung der von ihr adaptierten Computernetzwerktechnologie als persönliches Machtwerkzeug demokratisierender Natur deutlich bemerkbar machte. Mit Foucault gesprochen kam es zu einer partiellen Neuformation der Machttechnologien in Fremdsteuerung und Selbstverwaltung bei flankierender Rhetorik der Dezentralisierung und Machtverschiebung.

Rezeption und Breitenwirkung: Einfluss auf die Computerwissenschaft

Die offene, partizipative, kollaborative Vorgehensweise des *Catalog* inspirierte trotz allem die jungen *Graduate Students*, die ab 1969 das Protokoll als Intelligenz des ARPANET schrieben. Die Leserschaft des *Catalog* entsprang nämlich nicht nur dem gegenkulturellen Milieu. Der *Catalog* wurde mit Begeisterung von Ingenieuren, Akademikern und in der Kunstszene rezipiert. Insgesamt verkaufte er sich in den Jahren 1968 – 1972 über zwei Millionen Mal. Für seine neue publizistische Herangehensweise zeichnete die National Book Foundation den *Catalog* 1971 mit dem National Book Award in der Kategorie Zeitgeschehen aus – bis heute das erste und einzige Mal, dass ein Katalog mit dieser Auszeichnung versehen wurde.[85] Vor allem auf die junge Computerforschung hatte der *Catalog* entscheidenden Einfluss. Er prägte eine

84 Vgl. ebenda, S. 90–91 und auch den Vortrag von Turner, Vortrag. im Haus der Kulturen der Welt und im pers. Gespräch mit Fred Turner, 22.06.2013.

85 Turner, From Counterculture, S. 80.

ganze Generation von Computerwissenschaftlern. Wie sich gegenkulturelle Werte im Bau des PCs niederschlugen, ist bereits historisch erforscht.[86] Die hier untersuchte Fragestellung ist, wie sie sich in der Vernetzung auswirkten.

„Like the scientific entrepreneurs of MIT's Rad Lab, the New Communalists adventurers of the Whole Earth Catalog were to become independent, collaborative, and mobile, and they were to build the norms of their communities into technologies and information systems that would both support those communities and model their ideals to the outside world".[87]

Emblem des ganzheitlichen Anspruches war das erste Bild der Erde aus dem Weltall, aufgenommen von Apollo 9, das die Titelseite des *Catalog* von 1968 schmückte.[88] Es zeigte die Erde in ihrer Gesamtheit jenseits des menschlichen Horizontes und stellte damit einen radikalen Perspektivwechsel dar. Es war der vollständige Blick auf die Erde, wie er bisher nur Gott vorbehalten blieb: grenzenlos, umfassend, universell. „Raging nationalistic interests, famines, wars, pestilences don't show from that distance. […] From out there it really is ‚one world'",[89] so Frank Borman, Kommandant der Apollo 8. Die durch den eisernen Vorhang und den Systemkonflikt zerrissene Welt wurde scheinbar eins, verbunden im gemeinsamen Schicksal, auf dem „Raumschiff Erde"[90] durch das Weltall zu schweben. Das Foto bildete die ganze Erde ab – „ein Rahmen, der kein Außen zulässt und dabei in Anspruch nimmt, außerhalb der Geschichte zu stehen".[91]

86 Vgl. ebenda; Markoff, John: Dormouse.

87 Ebenda, S. 79.

88 Vgl. Brand, Catalog.

89 Borman, Frank: A Science Fiction World, in: Life Magazin Januar (1969), hier S. 29.

90 Vgl. Fuller, R. Buckminster; Krausse, Joachim: Bedienungsanleitung für das Raumschiff Erde und andere Schriften. Reinbek bei Hamburg 1973.

91 Franke, Earthrise, S. 13.

Damit steht das Bild der Erde aus dem Weltall in seiner antihistorischen Perspektive in krassem Widerspruch zu seinem „Vorgänger, dem Atompilz mit seinem Verweis auf den historischen Umbruch, der mit der nuklearen Explosion von Hiroshima verbunden ist und als Zeichen für den Kollaps der westlichen Zivilisation auch mit Auschwitz in Verbindung steht. Die Ikone des Atompilzes stellte den Universalismus der westlichen Moderne radikal in Frage und mit ihm ihren mit dem Begriff des Fortschritts verbundenen Legitimationsdiskurs“.[92] Das Bild der Erde nährte hingegen die Hoffnung, mittels Technologie die menschliche Begrenztheit zu überwinden und aus der *Closed World* des Kalten Krieges auszubrechen. Diesen Anspruch griffen ansatzweise die Ingenieure des ARPANET, aber vielmehr noch des Internet auf: Mittels der Kommunikationstechnologie die *Closed World* zu durchbrechen. Während das ARPANET noch lokal und im Kalten Krieg verhaftet war und sich bis auf wenige Ausnahmen nur auf das US-amerikanische Staatsgebiet beschränkte, legte sich das Internet als Netzwerk von (lokalen) Netzwerken gleichsam einer kommunikativen Hülle um den blauen Planeten und umschloss seine Lokalitäten.[93] Es

---

92 Ebenda. Parallel zur ikonografischen Ablösung des Atompilzes durch das Bild der ganzen Erde als verbundenes Informationssystem begann über die Jahre eine Kaskade der Ablösungsvorgänge, die dann vor allem nach dem Fall der Mauer durchschlug, als die Atomtechnologie endgültig an Bedeutung verlor. Sie umfasste die Ablösung des Atomphysikers durch den Computerwissenschaftler als begehrtester Berufswunsch, die des Atomkraftwerkes durch das Rechenkraftwerk, ja des Atoms durch das Bit als Leitmetapher des 21. Jahrhunderts. Vgl. Schirrmacher, Ego, S. 61–62; Carr, Big switch.; Kelly, Kevin: Out of control. The new biology of machines, social systems, and the economic world. Reading, Mass 1995, S. 25–26.

93 Die einzigen Ausnahmen im frühen ARPANET, die außerhalb des amerikanischen Staatsgebietes lagen, waren die Knoten am University College in London und in Kjeller, Norwegen. Das ironische an seiner Gegenüberstellung zum Atompilz ist, dass das ARPANET auch dafür gebaut und verwendet wurde, seismische Daten über Atombombentests schneller zu über-

war die Möglichkeit, das weltumspannende Bewusstsein McLuhans technisch zu realisieren, dass die Welt zu einem Dorf machte. Das Innen nach Außen zu kehren und das Außen zum Inneren zu machen, bedeutete in der Vorstellung der *New Communalists* und den inspirierten Computerwissenschaftlern, dass der Mensch mit den Medien als Erweiterung seines Zentralnervensystems seinen Körper von Außen betrachten konnte. Die *final frontier* des Weltalls entsprach ideell der Grenzauflösung im digitalen Raum.

tragen und das Internetprotokoll TCP später auch in Los Alamos lief. Vgl. O'Neill, Interview McKenzie, S. 17.

IV. Vom Timesharing zur Vernetzung

Zum Durchbruch verhalf der Forschung an künstlicher Intelligenz eine Entwicklung, die gleichzeitig den Anfangspunkt der Computernetzwerkforschung markiert: Das *Timesharing*. Darunter versteht man den simultanen Zugriff mehrerer Nutzer auf einen Mainframe-Rechner. In den späten 1950er-Jahren und noch lange bis in die 1960er-Jahre waren die meisten Computer *Batchprocessors*.[1] Das hieß, dass immer nur ein einzelnes Programm vom Computer eingelesen und verarbeitet wurde, bevor das nächste Programm an die Reihe kam. Die Rechner waren große, unverbundene, abgeschirmte Maschinen von der Größe eines Reihenhauses. Der Programmierer hatte keinen direkten Zugriff auf sie, sondern gab sein in standardisierte Lochkarten gestanztes Programm in Maschinencode bei einem Computeroperator ab, welcher den Rechner der Reihe nach die einzelnen Lochkarten einlesen ließ. Das Programm wurde im Stapel der zu verarbeitenden Programme hinten eingereiht. Dabei blieb ein großer Teil der Rechenkraft des Computers ungenutzt. Weder konnte ein Mensch ihn so schnell bedienen wie er rechnete. Noch konnten die Lesegeräte die Lochkarten so schnell einlesen, wie sein Prozessor die Daten verarbeitete. Aber auch auf der Seite der Programmierer schuf die Stapelverarbeitung Verzögerungen: Bekam der einzelne Programmierer eine Fehlermeldung beim Ausführen des Programmes zurück, so musste er erst den Fehler beheben und das Programm von neuem in den Stapel

1 Auf Deutsch: Stapelverarbeitung.

einreihen, um es erneut ausführen zu lassen. Bei komplexeren Programmen konnte sich dieser Vorgang zahlreiche Male wiederholen. Dementsprechend genau musste er im Vorfeld das Programm und seinen Ablauf planen. Die Stapelverarbeitung war der Flaschenhals der Informationstechnologie der 1960er-Jahre.[2]

BATCHPROCESSING: TECHNOLOGIE DER INDUSTRIEMODERNE

Das *Batchprocessing* kann als klassische Technologie der Industriemoderne vor dem Strukturbruch charakterisiert werden, mit zentralen Großrechnern im Dienste eines Planungs- und Steuerungsregimes zur Verarbeitung von Zahlen und Kenndaten. Es war gleichsam eine fordistische Datenverarbeitung am Fließband.[3] Die Rechner lagen in der Hand weniger Computeradministratoren, die sich für die Instandhaltung, Modifizierung und hauptsächlich für die Eingabe der Daten verantwortlichen zeichneten.[4] In ihren standardmäßig weißen Kitteln strahlten sie wissenschaftliche Rationalität und Souveränität über den Rechner aus. Für den Endnutzer war der Rechner ein tendenziell abgeschirmtes, arkanes Artefakt; ihnen entzogen sowohl durch die räumliche Distanz die Bedienungsgewalt, wie auch durch die mangelnden Kenntnisse, in Maschinensprache zu programmieren. Die ersten höheren Programmiersprachen, welche die Maschinensprache quasi „übersetzten", verbreiteten sich in den frühen 1960er-Jahren erst langsam.[5]

2 Vgl. Waldrop, M. Mitchell: The dream machine. J.C.R. Licklider and the revolution that made computing personal. New York 2001, S. 143–145; Ceruzzi, Paul E.: A history of modern computing. Cambridge, Mass. [u.a.] 2003, S. 109–142.

3 Vgl. Waldrop, dream machine, S. 143.

4 Vgl. ebenda, S. 424.

5 Zur gut aufgearbeiteten Geschichte der Programmiersprachen innerhalb der Digitalgeschichte vgl. Ensmenger, Computer boys, S. 83-110.

Ein Beispiel für die umständliche Prozedur der Computerbedienung ist die Beschreibung J.C.R. Lickliders in einem seiner frühen Paper. Entsprechend der standardisierten, arbeitsteiligen Art des Programmierens dieser Zeit erläutert er, wie ein Wissenschaftler sein Problem erst vollständig durchdenken, dann mathematisch formulieren und schließlich einem Programmierer übermitteln musste. Der Programmierer übersetzte es in Maschinensprache und übergab es dem Administrator zur Verarbeitung.[6] Neben der Nutzung in Forschung und militärischer Strategieplanung standen Rechner in den Vereinigten Staaten nur wenigen Großunternehmen zur Verfügung, die sich sowohl die Anschaffung, wie auch den Betrieb der enorm teuren Geräte leisten konnten. Eine zentrale Voraussetzung waren ausreichend große, gleichförmige Datenmassen zur standardisierten, zentralen Verarbeitung. Die Rechner wurden in den Großbetrieben primär im internen Rechnungswesen eingesetzt.[7] Darauf hatte sich vor allem die Firma IBM eingestellt. Ihre großen Mainframes waren Sinnbild des Batchprocessing, wie Martin Campbell-Kelly, William Aspray, Nathan Ensmenger und Jeffery R. Yost in ihrem Standardwerk der Digitalgeschichte verdeutlichen.[8] Der Slogan von IBM lautete Anfang der 1960er-Jahre gar „data processing, not computing“.[9] Für

6 Licklider, J.C.R.: Man-Computer Symbiosis, in: IRE Transactions on Human Factors in Electronics 1 (1960), S. 4–11: 3-4. Zum standardisierten Ablauf des Programmierens in fünf Schritten vgl. auch Ensmenger, Computer boys, S. 27-51.

7 Vgl. für eine umfassende Analyse des Einsatzes von Computern in der amerikanischen Wirtschaft Cortada, James W.: The Digital Hand. How Computers Changed the Work of American Manufacturing, Transportation, and Retail Industries, Bd. 1, Oxford [u.a.] 2003. Cortada war allerdings selbst früher Mitarbeiter bei IBM. Vgl. auch Campbell-Kelly, Martin; Aspray, William; Ensmenger, Nathan; Yost, Jeffery R.: Computer. A history of the information machine, Boulder, CO, 2013, 3. Aufl., S. 97-118.

8 Vgl. ebenda, S. 119-142.

9 Aspray, William; McCarthy, John: Interview with John McCarthy. OH 156. Minneapolis, MN. 1989, S. 10.

IBM-Mitarbeiter standen rationale Berechnungen einer mit dem Verstand ergründbaren und mit Algorithmen annäherungsweise beschreib- und simulierbaren Welt im Vordergrund. Ihr Ziel war es, die so verfügbar gemachte Welt nun effizienter planen und steuern zu können.[10] Eingabe, sequenzielle Verarbeitung und Ausgabe vollzogen sich hochgradig repetitive und statisch. Die genormten Lochkarten wurde zur standardisierte Komponenten am Fließband der Datenverarbeitung. Die Ausgabe des Berechnungsergebnisses erfolgte ebenso definit und vorerst unveränderbar auf Papier, wie der Verarbeitungsprozess selbst. Die prozessuale Weiterverarbeitung des Ergebnisses war zwar möglich, aber nicht ohne erheblichen Aufwand durchführbar.

Mit diesem Modell der Rechnernutzung wollte eine kleine Gruppe an Wissenschaftlern brechen, die überwiegend zu künstlicher Intelligenz forschte. Ihre Arbeiten in diesem Feld und der Netzwerkforschung, beides gefördert von J. C. R. Lickliders IPTO, hingen eng zusammen mit der Entstehung des *Timesharing*. Experimente mit künstlichen Intelligenz benötigten erstens enorme Rechenkapazität. Allein die Versuche der Arbeitsgruppe von Marvin Minsky und John McCharty, zwei der prominente KI-Forscher der ersten Stunde, nahmen laut Paul Edwards 1960 etwa 28% der gesamten für wissenschaftliche Forschung zur Verfügung stehenden Rechenzeit ein.[11] Zweitens erforderten ihre Modelle künstlicher neuronaler Netze einen interaktiveren Rechnerzugriff in Echtzeit zur kybernetischen Modellierung evolutionärer Fortentwicklung, beispielsweise um berechnete Ergebnisse per Feedbackschleife wieder einzuspeisen oder in der Grafikausgabe. Das finite *Batchprocessing* stellte dafür eine Hürde dar. John McCarthy und seine Arbeitsgruppe entwarfen das *Timesharing* als Lösung für das beschriebene Problem des Flaschenhalses der Stapelverarbeitung und damit unintendiert eine Vorläufertechnologie des ARPANET. Beim *Timesharing* wurde gewissermaßen der Speicher des Computers

10 Im Englischen *numerical analysis* genannt, die Grundlage der Operations Research.

11 Vgl. Edwards, Paul N.: Closed world, S. 258.

in einzelne Parzellen unterteilt. Jede Parzelle konnten mit den Programmen unterschiedlicher Nutzer belegt werden. Zwischen diesen Parzellen wechselte die CPU zyklisch.[12] Da dies in der Regel mit sehr hoher Geschwindigkeit passierte, erfuhr der über ein Terminal zugreifende Nutzer des Rechners eine direkte, kontinuierliche Interaktion mit der Maschine. Paradoxer Weise erlebte er den Computer nun, als ob er ihm alleine zur Verfügung stand, obwohl er ihn sich mit mehr Leuten als zuvor teilte.

Damit war das *Timesharing* mit dem interaktiven, verteilten Rechnerzugriff für die KI-Forscher/innen die ideale Umgebung für ihre Experimente. Sie entwickelten den Computer zu einer Art unmittelbaren Denkhilfe, der den mittelbaren Zugriff der Stapelverarbeitung überwand. Für sie stand nicht mehr die physische Mimikry des menschlichen Gehirns durch den Rechner im Mittelpunkt, wie noch für die Kybernetiker erster Generation. Der computergestützte Denkprozess selbst rückte in den Vordergrund.[13] So brachte beispielsweise J.C.R. Licklider aus seiner negativen Erfahrung des Scheiterns von SAGE eine Idee mit in das Projekt ein, die die Beschäftigung mit vernetzter Computertechnologie bis in das 21. Jahrhundert beeinflusst. Es helfe nicht nur der Computer dem Menschen, vielmehr sei der Computer auf Grund seiner Begrenzungen in nicht-automatisierbaren Bereichen auch immer auf die Hilfe des Menschen angewiesen. In Hinblick auf die seinerzeit dem Computer zugeschriebenen Machbarkeitsphantasien war dies ein bedeutender Perspektivwechsel auf das *computing*. Licklider konstatierte:

„a fantastic change has taken place during the last few years. ‚Mechanical extension' has given way to replacement of men, to automation, and the men who remain are there more to help than to be helped. In some instances, particularly in large computer-centered information and control systems, the human opera-

12 Vgl.ebenda, S. 257–258.

13 Vgl. ebenda, S. 258–259.

tors are responsible mainly for functions that it proved infeasible to automate".[14]

Mensch und Maschine sollten in einer Symbiose verschmelzen, als gleichwertige Teile in einem kybernetischen System. Der vernetzte Computer erschien in diesem Modell als Erweiterung des menschlichen Zentralnervensystems, aber gleichermaßen wurde der Mensch als eine Erweiterung des vernetzten Computers gesehen.[15] Mit der statischen und nutzerfernen Stapelverarbeitung riesiger Mainframes war die Umsetzung einer solchen Idee kaum möglich.

Das Interesse an *Timesharing* beschränkte sich aber nicht rein auf die Wissenschaftler der KI-Forschung. An unmittelbaren, interaktiven Entscheidungsprozessen über den Computer hatten ebenso Militärs großes Interesse. Unmittelbarkeit, Interaktivität und intelligente Verarbeitung der in Daten gegossenen Realität war eine Grundvoraussetzungen erfolgreichen und schnellen *Command & Controls*. Und auch die *New Communalists* wie Stuart Brand konnten hier anknüpfen, den Computer als persönlich verfügbares Werkzeug zur Bewusstseinserweiterung zu nutzen. Durch ihren Anspruch in der Nachbildung menschlicher Denkprozesse verband sich die KI-Forschung mit dem zentralen Wandel der Computertechnologie der 1960er-Jahre, zu der auch die Computernetzwerkforschung gezählt werden kann: Der Entwicklung weg vom Rechnerzugriff für nur einige wenige Computeroperatoren. Die Distanz zwischen Nutzer und Rechner lösten die Entwickler um McCharthy und Licklider, die beide zuvor bei BBN gear-

---

14 Licklider, Man-Computer Symbiosis, S. 2. Mit der Aussage über die Unmöglichkeit der Automatisierung spielt er direkt auf das Scheitern des Semi-Automatic Ground Environment an, wenn er im nächsten Satz sagt: „They are „semi-automatic" systems, systems that started out to be fully automatic but fell short of the goal" (ebenda).

15 Was einen Kontrapunkt zu der These McLuhans von den Medien als Ausweitung des Menschen setzte, welche dieser etwa zur selben Zeit aufstellt und 1964 publiziert. Vgl. McLuhan, Kanäle, S. 9 u. ebenda, The medium, S. 46.

beitet und die Firma für das *Timesharing* gewonnen hatten, in der interaktiven Verwendbarkeit von Zentralrechnern durch viele einzelne Personen mittels Terminals auf.[16] Hier liegt die Bedeutung der *Timesharing*-Technologie für die Entwicklung des ARPANET, das dann auch den Zugriff auf die Rechenleistung entfernter Rechner durch deren Verbindung für viele Nutzer ermöglichte. Die Firma BBN, die letztlich den Zuschlag zum Bau des ARPANET bekam, war hauptsächlich auf Grund der Erfahrung im *Timesharing* in der Lage, in kurzer Zeit ein umfassendes Konzept für den Bau des Inneren Netzwerkes des Netzwerkes vorzulegen.

Die Nutzer bekamen beim *Timesharing* den Computer – zumindest scheinbar – selbst in die Hand und konnten direkt mit ihm interagieren. Ironischer Weise verringerte sich die räumlich-physische Distanz zwischen Nutzer und tatsächlichem Rechner in der Regel gar nicht. Terminals, mit denen auf den einzelnen Rechner zugegriffen wurde, konnten weit vom Zentralrechner entfernt sein, beispielweise auf einem anderen Stockwerk oder in einem anderen Gebäude.[17]

SOZIALE VERNETZUNG IM UMFELD TECHNISCHER INNOVATION

Soziale Vernetzung ging mit der technischen Vernetzung einher, oder ihr zumeist sogar voraus, so eine These dieses Buches. Der *Timesharing*-Ansatz der Entwicklung um John McCarthy durchbrach zwar nicht zwangsläufig die räumlichen Grenzen zwischen Mensch und Maschine, aber durchaus die Grenzen zwischen den Nutzern selbst, zumindest in einem ersten Schritt. Sie nutzten nun einen Computer zusammen, was sich operational nur in den seltensten Fällen bemerkbar

16 Vgl. Aspray et al., Interview McCarthy, S. 2–6; Licklider, Man-Computer Symbiosis, S. 8.

17 Vgl. Abbate, Janet: Inventing the Internet. Cambridge, Mass. [u.a.] 1999, S. 25–26.

machte, aber eine ganz neue Erfahrung darstellte. Die Daten wurden auf einem gemeinsamen Speicher abgelegt. Sie konnten so einerseits einfacher geteilt werden, indem einer anderen Person, die auch auf dem Computer eingeloggt war, der Zugriff darauf gewährt wurde.[18] Durch den simplen Trick, sich gegenseitig Zugriff auf Textdateien zu geben, konnten sogar zwischen den einzelnen Nutzern Nachrichten ausgetauscht werden. Ein Trick, den der Entwickler Ray Tomlinson wieder aufgriff, als er in den 1970er-Jahren den E-Mailservice für das ARPANET schrieb.[19] Zwischen den Nutzern des gleichen Computers konnte so ein Austausch sozialer und technischer Natur entstehen, sowohl ein Austausch von Nachrichten, als auch von Programmen und Daten, den es vorher oft nicht gegeben hatte. Andererseits entstand auch bei Problemen eine Schicksalsgemeinschaft. Brachten Nutzer durch ein fehlerhaftes Programm, einen Bedienfehler oder schlicht durch das Austesten der Grenzen die Maschine zum Absturz, waren alle Nutzer gleichermaßen von einem Datenverlust oder dem Ausfall betroffen.

J.C.R. Licklider war nicht nur derjenige, der die Idee einer umfassenden Vernetzung von Computern mit prägte, er formte bei der ARPA

18 Wichtig ist hier, in den technischen Gegebenheiten der Zeit zu denken und nicht vom heutigen technologischen Stand auszugehen. Konzepte wie das der Datei oder eines Ordners stammen aus dem Betriebssystem UNIX, das erst Ende der 1960er-Jahre entwickelt wurde. Die Konzepte sind uns allerdings derartig geläufig, dass es uns schwer fällt, außerhalb der Konzepte zu denken. Ein Beispiel für eine mögliche Alternative zu heutigem Denken aus dem Computernetzwerkumfeld ist Ted Nelsons Idee eines Netzwerkes. „The first design for something like the World Wide Web, Ted Nelson's Xanadu, conceived of one giant, global file" (Lanier, Jaron: You are not a gadget. A manifesto. New York 2010, S. 13). Zur Kontinuität bürokratischer Techniken aus dem 19. Jahrhundert in den UNIX-Konzepten vgl. Vismann, Cornelia: Akten: Medientechnik und Recht, Frankfurt am Main 2011, 3. Aufl.

19 Vgl. Siegert, Paul Ferdinand: Die Geschichte der E-Mail. Erfolg und Krise eines Massenmediums. Bielefeld 2008, S. 190–197.

ebenso ein soziales Netzwerk aus Elektroingenieuren und Programmierern, welches die Idee realisierte und sie weitertrug.[20] Dabei verfolgte er eine Philosophie, die laut seines Biographen Mitchell Waldrop kennzeichnend für seine Person war, aber gleichzeitig auch einer amerikanischen Forschungskultur entsprach, innerhalb deren Kontext sich die Entwicklung des Internet vollzog.[21] Er versuchte, die klügsten und innovativsten Köpfe eines Feldes zusammenzubringen und ihnen die größtmögliche Freiheit in der Realisierung ihrer gemeinsamen Ideen zu geben. Im Aufeinandertreffen mit anderen hochklassigen Wissenschaftlern und Ingenieuren mit unterschiedlichen fachlichen Schwerpunkten sollten sie ihr kreatives Potenzial entfalten können. Er griff selten in die Arbeit anderer ein und ließ sie ihre Gedanken verfolgen, so Waldrop. Im Gegenzug zu dieser recht weitreichenden Freiheit erwartete er aber von ihnen, ihre Arbeit selbstständig zu erledigen und auf sich allein gestellt Problemlösungen zu finden, wenn sich Schwierigkeiten auftaten. Das stand in einem deutlichen Gegensatz zu den in den 1960er-Jahren üblichen hierarchischen Managementstrategien, die ähnlich des Programmierstils innerhalb der Stapelverarbeitung sehr genau vorgaben, was ein einzelner zu tun habe und diesem wenig Freiheit ließen. Bereits *Graduate Students* förderte er und traute ihnen zu, entscheidende Aufgaben zu übernehmen und sie auf eigene Faust zu lösen. Beispielsweise verteilte er das Project MAC, ein Projekt zur Realisierung von interaktiver Computernutzung am MIT, auf mehrere kleinere Arbeitsgruppen, in denen wiederum zahlreiche junge Studenten arbeiteten.[22] Als erster Direktor der IPTO prägte er so eine Kultur, die seine Nachfolger weiterverfolgten und formte eine Gemeinschaft von Computerwissenschaftlern, die der ARPA verbunden blieb. Lawrence Roberts, Lickliders Nachfolger, gab zu Protokoll:

---

20 Hier ist es für zukünftige Forschung durchaus lohnenswert, die bisher im Hintergrund gebliebenen Entwickler und frühen Nutzer in den Quellen aufzuspüren.

21 Waldrop: Dream Machine, S. 175.

22 Hughes, Thomas Parke: Rescuing Prometheus. New York 2000, S. 350–354.

„That production of people started with Lick, when he started the IPTO program [...]. It was really due to Lick, [...] because [...] it was that early set of activities that I continued with that produced the most people with the big university contracts. That produced a base for them [...] and produced excitement in the university so students went to those departments and more students went to computing than ever before".[23]

In der Entwicklung des ARPANET, das von zahlreichen Kleingruppen und entscheidend von *Graduate Students* entwickelt wurde, spiegelte sich diese Form der Gruppenbildung deutlich wieder – bis hin zu ihren erkennbar nepotistischen und elitistischen Zügen, innerhalb derer Licklider in der Rückschau zu einer Vaterfigur stilisiert wurde.

J.C.R. Lickliders Ideen zur interaktiven Computernutzung und dem *Timesharing* trugen dabei von Anfang an militärische Implikationen. Er vermarktete sie als die Grundlagen effektiven *Command & Controls*, also militärischen Kontroll- und Befehlswesens. Anfang der 1960er-Jahre, als Licklider sein einflussreiches Paper zur Mensch-Maschine-Symbiose schrieb, in dem er erstmals die Idee eines Computernetzwerkes formulierte, schaffte das Militär massenhaft Computertechnologie an – und zwar Rechner mit Stapelverarbeitung für die *Operations Research.* Wie ungeeignet deren langsame Datenverarbeitung allerdings im militärischen Einsatz sei, brachte er pointiert auf den Punkt, als er über den Einsatz von Computertechnologie in einem Ernstfall nachdachte:

„You formulate your problem today. Tomorrow you spend with a programmer. Next week the computer devotes 5 minutes to assembling your program and 47 seconds to calculating the answer to your problem. You get a sheet of paper 20 feet long, full of numbers that, instead of providing a final solution, only suggest a tactic that should be explored by simulation. Obviously, the battle would be over before the second step in its planning was begun".[24]

---

23 Norberg, Arthur L; Roberts, Lawrence: An Interview with Lawrence Roberts. OH 159. Minneapolis, MN. 1989, S. 47–48.

24 Licklider, Man-Computer Symbiosis, S. 4.

Aus den kürzer gewordenen Zeitspannen, die in einem technisierten Kalten Krieg zur Entscheidungsfindung zur Verfügung standen leitete Licklider die Notwendigkeit einer beschleunigten Kommunikation und der beschleunigten Berechnung von Problemen ab. Aber dem stand entgegen, dass „[a]ny present-day [1960] large-scale computer is too fast and too costly for realtime cooperative thinking with one man“.[25] Als Problemlösung dessen sah er das *Timesharing* an, mit dem mehr Nutzer gleichzeitig Zugriff auf einen Rechner bekommen und ein Problem trotzdem scheinbar in Echtzeit bearbeitet werden konnte.[26]

Die noch frische Erfahrung, die einzelnen Radarstationen von SAGE miteinander zu vernetzen,[27] inspirierten ihn zu der Problemlösung, sogenannte Denkstationen zu bauen und diese sowohl miteinander, als auch mit den Nutzern zu vernetzen. Die dortigen Großrechner sollten ihre Rechenzeit gleichmäßig verteilen und so *computing* für alle wirtschaftlich werden:

„It seems reasonable to envision, for a time 10 or 15 years hence, a „thinking center“ that will incorporate the functions of present-day libraries together with anticipated advances in information storage and retrieval [...]. The picture read-

25 Ebenda, S. 8.

26 Wie bereits oben beschrieben wechselt die CPU des Rechners beim Timesharing zwischen den einzelnen Aufgaben der Nutzer mit hoher Geschwindigkeit, sodass für diesen der Eindruck einer Bearbeitung in Echtzeit entsteht. Der virtuelle „als ob“-Effekt (Weizenbaum) wird nur dann sichtbar, wenn der Computer überlastet ist oder etwas nicht funktioniert.

27 Er hatte die Idee schon in einem unveröffentlichten Aufsatz angedacht, den er im August 1957 für die Air Force schrieb: Licklider, J.C.R.: The Truly Sage System, or Toward A Man–Machine System for Thinking. Box 6, folder "1957", Licklider Papers at MIT Libraries 1957, zitiert nach: Kita, Chigusa Ishikawa: J.C.R. Licklider's Vision for the IPTO, in: IEEE Annals of the History of Computing 25 (2003), 3, July, S. 62–77, hier S. 66, 75 Hier wird klar, wie wichtig die Entwicklung von SAGE für die Ideen Lickliders war.

ily enlarges itself into a network of such centers, connected to one another by wide-band communication lines and to individual users by leased-wire services. In such a system, the speed of the computers would be balanced, and the cost of the gigantic memories and the sophisticated programs would be divided by the number of users".[28]

Hier werden nicht nur die Wurzeln des ARPANET als Verbindung von Großrechnern sichtbar. Auch die späteren Nutzungsformen der von vernetzten Computern als Informationsabruf jenseits von bloßen Rechenoperationen klingen bereits an.

TIMESHARING UND INTERAKTIVE COMPUTERNUTZUNG: VORLÄUFER EINES NEUEN PARADIGMAS DER VERNETZUNG

Gegenüber der Stapelverarbeitung war das *Timesharing* wie auch die Netzwerktechnologie zumindest in der Vorstellung der Protagonisten ein völlig neuer Ansatz. Erstens ging McCarthy noch weiter und entwickelte nach anfänglichen Erfolgen im Bau von Timesharing-Systemen die Idee von Rechenzeit als „*public utility*"[29], also als öffentlichem Gut. Er entwarf mit seinem Team die Idee von gigantischen,

28 Licklider, Man-Computer Symbiosis, S. 8.

29 Vollständig lautet das Zitat „computation may someday be organized as a public utility, just as the telephone system is a public utility. We can envisage computer service companies whose subscribers are connected to them by telephone lines. Each subscriber needs to pay only for the capacity that he actually uses, but he has access to all programming languages characteristic of a very large system. […] One example is […] programming services. […] The computing utility could become the basis for a new and important industry" (McCarthy, John: Time-Sharing Computer Systems, in: Martin, Greenberger, (Hrsg.): Computers and the world of the future, Cambridge, Mass. [u.a.] 1965, S. 220–248, hier S. 236).

zentralen Rechenkraftwerken in jeder Stadt, welche Computerleistung wie Strom produzierten und mittels *Timesharing* und Leitungsnetzen an die Computernutzer verteilten. Es war die egalitäre Vorstellung, dass jeder Nutzer so in den Genuss der Informationsmacht des Computers kommen konnte, vermarktet in einer zentralistischen Großstruktur, die typisch für ihre Zeit war.[30] Zweitens entsprach der Ansatz des *Timesharing* der Denkweise des menschlichen Geistes eher als das *Batchprocessing* und versprach so, eine breitere Kundengruppe zu erschließen. Die Nutzer mussten nicht schon vorher den vollständigen Verlauf eines Rechenprozesses durchplanen, sondern bekamen die Möglichkeit, kreativ und spontan Veränderungen vorzunehmen. Die Ergebnisse vorheriger Handlungen wurden im System rückgekoppelt mit den Handlungen der Nutzer. Der Mensch, so die Entwickler der Timesharing-Systeme, sollte neugierig erkundend mit dem Rechner umgehen und im Prozess selbst die Dinge erweitern können.

Davon unbenommen wurde *Timesharing* in den ersten Jahren primär ebenso für Buchhaltung eingesetzt, wie die Stapelverarbeitung zuvor. Erst langsam setzten sich neue Nutzungsformen durch, auch wenn die öffentliche Begeisterung groß blieb. Zudem nahm die historische Entwicklung einen anderen Verlauf in Hinblick auf die egalitären Ideale: Öffentliche Computernutzung setzte sich letztlich nicht in Form des *Timesharing*, sondern auf Grund der fallenden Hardwarepreise und den im Folgenden beschriebenen Entwicklung der Netzwerktechnologie in Form vernetzter Kleincomputer durch.[31]

Die von McCarthy für das *Timesharing* und seinen „Advice Taker“,[32] entwickelte Programmiersprache LISP war Ausdruck dieser ky-

30 Vgl. Carr, big switch, S. 107-127.

31 Vgl. Campbell-Kelly et. al.: Computer, S. 203 – 213.

32 Eine Art interaktive Maschinenintelligenz, die alltägliche Fragen mit Hilfe einer logischen Datenvernetzung beantworten können sollte. Allerdings stellte sich Alltagslogik im Gegensatz zu formaler Logik als deutlich schwieriger abzubilden dar. Vgl. Waldrop, dream machine, S. 162. Während Waldrop noch 2001 konstatiert, dass es bisher noch nicht gelungen

bernetischen Vorstellung von Denkprozessen als dynamisch und rückgekoppelt. Sie bestand aus Listen von Programmanweisungen, die es durch die rekursive Verschachtelung verschiedener Listen ineinander ermöglichte, Probleme großer Komplexität durch relativ simple Strukturen und Substrukturen auszudrücken, die flexibel erweitert werden konnten. Subroutinen waren keine Erfindung von McCarthy, aber kaum einer setzte sie in solch einer minimalistischen Eleganz um, wie er.[33] LISP wurde im Gegensatz zu den üblichen Programmiersprachen nicht im Vorhinein kompiliert, sondern interpretiert, also während der Ausführung in Maschinensprache übersetzt, was einen weiteren Flexibilitätszuwachs brachte.[34] Sie war dynamisch und prozessual, fand also während der Verwendung selbst ihre Ausprägung, ohne eindeutig definiertes „Endprodukt". Jede Liste war nur eine neue Funktion für die nächste Liste.

Mit LISP entwickelte McCarthy eine Neuerung in der Programmierung, die das Denken vieler Programmierer bis in die Gegenwart entscheidend prägte. Vor allem prägte es aber den Stil seines näheren Um-

---

sei, einen Advice Taker zu implementieren, können die Ansätze von Google und Apples Siri als erste breitenwirksame „Advice Taker" angesehen werden.

33 Ebenda, S. 171-172.

34 Ein Interpreter ist ein „Programm, welches ein Programm einer anderen Programmiersprache nach den notwendigen syntaktischen Überprüfungen sofort ausführt. Im Gegensatz zu einem Übersetzer [engl. Compiler] muss das Quellprogramm nicht erst in eine andere Programmiersprache übersetzt werden, sondern der Interpreter analysiert nacheinander jede Anweisung und Deklaration des Quellprogramms und führt diese unmittelbar aus. Interpreter werden vor allem für Programmiersprachen mit einer Ausrichtung zum Dialogbetrieb eingesetzt" (Claus, Volker; Schwill, Andreas: Eintrag: „Interpreter", in: Claus, Volker/Schwill, Andreas (Hrsg.): Duden Informatik. A-Z, Fachlexicon für Studium Ausbildung und Beruf, Mannheim 2006, S. 325), womit die Technologie LISP ein Beispiel für die zuvor herausgearbeiteten Interessen der Wissenschaftler darstellt.

feldes, aus dem ein größerer Teil an der Entwicklung des ARPANET beteiligt war. J. C. R. Licklider beispielsweise zeigt sich in seinem „Memorandum For Members and Affiliates of the Intergalactic Computer Network", das er 1963 an die *Principal Investigators* des IPTOs schickte, tief beeindruckt von der Struktur LISPs und der Möglichkeit, Subroutinen über das Netzwerk abrufbar zu machen.[35] Zahlreiche Ansätze finden sich dementsprechend in der technologischen Struktur des ARPANET und des Internet wieder: Erstens im *Resource Sharing*, das Programme auf die Subroutinen anderer Programme und Menschen auf die Rechenleistung anderer Hosts zugreifen ließ, wie Listen auf Listen in LISP; Zweitens im Routingalgorithmus, der entsprechend der Philosophie hinter LISP nicht vorherbestimmte Paketpfade, sondern dynamisch und spontan Routen über die einzelnen Knoten ermittelt; Drittens in der Flexibilität, einzelne Hosts oder Netze lokaler Hosts dem Netz hinzuzufügen, weswegen das Internet bis heute keine definite Endstruktur aufweist. Es konstituiert sich vielmehr im Prozess der Datenübertragung immer wieder neu. Gleichzeitig finden sich bereits in den Ideen des *Timesharing* und von LISP beispielhaft Elemente der Geschlossenheit wieder: Zum einen in der Vernetzung zentraler Großrechner zur Verteilung von Rechenleistung an alle Nutzer, die mittels Terminals auf sie zugreifen, entsprechend McCarthys Idee der *public utiltiy*. Diese fand bei den auf Egalität und öffentlicher Teilhabe bedachten *New Communalists* Anklang und Interesse. Zum anderen in der Rekursivität der Listenstrukturen, die nur auf sich selbst verwiesen. McCarthy erlag der Hybris der Universalität, mit LISP eine universale Touringmaschine gebaut zu haben – ein *Perpetuum Mobile*, das selbst den Interpreter als Liste ausdrücken konnte und damit in sich vollständig geschlossen war.[36]

35 Vgl. Licklider, J.C.R.: Memorandum For Members and Affiliates of the Intergalactic Computer Network. Topics for Discussion at the Forthcoming Meeting. Washington 1963, S. 4, 7.

36 Vgl. Waldrop, dream machine, S. 172.

Der Ansatz der SCOT macht hier immer wieder sichtbar, dass durchaus die Möglichkeit anderer technologischer Ausprägungen bestand, die in den 1960ern als gleichwertig angesehen wurden. Namentlich beispielsweise eine noch stärkere Server-Client Disparität, wie sie in Zeiten des *Cloud Computing* seit den späten 2000ern wieder aufkam. Gleichzeitig lenkt es den Blick auf interne Gruppenbildungen. Zahlreiche Entwickler des späteren Internet und seiner Vorläufer erlebten ihre Sozialisation im Umfeld des *Timesharing*. Von dort nahmen sie zentrale Lösungsansätze mit. Leonard Kleinrock, der das grundlegende Prinzip des Routingalgorithmus für das ARPANET schrieb, arbeitete direkt mit McCarthy, Claude Shannon und Marvin Minsky am MIT zusammen, ebenso mit Lawrence Roberts, der das ARPANET initiierte. Kleinrock und Roberts legten am gleichen Tag die Verteidigung ihrer Dissertation bei Claude Shannon, Wesley Clark und Marvin Minsky ab. [37] In einem Oral History Interview sagte Kleinrock rückblickend über das *Timesharing*: „Specifically, the […] 1960s was [sic!] the era of timesharing and it was clear to me that the fundamental principles of timesharing would also apply to data networks“.[38]

Historische Einordnung

Bemerkenswert ist allerdings bei der historischen Einordnung des *Timesharing* erstens der Kontext des Ost-West-Konfliktes, innerhalb dessen auch die Forschung zu Künstlicher Intelligenz stand. Er beeinflusste das Denken der Protagonisten deutlich. Nicht nur in Hinblick auf zwei sich gegenüberstehenden Supermächten und ihrer Kriegsfüh-

37 „This was when I first met Larry Roberts. He was also a staff associate and was my officemate as well as a classmate. […] I started writing a chess-playing program with Shannon, John McCarthy and McCarthy's student Paul Abrahams“ (Vardalas, John; Kleinrock, Leonard: Leonard Kleinrock. An Interview Conducted by John Vardalas (2004)). Wesley Clark war ihr Gruppenleiter.

38 Ebenda.

rung, sondern ebenso in Hinblick auf transnationale Vernetzungsprozesse, welche den Eisernen Vorhang durchdrangen. So besuchte John McCarthy in den 1960er-Jahren mehrfach die Sowjetunion und stand in ständigem Austausch mit den dortigen Computerwissenschaftlern um Andrej Erschow.[39] Die Ergebnisse dieser Treffen, aber auch die Beurteilung der sowjetischen Computerisierungsbemühungen trug er weiter an amerikanische Regierungsstellen. Die Computerforschung diente im technologischen Wettlauf beider Staaten immer auch als alternatives Schlachtfeld. So trat 1966-67 ein Schachprogramm, das McCarthy gemeinsam mit Shannon auf Basis ihrer KI-Ansätze geschrieben hatte, gegen ein sowjetisches Pendant an. Es verlor 3:1.

Zweitens darf nicht vergessen werden welch stark politische Anleihen die Deutung der Frühphase der Computerisierung als Phase zentralisierter Computer in der Hand einer Elite trägt. Der Informatiker Ted Nelson schrieb 1974 in seinem stark rezipierten, magazinähnlich aufgebauten Buch, dass die „Guardianship of the computer can no longer be left to a priesthood".[40] Zudem gab er eine direkte Handlungsanweisung dafür, den Computer den Händen des „Central Processing, in all its commercial, philosophical, political, and socio-economic manifestations"[41] zu entreißen, so Steward Brand in seinem Vorwort zur Zweiten Auflage. Eine Trennung zwischen Quelle und Sekundärliteratur ist an dieser Stelle nicht immer klar zu ziehen, da das Narrativ wiederum Einzug in die größere Geschichtsschreibung des Informationszeitalters fand. Mercedes Bunz legt ihre „Geschichte des Internet" beispielsweise als eine Entwicklung von der zentralen Stapelverarbeitung hin zu ver-

39 Vgl. Tatarchenko, Ksenia: „A house with the window to the west". The Akademgorodok Computer Center (1958 – 1993), Princeton 2013, S. 169-236.

40 Nelson, Ted: Computer Lib/Dream Machine, in: Wardrip-Fruin, Noah; Montfort, Nick (Hrsg.): The new media reader, Cambridge, Mass 2003, S. 301–309, hier S. 304.

41 Nelson, Ted: Computer Lib/Dream Machine. Redmond, Washington 1987, S. iii.

teilten, persönlichen Kleinrechner an. Dementsprechend lautet der Titel: „Vom Speicher zum Verteiler".[42] So wichtig die Analyse des neuen Paradigmas der verteilten Speicherung auch ist, es kam in den wirtschaftlichen und universitären Nutzungsorten keineswegs zu einem vollständigen Paradigmenwechsel. Zentrale Stapelverarbeitung und dezentrales *Timesharing* liefen lange Zeit je nach Aufgabentyp parallel nebeneinander. Dementsprechend soll mit diesem Buch ein Kontrapunkt gesetzt und deutlich gemacht werden, wie sich beide Entwicklungen, Verteilung und Zentralisierung, parallel vollzogen haben. Die Geschichte des Informationszeitalter ist keineswegs so eindeutig, wie sie oftmals geschrieben wird.

42 Bunz, Mercedes: Vom Speicher zum Verteiler – die Geschichte des Internet. Berlin 2008.

V. 1967 – 1972: Die Konstruktion des ARPANET als kybernetisches System

Der nächste logische Schritt nach dem *Timesharing* als gemeinsamer, interaktiven Computernutzung per Terminal, war für die Computerwissenschaftler der ARPA die Vernetzung der einzelnen Rechner untereinander. Dadurch sollte nicht nur jeder auf einen einzelnen Rechner zugreifen und sich dessen Rechenleistung teilen, sondern durch deren Vernetzung auch auf die Ressourcen anderer Rechner zugreifen können.

Die primären Motive der Wissenschaftler zum Bau des ARPANET waren erstens die Möglichkeit, sich *remote* auf anderen Rechnern einloggen zu können, die jenseits des eigenen Rechners lagen. Die Erfahrung des *Timesharing* prägte die Vorstellung auch insofern, als das ein Zugriff entweder mittels eines eigenen Hosts oder eines Terminals imaginiert wurde, um die Leistung des entfernten Rechners zu nutzen. Wie sehr das *Timesharing* die Protagonisten prägte, macht der Ursprungsentwurf Lawrence Roberts zum ARPANET im Jahr 1967 deutlich. Darin konzipierte er die Netzwerk-Verbindung zwischen zwei *Timesharing*-Hosts schlicht dergestalt, dass die Leitungen zweier an die Hosts angeschlossenen Terminals gekappt, die Kabelenden miteinander verbunden und so den Nutzern des jeweils anderen Rechners der *remote login* ermöglicht wurde.[1] Zweitens sollten so Mittel eingespart werden, da nicht mehr jeder Institution ihren eigenen Spezialrechner anschaffen müsste. Drittens bestand allgemein ein übergeordnetes Interesse der Wissenschaftler daran, etwas völlig Neues zu erschaffen, was weder in der Industrie noch in der Forschung bisher verfolgt wurde.

Viertens machte es die Inkompatibilität der vielen unterschiedlichen Rechner enorm schwierig, untereinander Daten auszutauschen und zu kommunizieren. Ziel war es also, die Computer eine gemeinsame Sprache sprechen zu lassen, wie J.C.R. Licklider bereits 1963 in seinem Memorandum betont: „Is it not desirable, or even necessary, for all the [Timesharing] centers to agree upon some language or, at least, upon some conventions for asking such questions as „What language do you speak?"[2] Zuvor hatte er als IPTO-Direktor überall im Land Computerzentren gefördert, die eine neue Art der Computernutzung verfolgten. Und obwohl die Wissenschaftler an diesen Zentren alle gemeinsame Ziele hatten, „[the] advancement of art or technology of information processing, the advancement of intellectual capability (man, man-machine, or machine), and the approach to a theory of science",[3] gemeinsame Bedürfnisse an Rechentechnik wie Software teilten und sich selbstverständlich ihrer Zeit weit voraus fühlten, fiel es ihnen schwer, technisch eine gemeinsame Sprache zu sprechen. Vernetzung – erst sozial realweltlich, dann technologisch digital – sollte da Abhilfe schaffen. Licklider machte offensive Werbung für seine Ideen der Vernetzung, publizierte Artikel

1 Vgl. Roberts, Computer Networks, S. 2.

2 Licklider, J.C.R.: Memorandum For Members and Affiliates of the Intergalactic Computer Network. Topics for Discussion at the Forthcoming Meeting. Washington 1963, S. 3. Er stellt hier die Analogie zur Science-Fiction her, was zeigt, welche Wirkung die Gedanken der Science-Fiction Autoren in der Wissenschaft selbst hatten. Besonders für die Computertechnologie trifft dies immer wieder zu. Vgl. Edwards, Closed world, S. 303–351, der die Wechselwirkung von Forschung und Fiktion an Filmen wie 2001: A Space Odyssey oder Star Wars untersuchte.

3 Licklider, Memorandum, S. 1.

und gewann die Köpfe der Wissenschaftler. Parallel dazu entwickelten in den USA ebenso das US-Militär und der Think Tank RAND Ideen zur Computervernetzung. In den frühen 1960er-Jahren war der Stand der Technik allerdings noch nicht weit genug fortgeschritten, um sie zu realisieren.[4] Auch Roberts bestätigte dies: „So in a way networking grew out of Lick's talking about that, although Lick himself could not make anything happen because it was too early when he talked about it".[5]

INITIATIONSPHASE

Robert Taylor, ein Akustik-Ingenieur, der zuvor bei der NASA gearbeitet und dort als begeisterter Licklider-Anhänger bereits zahlreiche Computerprojekte gefördert hatte, wurde 1966 der neue Leiter des IPTO. Er hatte sich durch eine effektive Organisation der NASA-Computerforschung das Prestige für den Posten erarbeitet und das Vertrauen der Wissenschaftscommunity gewonnen.[6] Als Mitglied des *Intergalactic Computer Network* Lickliders fing er schon Anfang der 1960er-Jahre für dessen kybernetischen Ideen Feuer, eine Symbiose zwischen Mensch und Maschine innerhalb eines weitreichenden Computernetzwerkes herzustellen.[7] Wieners Arbeiten aus den 1940er-Jahren hatte er ebenso rezipiert, als er sich in seiner Dissertation mit der Funktionsweise des Gehirns beschäftigte: „Over time I began to feel that the kind of computing research that Licklider was suggesting was going to be much more rewarding in terms of the relative immediacy

4 Vgl. Waldrop, Dream machine, S. 266. ().

5 Norberg et al., Interview Roberts, S. 10.

6 Vgl. Aspray et al., Interview Taylor, S. 4.

7 Taylor beschrieb seine Motivation für den Stellenwechsel folgendermaßen: „[T]he reason I moved from the NASA position is fundamentally because over time, I became heartily subscribed to the Licklider vision of interactive computing. The 1960 man-computer symbiosis paper […] had had a large impact on me." (ebenda, S. 5).

of feedback as compared with the slow, arduous process of trying to understand the central nervous system and the brain".[8] Mit den Vorstellungen von Mensch-Maschine-Systemen, Kommunikation unter Störungsbedingungen, Feedbackschleifen und einer finanzkräftigen Behörde im Rücken machte er sich daran, die Finanzierung für ein Mammutprojekt bewilligt zu bekommen: Den Traum der Computernetzwerk in einem Prototypen wahr werden zu lassen.

1965 griff der damalige US-Präsident Lyndon Johnson offiziell in den Vietnamkrieg ein und schickte Kampftruppen in das Land, während er innenpolitisch seine Pläne der *Great Society* weiterverfolgte und somit das US-Budget einer doppelten Belastung aussetzte. Dementsprechend stieg auch der Druck innerhalb der US-Militärforschung, zum Erfolg in Südostasien beizutragen. Mit dem ARPANET stand Taylor vor der Herausforderung, dennoch das Geld für ein Großprojekt einzuwerben. Während sich viele der ARPA-Forschungsprojekte dadurch auszeichneten, dass sie *bottom-up* durch die Projektpartner initiiert wurden und von der ARPA nur gefördert, nicht aber geleitet wurden, lag der Fall gerade beim ARPANET anders.[9] Es musste ein Planungsstab aufgebaut werden, um das Projekt zu führen und zum anderen gab es schlichtweg keine offensichtlichen Partner, die sich für den Bau eines Computernetzwerkes auf Basis des *Paket-Switching* angeboten hätten. Niemand zuvor hatte ein solches Netz bisher gebaut.[10] Die lange ideelle wie experimentelle Vorarbeit seiner Vorgänger machte sich bezahlt. Es gelang Taylor im Februar 1966, angeblich innerhalb von 20 Minuten, den ARPA-Direktor Charles Herzfeld von dem Plan zu überzeugen, ein landesweites Computernetzwerk aufzubauen und er bekam eine Million Dollar bewilligt. Zum Vergleich: Das gesamte

8 Ebenda. Diese Aussage ist zugleich ein Beleg für die Wirkmacht der *computational metaphor*.

9 Der *bottom-up* Ansatz findet sich beispielsweise in folgender Aussage Taylors wieder: „[T]he fundamental principle of operation for the office was to be in receipt and response of unsolicited proposals" (ebenda, S. 31).

10 Vgl. Abbate, Inventing, S. 56–57.

Budget der ARPA inklusive der Großprojekte, wie nuklearer Testerkennung, betrug 1966 etwa 250 Millionen Dollar.[11]

Dabei war Taylor nicht die erste Wahl für den Posten des IPTO-Leiters. Ursprünglich hätte der bereits mehrfach erwähnte Lawrence Roberts ihn bekommen sollen, um das Computernetzwerk zu bauen. Roberts hatte 1965, gefördert vom IPTO, eine experimentelle Verbindung zwischen zwei Hosts, einer TX-2 des Lincoln Laboratories und der Q-32 der SDC in Santa Monica hergestellt und dementsprechend bereits Erfahrungen auf dem Feld der Computervernetzung gesammelt. Inspiriert wurde er dazu ebenfalls von Licklider's Artikel zur Mensch-Maschine-Symbiose und einer Konferenz der Air Force im Jahr 1962, auf der zahlreiche Computerwissenschaftler in informellem Setting über die Zukunft der Computerforschung in den nächsten zwei Dekaden diskutierten. Jeder der dort anwesenden Wissenschaftler verfolgte aus seiner Sicht wegweisende Projekte, inklusive Roberts, der an Grafikverarbeitung arbeitete. Gleichzeitig wurde ihm auch klar, dass die einzelnen Projekte untereinander und mit der Industrie unverbunden blieben, obwohl sie dem technischen Stand der Zeit oft weit voraus waren.[12] Dies ließ ihn mit der Überzeugung zurück, dass in der Computervernetzung die Zukunft lag.[13]

Nach der gelungenen Verbindung zweier Computer hatte er sich allerdings wieder der Grafikverarbeitung gewidmet und war zum Gruppenleiter am Lincoln Lab aufgestiegen, sodass er das Angebot der IPTO-Direktorenstelle 1966 abgelehnte. Erst als Robert Taylor, der Lawrence Roberts unbedingt für das Projekt eines landesweiten Computernetzwerkes gewinnen wollte, mittels eines Finanzierungstricks über den Leiter des Lincoln Laboratories Druck auf Roberts ausübte, willigte dieser ein. Er übernahm in einer extra für ihn geschaffenen Position des Chefingenieurs die technische Leitung des ARPANET und

11 Vgl. Waldrop, Dream machine, S. 266.

12 Bzw. das selbst so einschätzten. Vgl. Norberg et al., Interview Roberts, S. 13–14.

13 Ebenda, S. 10.

löste Taylor, der sich stärker auf das Management des Projektes konzentrierte, 1969 schließlich auch als IPTO-Direktor ab. Auffällig an dieser Arbeitsteilung war, dass Roberts in der Rückschau Taylor die scheinbar unliebsamen Verhandlungen mit dem Militär zuschrieb. Taylor selbst stritt hingegen in seinem Oral History Interview militärischen Einfluss auf seine Entscheidungen vehement ab.[14]

Interessenkonflikt und dessen Lösung: Die Interface Message Processors (IMPs) als inneres Netzwerk

Bevor er mit der Umsetzung begann, fühlte Roberts nach einigen informellen Gesprächen 1967 auf einem Treffen der *Principle Investigators* in Michigan vor, ob sie seine Pläne eines landesweiten Netzwerks unterstützen würden. Die Mehrzahl der *Principle Investigators*, unter ihnen Minsky und McCarthy, sahen Roberts' Vernetzungsbemühungen als Ablenkung von ihrer wegweisenden Arbeit. Sie wollten weder ihre kostbare Rechner mit anderen teilen, noch für den Betrieb des Netzwerkes bereitstellen, wie beispielsweise für den Kontrollverkehr oder das Weiterleiten von Datenpaketen. Ähnlich wie die Gegenkulturellen hatte die Gruppe um Minsky das Gefühl, das Wissen ihrer Vorfahren zähle nicht mehr, sei nicht mehr aktuell. Sie hatten nichts weniger als den Anspruch, die Zukunft zu erfinden. Auch darin waren sie Kinder der 1960er-Jahre: „billiant, touchy, self-congratulatory, and deeply suspicious of the establishment".[15] Auch von den Universitäten bekam Roberts Gegenwind. Vor allem die schlechter ausgestatteten Universitäten wollten sich nicht in die Situation manövrieren, dass sie bei den gut ausgestatteten wie dem MIT um Computerzeit anfragen mussten, statt ihre eigenen Rechner zu bekommen. Wesley Clark, ein Computeringenieur, der für die ARPA mit dem Bau austauschbarer Kleincomputermodule in St. Louis beauftragt war, schlug nach der Konferenz eine Lösung vor: Statt die Rechner direkt miteinander zu verbinden und so einer zusätzlichen Last auszuset-

14 Vgl. ebenda, S. 15–16.

15 Waldrop, Dream machine, S. 311.

zen, sollten ihnen kleinere Rechner, mit denen Clark im Unterschied zu Roberts bereits Erfahrung gesammelt hatte, vorgeschaltet werden und die Netzwerkarbeit für sie übernehmen.[16] Die *Interface Message Processors* (IMPs). Sie waren zugleich Switches für den Datenverkehr, wie auch Interfaces zwischen dem Host und dem Netzwerk, das sie konstituierten. Die *Principle Investigators* gaben sich letztlich mit der Lösung zufrieden. Damit bekamen sie erstens einen neuen Computer, mussten zweitens ihren eigenen Großrechner nicht für die Netzlast zur Verfügung stellen und sich drittens nicht um die Implementierung der Netzwerkprotokolle kümmern. Roberts machte den von ihm finanzierten Computerzentren Druck:

> „We are going to build a network and you are going to participate in it. And you are going to connect it to your machines. By virtue of that we are going to reduce our computing demands on the office. So that you understand, we are not going to buy you new computers until you have used up all of the resources of the network.[...] So over time we started forcing them to be involved, because the universities in general did not want to share their computers with anybody".[17]

Roberts implementierte Clarks Vorschlag schließlich in seine Konzeptskizze, in der er eine erste Struktur des ARPANET vorzeichnete (s. Abbildung 2). Ganz im Stil der 1960er-Jahre gehalten steht in der symmetrischen Zeichnung das IMP-Netzwerk als geschlossener Kreis im Zentrum. An das umfassende Netzwerk sollten dann die Time-Sharing-Computer angeschlossen werden, über die wiederum die Nutzer per Konsole das Netzwerk nutzen konnten. Die Zeichnung ist paradigmatisch für die geplante, ordentliche Systemgestaltung universeller Systeme der 1960er-Jahre.[18]

---

16 Norberg et al., Interview Roberts, S. 17–18.

17 Ebenda, S. 16.

18 Schon IBM spielte mit seiner Design-Entscheidung des IBM Systems 360 auf die Universalität seiner Maschine an, die 360 Grad des Kreises und damit jegliche Blickwinkel abdecke.

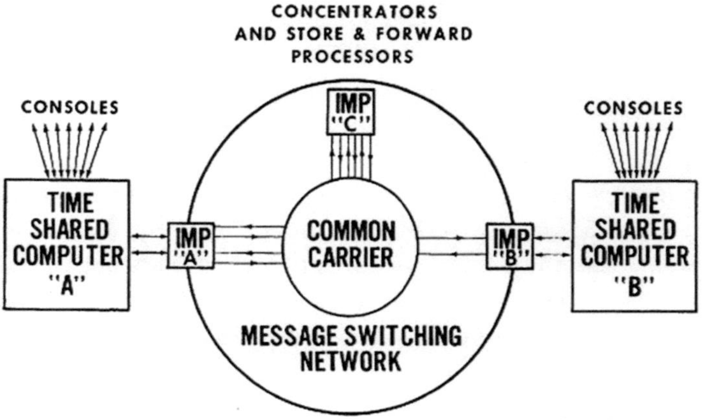

Abbildung 2: Model des ARPANET. Quelle: Roberts 1967, S. 5.

Technischer Konflikt und dessen Lösung: Packet-Switching zwischen den IMPs

Als größtes Problem in der experimentellen Verbindung, die Roberts gemeinsam mit anderen 1965 zwischen der SDC und dem Lincoln etabliert hatte, stellten sich die unzuverlässigen, langsamen, dafür aber kostspieligen Standleitungen AT&Ts heraus, über welche die Daten direkt übertragen werden mussten. Daraus ergaben sich gleich zwei Herausforderungen: Bei der Übertragung von Sprache fiel ein kontinuierlicher Datenfluss über die Leitung an, die dazu für die Gesprächspartner konstant zur Verfügung gestellt wurde. Zuvor musste eine feste Verbindung zwischen den Gesprächspartnern etabliert werden, beispielweise durch eine Telefonistin in einer Vermittlungsstelle.[19] Demgegenüber übertrugen Computer die Informationen meist nur in kurzen, kleinen Datenstößen, beispielsweise bei einer Nutzeranfrage. Zum einen blieben damit ein großer Teil der Leitungen ungenutzt, wenn Computer über die ihnen zugewiesene Leitungen kommunizierten, sie

19 Deren Arbeit durch Entwicklungen der Bell Laboratories allerdings bereits zunehmend automatisiert waren.

aber kaum ausfüllten. Zum anderen musste jedes Mal von neuem eine Verbindung zwischen den beiden kommunizierenden Rechnern aufgebaut und eine Leitung reserviert werden. Bei häufigen, aber nur kurzen Kommunikationsintervallen führte das dazu, dass sich die Verzögerungen aufsummierten. Die Leitungsvermittlung eignete sich nicht für die Computerkommunikation.[20]

Die Lösung dafür war es, die zu übertragenden Daten in einzelne Pakete aufzuteilen, einzeln über die Leitungen und Zwischenknoten zu versenden und beim Empfänger wieder zusammenzusetzen. An den Knotenpunkten der Leitungen sollten Switches eingesetzt werden, die nach dem *store-and-forward* Prinzip vorgingen, bei dem eine Nachricht solange vorgehalten wird, bis sei weiterübertragen werden kann. Dabei wäre es nicht notwendig, eine dauerhafte Verbindung zwischen beiden Kommunikationspartner aufzubauen, sondern die Leitungen konnten von mehreren Teilnehmern gleichzeitig verwendet werden (*Multiplexing*). Das führte zu einem gleichmäßigeren Datenfluss auch in den Lastspitzen und eine deutlich bessere Auslastung der Leitungen. Die Technik des *Packet-Switching* wurde von zwei unterschiedlichen Entwicklern an zwei unterschiedlichen Orten ausgearbeitet: Paul Baran, der um 1960 bei RAND an einem widerstandsfähigen Kommunikationsnetzwerk für das Militär im Falle eines sowjetischen Atomangriffs forschte und Donald Davies, der in London an einem Timesharing-System für das National Physical Laboratory (NPL) arbeitete.[21]

Die bis dahin üblichen Kommunikationssysteme entsprachen entweder zentralen Topologien, bei denen alle Kommunikationsverbindungen über ein Zentrum liefen, oder dezentralen, bei denen sich besonders bedeutsame, lokale Kommunikationszentren herausgebildet hatten. Beide sah Baran im Falle eines gezielten Militärschlags als einfach auszuschalten an, womit die Kommunikationsfähigkeit auf einen

20 Vgl. Leitungsvermittlung wird im Englischen *circuit switching* genannt.

21 Da der Schwerpunkt des Buches auf den US-amerikanischen Entwicklungen liegt, wird an dieser Stelle auf eine Ausführung der Entwicklung Davies und seiner Mitarbeiter/innen am NPL verzichtet.

Schlag gestört wäre. Um dies zu verhindern, schlug er vor, die Knotenpunkte stärker zu verteilen und sie über redundante Leitungen miteinander zu verbinden – also ein *distributed network* aufzubauen.[22]

Falls ein Knoten ausfiel, konnte das Datenpaket auf Grund redundanter Leitungen ebenso über einen anderen Weg zum Ziel geleitet werden. Bei einer Redundanz von drei Links pro Knoten sei bereits eine hohe Ausfallsicherheit gewährleistet, so Baran. Der Datenversand würde im Netzwerk verteilt, da kein Kommunikationszentrum die Zustellung übernehme, sondern jeder Knoten einzeln auf Grund der ihm zur Verfügung stehenden Informationen die Entscheidung treffen könne, das Paket an den nächsten Knoten weiterzuleiten. Darüber hinaus entwarf er zusätzliche Sicherheitsvorkehrungen, wie beispielsweise die Knoten abseits großer Populationszentren zu bauen, die als besonderes Ziel für Atomangriffe im Kalten Krieg galten, die konsequente kryptografische Verschlüsselung aller übertragenen Daten und einer Priorisierung von Datenpaketen. Die dahinterliegende Technologie war tief geprägt vom Kalten Krieg und den Interessen der Akteure. Barans Idee bot sowohl den Militärs eine Befriedigung der Sicherheitsinteressen durch die Topologie, als auch den Wissenschaftlern die Möglichkeit einer effizienten Leitungsnutzung: „Most importantly standardized data blocks permit many simultaneous users, each with widely different bandwidth requierements to economically share a broad-band network made up of varied data rate links".[23] Zudem spielte auch die Wirtschaftlichkeit mit in die Entscheidung der Entwickler hinein, da ein digitales *circuit switching* Netzwerk zwar möglich, aber deutlich teurer geworden wäre: „A cost analysis performed in 1967-1968 for the ARPA Network indicated that the use of message switching would

22 Vgl. Baran, Paul: On Distributed Communications Networks, in: IEEE Transactions on Communications Systems CS-12 (1964), H. 1, S. 1–9, hier S. 1.

23 Ebenda, S. 6.

lead to more economical communications and better overall availability and utilization of resources than other methods".[24]

Barans Idee kam über den Umweg England zurück in die USA, als Roberts auf einer Computerkonferenz in Gettlingburg im Jahr 1967 von der dort vortragenden britischen Delegation auf die Arbeiten Barans hingewiesen wurde, die er selbst zuvor nicht gekannt haben will. Der Medienwissenschaftler Jens Schröter weist zumindest darauf hin, dass Barans Arbeiten „1964 allen interessierten Regierungsstellen vor[lagen] und [sie ...] in stark gekürzten Fassungen in den vielgelesenen Zeitschriften *IEEE Transactions on Communications Systems* und dem *IEEE Spectrum*" erschienen.[25] Paul Baran selbst meint dazu nur lakonisch: „People say they'd never heard of me at the time, yet I'd chaired a session with them in it".[26]

Roberts und die anderen Computerwissenschaftler, die teilweise schon Erfahrungen mit dem *Packet-Switching* gesammelt hatten, übernahmen die Ideen Barans und Davies in abgeschwächter Form, bei-

---

24 Frank, Howard; Kahn, Robert E; Kleinrock, Leonard: Computer communication network design. experience with theory and practice, in: AFIPS '72 (Spring) Proceedings of the May 16-18, 1972, spring joint computer conference (1972), S. 255–270, hier S. 255.

25 Schröter, Jens: Technik und Krieg. Fragen und Überlegungen zur militärischen Herkunft von Computertechnologien am Beispiel des Internets, in: Segeberg, Harro (Hrsg.): Die Medien und ihre Technik. Theorien Modelle Geschichte, Marburg 2004, S. 356–370, hier S. 363).

26 Brand, Stewart: Founding Father. WIRED LEGENDS, in: WIRED (2001), H. 9.03, S. 144–153, hier S. 144. Allerdings gebietet sowohl der Autor, der selbst Teil der Gegenkultur war, als auch der Publikationsort vorsichtig aufzuhorchen angesichts historischer Legendenbildung in der Publikumszeitschrift WIRED. Zur Historisierung von WIRED und ihren Protagonisten, die aus der in Kapitel III beschriebenen kybernetischen Umarmung der *New Communalists* stammten, eine dezidiert gegenkulturelle Rhetorik angelehnt an den *Catalog* verwendeten und diese in die 1990er trugen, vgl. Turner, From Counterculture, S. 207–236.

spielsweise ohne die starke Redundanz von mindestens drei Verbindungen und ohne die Verschlüsselung. Baran wurde am 1967 als Berater für das ARPANET-Projekt angestellt. Die ARPA baute das ARPANET nicht, um einem Atomangriff zu überstehen.[27] Aber sowohl die Technologie, die ihm zu Grunde lag, war militärisch inspiriert, als auch das ARPANET ein Prototyp, um diese Technologie nutzbar zu machen – beispielsweise zum möglichen Bau eines Netzwerkes jenseits des ARPANET, das durchaus einen Atomangriff überstehen sollte.

Die Technik des *Packet-Switching* war keineswegs unumstritten. Besonders unter den etablierten Ingenieuren der Telekommunikationsfirmen herrschte große Skepsis angesichts der Schwierigkeit vor, die Pakete durch das Netzwerk an ihr Ziel zu bringen. Die Computerwissenschaftler hingegen glaubten daran, dass die an den Knoten verwendeten Rechner diese Aufgabe erfolgreich bewältigen konnten. *Packet-Switching* galt als etwas vielversprechendes; als etwas, dass in der Industrie nicht unterstützt wurde; und vor allem galt es als etwas, dass erst dann Ertrag abwarf, wenn es über den ganzen Entwicklungsprozess hinweg unterstützt werde:

„But anytime you are just leading industry by a few years […] you are not changing the world that significantly. What we did where we could were things that would take a different thinking. So you had to start a project that had support all the way through to the funding. You could not get cut on this new concept, like parallel processing, like artificial intelligence, like networking."[28]

Die fehlende finanzielle wie ideelle Unterstützung waren mit ein Grund, warum die Netzwerke, die Baran bei der *Defense Communica-*

27 Vgl. Schröter, Technik, S. 365, in dem Schröter an Hand der Unterschiede zwischen dem von Baran skizzierten und dem von Roberts letztlich gebauten Netzwerk deutlich macht, dass es ein Kurzschluss wäre, das ARPANET nur wegen Barans Design als Militärnetzwerk zu begreifen.

28 Norberg et al., Interview Roberts, S. 48.

tion Agency (DCA) und Davies in England aufbauen wollten, im Gegensatz zum ARPANET scheiterten. Das ARPANET war ein Protoyp der Technologie, die ihre Funktionsfähigkeit unter Beweis stellte – was aber keineswegs von Anfang an sicher war.[29]

DER BAU DES IMP-NETZWERKES DURCH BBN

Die meisten physischen Komponenten des angedachten Netzwerkes waren bereits vorhanden, als Roberts, Taylor und ihre Mitarbeiter 1968 den Bau des ARPANET angingen: Die Timesharing-Computer standen an den Universitäten und Forschungseinrichtungen des Landes und als Datenverbindungen sollten die Telefonleitungen von AT&T verwendet werden. Die Aufgabe war es jetzt, die IMPs bauen zu lassen, sie miteinander zu verbinden, die Hosts an sie anzuschließen und diese mit der gleichen Sprache sprechen zu lassen. Da sich kein erfahrener Auftragnehmer dafür anbot, schrieb Roberts unter Mithilfe des *Stanford Research Institutes* (SRI) im Juli 1968 den Bau des IMP-Netzwerkes in einem *Request for Quotations* aus. Dies war kein üblicher Vorgang innerhalb der ARPA und fand in der Direktorenzeit Taylors nur ein einziges Mal statt.[30] Mittels eines Punktesystemes sollte der beste Partner zum Bau eines „comunication subnet [...] consisting of store-and-forward computers [...] located at contractor sites“ gefunden werden. „Each IMP shall be connected to several other IMPS by full duplex 50 kbps common carrier communication links creating a strongly interconnected net“.[31] Große Computerhersteller wie beispielsweise IBM, die zuvor eng mit der ARPA zusammen gearbeitet hatten, bewarben sich erst gar nicht für den Auftrag. Als Produzenten riesiger Main-

29 Vgl. Abbate, Inventing, S. 39–41, 47.

30 Vgl. Aspray et al., Interview Taylor, S. 31.

31 ARPA: Specifications of the Interface Message Processors for the ARPA Computer Network. Washington 1968, S. 22.

framerechner gingen sie davon aus, dass sich Computer von der Größe der IMPs nicht wirtschaftlich herstellen ließen.[32]

Auch hier zeigt sich, wie das ARPANET ein Moment des Übergangs darstellt. Einerseits verband es auf der Ebene der Hosts große Mainframes, Rechner der Industriemoderne, teilweise noch mit Stapelverarbeitung. Andererseits stellten seine Minicomputer als Knotenpunkte einen ersten Vorgeschmack auf ein gesellschaftlich-technologisches Umdenken von Großprojekten der Moderne zu *small is beautiful* dar. Es stand sowohl in Einklang mit den kybernetischen Ideen, als auch mit den sozialen Ideen kleiner Gemeinschaften in einem großen Ganzen der *New Communalists*.[33]

Eine kleine Consultingfirma namens Bolt, Beranek and Newman (BBN) bekam letztlich den Zuschlag. BBN, ursprünglich eine auf den Akustikbereich spezialisierte Firma, hatte sich über die Jahre zu einem effektiven Wegbereiter für den Markteintritt universitärer Forschung des MIT und Harvard entwickelt. Unter Licklider, den Leo Beranek 1957 für die Firma anwerben konnte, investierte BBN erstmals in Computertechnologie und Psycho-Akustik. Es baute eine Timesharing-Sparte auf, die als kommerzieller Dienstleister Rechenzeit verkaufte, beispielsweise an Krankenhäuser.[34] Es gelang der Firma darüber hinaus, viele der besten *Graduate Students* beider Universitäten zu gewinnen, die auf Grundlage kleiner Teams schon früh die Möglichkeit bekamen, an wichtigen Projekten, wie auch dem Bau des IMP-Netzwerkes, mitzuarbeiten. Robert Kahn, der später entscheidend an der

32 Vgl. Hafner et al., Wizards, S. 80.

33 Vgl. bspw. Schumacher, E. F.: Small is beautiful. Economics as if people mattered. London 1973, in dem Ökonom Schumacher sich gegen die neoklassische Ökonomie mit ihrer Fixierung auf Output und Technologie als Faktoren wendet. Stattdessen propagiert er eine Dezentralisierung kleinteiliger Glieder. An dieser Stelle müsste historisch sauber herausgearbeitet werden, wer wie wen wann beeinflusste, um eine Aussage über die historische Entwicklung machen zu können.

34 Vgl. Waldrop, Dream machine, S. 150–152.

Ausarbeitung der Internetprotokollfamilie TCP/IP beteiligt war und als junger Hochschuldozent 1966 frisch bei BBN angefangen hatte, charakterisierte die Firma zu dieser Zeit folgendermaßen:

„BBN was a kind of hybrid version of Harvard and MIT in the sense that most of the people there were either faculty or former faculty at either Harvard or MIT. […] A lot of the students at those places spent time at BBN. It was kind of like a super hyped-up version of the union of the two, except that you didn't have to worry about classes and teaching. You could just focus on research. It was sort of the cognac of the research business, very distilled".[35]

Zahlreiche Mitarbeiter von BBN hatten zuvor am Lincoln Laboratory an interaktiven Computern und Computerkommunikation im SAGE-System gearbeitet. Unter ihnen waren Frank Heart, der Leiter des IMP-Teams wurde, Severo Ornstein, David Walden und William Crowther, der den Routing-Algorithmus des IMP-Netzwerkes schrieb. Sowohl Erfahrungen in interaktivem *computing* als auch in Computerkommunikation waren essenzielle Voraussetzungen für den Bau eines funktionierenden Netzwerkes, denn die Herausforderung, einen Programmcode zu schreiben, der mit interaktiver Echtzeitverarbeitung über Kommunikationsleitungen zu Recht kam, war groß und die Vorkenntnisse dazu gering. Frank Heart fasst es in einem Oral History Interview folgendermaßen zusammen: „[T]he group that ended up at BBN probably knew more about connecting computers to communication lines and to real-time systems than any other group in the country".[36] Er selbst hatte ebenfalls zuvor bei Lincoln in der kybernetischen Akustikforschung und an „computer-based control systems and computer systems for antennas"[37] gearbeitet. Zudem hatten die Gruppe bereits Er-

35 O'Neill, Judy; Walden, D. C.: An Interview with David Walden. OH 181. Minneapolis, MN. 1990, S. 10.

36 O'Neill, Judy; Heart, Frank E.: An Interview with Frank Heart. OH 186. Minneapolis, MN. 1990, S. 6.

37 Ebenda, S. 4.

fahrung mit dem LINC gesammelt, einem kleineren Computer am Lincoln Laboratory, der vergleichbar mit dem war, was sich Roberts für die IMPs vorstellte. In ihrem Antrag schlugen sie eine Kooperation mit dem Computerhersteller Honeywell vor, der mit dem Honeywell 516 den zu diesem Zeitpunkt geeignetsten Rechner für den vorgesehenen Zweck herstellte und eine enge Kooperation zur Anpassung der Hardware an die spezifischen Erfordernisse angeboten hatte.[38]

Die Ingenieure von BBN hatten zur Ausarbeitung des Antrags bereits 90% des Hardware-Interfaces der IMPs entworfen. Angesichts des straffen Zeitplans, innerhalb von nur neun Monaten die ersten vier Knoten des Netzwerkes zu installieren, war dies ein weiterer Grund, der für BBN sprach.[39] Roberts kannte das Team darüber hinaus von seiner Zeit am Lincoln und schätzte die flachen Hierarchien der relativ kleinen Firma. Robert Kahn, der bei BBN schon zuvor unabhängig von den Bemühungen der ARPA an der Vernetzung von Computern gearbeitet hatte, reichte eine Zusammenfassung seiner Arbeit bereits bei Roberts ein, bevor der RFQ ausgeschrieben wurde.[40] Kybernetische

---

38 David Walden betont, dass es sich dabei schlicht um eine pragmatische Entscheidung gehandelt habe und die Rechner bspw. von DEC nicht viel schlechter waren – es also keineswegs völlig klar war, dass ein Honeywell 516 sich als bestes als IMP eignete. Vgl. O'Neill et al., Interview Walden, S. 12.

39 Im Antrag heißt es: „The four IMPS shall be installed on site and functioning within nine month after the start of the contract" (ARPA, Specifications IMPs, S. 16). Schon die Vorarbeit war unter hohem Zeitdruck entstanden. Frank Heart beschrieb es sehr anschaulich: „It was an extremely difficult problem to produce a proposal like that in a very short time, because the government has the very natural tendency to spend an enormous amount of time getting an RFP out. Then they breathe a big sigh of relief, and they want the people to write the proposal in zero time. [...](O'Neill et al., Interview Heart, S. 11).

40 O'Neill, Judy; Kahn, Robert E.: An Interview with Robert Kahn. OH 192. Minneapolis, MN. 1990, S. 4. Die Stimmen der einzelnen Protagonisten

Psycho-Akustikforschung der Mensch-Maschine Interaktion, Erfahrungen im *Timesharing*, in interaktiver Rechnernutzung kleiner Rechner und in der Computerkommunikation, enge soziale Vernetzung, die der technischen Vernetzung voraus ging – alle zuvor für die Konstruktion des ARPANET herausgearbeiteten Entwicklungslinien kamen bei BBN zusammen.

Trotz des knappen Zeitplans und den Schwierigkeiten, die sich bei der Anpassung der Honeywell-Rechner für die eigenen Zwecke ergaben, gelang es dem Team um Frank Heart, den ersten IMP wie gefordert am 30. August 1969 an der *University of California* in Los Angeles (UCLA) zu installieren.[41] Und das, so Heart, obwohl „BBN at that time did not have any hardware capability. [...] We had design capability, but we had no capability to build hardware at that time. [...] We were very fortunate that there was group [sic!] at Honeywell".[42] In kurzen Abständen folgte die Installation weiterer IMPs am SRI und an den Universitäten von Utah und der *University of California* in Santa Barbara (s. Abbildung 3).

---

sind unterschiedlich, besonders Frank Heart hebt die Kontingenz der Entscheidung hervor (vgl. O'Neill et al., Interview Heart, S. 12). Trotz allem drängt sich einem die Frage auf, inwieweit Teile der Ausschreibung auf BBN zugeschnitten waren, was aber nur schwer zu belegen ist.

41 Vgl. als retrospektiven Zeitzeugenbericht Crocker, Stephen: The Origins of RFCs, in: Postel, Jon/Reynolds, J. (Hrsg.): The Request for Comments Reference Guide. RFC 1000, Menlo Park, CA 1987, S. 1–5, hier S. 3. Waldrop, Dream machine, S. 302–303.

42 O'Neill et al., Interview Heart, S. 11.

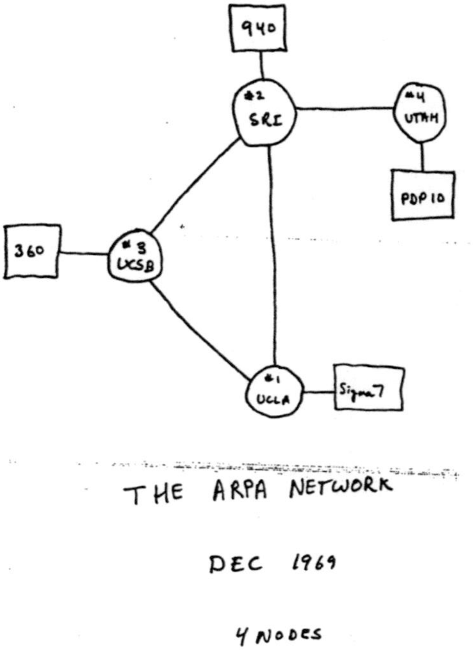

Abbildung 3: Die ersten vier Knoten des ARPANET und die daran angeschlossenen Computer im Dezember 1969. Quelle: Computer History Museum X7413.2015.

Zur Optimierung der physischen Topologie zwischen den Knoten beauftragte Roberts die Network Analysis Corporation, die unter dem Elektroingenieur Howard Frank Erfahrungen darin gesammelt hatte, die optimale Struktur von Ölpipeline-Systemen zu berechnen. Sie simulierten die Topologie unter den Vorgaben und Interessen der Akteure wie kurzer Reaktionszeit, Ausfallsicherheit und Ausbaufähigkeit. „The topological structure was determined with the aid of specially developed heuristic programs to achieve a low cost, reliable network with a high throughput and a general insensitivity to the exact traffic distribution",[43] so Frank in einem Zwischenbericht. Durch die Simulation der Topologie und deren Optimierung konnten die Interessen der Wissenschaftler und der Militärs noch stärker in die physische Struktur des ARPANET eingeschrieben werden. „The essence of a network is its design philosophy", so Frank.[44]

Schichten, Schnittstellen, Feedback: Das ARPANET als geschlossenes, kybernetisches System

„Schnittstelle (engl. *interface*): Vorrichtung zum Zweck des Informationsaustausches mit anderen Informationsverarbeitenden Systemen. Die Schnittstelle eines Systems ist die Zusammenfassung aller von außen benötigten [...] und aller außen abrufbaren [...] Größen, sowie allgemeiner Informationen für die Verwendung des Systems. Zugleich umfasst sie Vereinbarungen, sog. Protokolle über die Art und Weise, wie Informationen ausgetauscht werden".[45]

In dem Netzwerk der IMPs liegt ein großer Unterschied zum späteren Internet. Im ARPANET bildeten sie das zentrale Netzwerk, an das die großen *Timesharing* Computer als Hosts angeschlossen wurden. Sie leiteten den Datenverkehr weiter, kümmerten sich um das Routing und stellten einen zuverlässigen Service bereit, auf dem die Anwender operierten. Die IMPs formten eine geschlossene Sphäre, das Netzwerk im Netzwerk, über das jegliche Kommunikation laufen musste. Es stand vollständig unter der administrativen Kontrolle der ARPA:

43 Frank et al., Computer communication, S. 257.

44 Ebenda, S. 255. Zu den Aspekten der Topologie-Simulation vgl. ebenda, S. 256.

45 Claus, Volker; Schwill, Andreas: Eintrag: „Schnittstelle", in: Claus, Volker/Schwill, Andreas (Hrsg.): Duden Informatik. A-Z, Fachlexicon für Studium Ausbildung und Beruf, Mannheim 2006, S. 599–601, hier S. 599.

„[T]he idea was to simply define the network to be something self-contained [sic!] without those […] nodes […]. They weren't part of the network, the network was everything from there in, and that should be around a single, common message-handling instrument of some kind, so that the design of that instrument and all of the lines were under central control – ARPA central control".[46]

Diese logische Trennung war eine erste Form des *Layering*, also der Unterteilung des Netzwerkes in funktionale Schichten. Besonders die Ingenieure von BBN betonten den hierarchischen Ansatz, der durch eine zentrale Kontrolle auf physischer Ebene eine verteilte Kontrolle auf logischer Ebene zwischen den Hosts erlaubte. So konnten sie Fremdeinflüsse von Nutzern ausschließen, beispielsweise durch Programme der Wissenschaftler oder Experimente der Studenten. Unter den Wissenschaftlern gab es hingegen einige kritische Stimmen, welche eine größere Verantwortung der Hosts forderten, wie sie dann im Internet auch umgesetzt wurde. Die BBN-Mitarbeiter John McQuillan und David Walden fassten die Entscheidungen über das Netzwerkdesign 1975, als die operative Verantwortung über das ARPANET an das Militär übergeben wurde, in einem Artikel zusammen, der 1977 publiziert wurde. Darin hinterfragten sie die Argumente für eine größere Host-Verantwortung und kamen zu dem Schluss:

„A layering of functions, a hierarchy of control, is essential in a complex network environment. For efficiency, nodes [the IMPs] must control subnetwork resources, and Hosts must control Host resources. For reliability, the basic subnetwork environment must be under the effective control of the node program. […] For maintainability, the fundamental message processing program should be node software, which can be changed under central control".[47]

46 O'Neill et al., Interview Clark, S. 27.

47 McQuillan, J; Walden, D. C.: The ARPA Network Design Decisions, in: Computer Networks 1 (1977), H. 5, S. 243–289, hier S. 282.

Das machte das Netzwerk robuster gegenüber Fehlern, erleichterte den Ingenieuren die Arbeit und gab ihnen die Möglichkeit „to maintain control over the design and operation of IMPs".[48] In der Kontrolle des Netzwerkes war allerdings noch nicht alle Steuerungsvorstellungen erfüllt. Schon früh regen sich auch die Wünsche, auch die Kontrolle über das angeschlossene Equipment zu haben. Im Abschlussbericht von BBN von 1978 hieß es „it is extremely important that the network authority [sic!] have adequate administrative control over the entire collection of equipment from the terminal right through to the host computers if it is to be in a position to respond to such unstructured outcries of rage from the end terminal user".[49] Der Nutzer wurde hier schon früh zum suspekten Objekt, dessen durch flachere Hierarchien erreichte Autonomie durch die Informationskontrolle wettgemacht werden musste – zu seinem eigenen Wohl.

Einerseits spielten für das *Layering* technisch-funktionale Aspekte eine Rolle. Funktionalität war aber andererseits in diesem Fall auf verschiedenen Wegen zu erreichen, es gab keinen überlegenen Weg, den die Technik aus sich heraus vorschrieb. An Aussagen wie derjenigen der Ingenieure BBNs wird deutlich, wie sehr soziale Aspekte die Technik formten und das scheinbar dezentrale Netzwerk ARPANET von zentralen und hierarchischen Elementen der Akteursinteressen geprägt war.

IMP-DESIGN: GESCHLOSSENE KAMPFSYSTEME

Die Kontrolle über das Design der IMPs durch die ARPA wirkte sich sehr deutlich auf deren technische Ausformung aus. Im Gegensatz zur Heterogenität der Computer an den Universitäten des Landes waren die IMPs allesamt gleichförmige, standardisierte Produkte der Industrie-

48 Abbate, Inventing, S. 63.

49 Heart, F. E; McKenzie, A; McQuillan, J; Walden, D. C.: Completition Report. A History of the ARPANET – The first decade. Washington, D.C 1978, S. III-21.

moderne. Die unterschiedlichsten Rechnertypen direkt miteinander zu verbinden, was Roberts als den großen Vorteil des ARPANETs bezeichnete, vermieden die Anforderungen des Antrags. Der Ausbruch aus der geschlossenen Welt des Einzelrechners, die Überwindung der (Betriebs-)Systemgrenzen, die das ARPANET zum ersten Mal in Ansätzen erlaubte, basierte auf der physischen Ebene zunächst auf der Nivellierung der Unterschiede und der Konstruktion einer neuen geschlossenen Welt, von welcher der Nutzer und sein Host gar nichts mitbekommen sollte.

Die IMPs selbst waren in sich geschlossene, militärische Systeme. Sie wurden gefechtssicher geliefert, in Stahlschränken, die der Druckwelle einer Atombombenexplosion trotzen konnten. Charles Kline, ein *Graduate Student*, der die Verbindung zwischen den ersten zwei gelieferten IMPs herstellte, beschreibt sie im Nachhinein folgendermaßen: „These particular cabinets are insulated and shielded, the light bulbs were special, so that they meet the military specs, they were radiofrequency-interference protected".[50] Selbst der elektromagnetische Puls einer Atombombenexplosion hätte ihren Betrieb also nicht gestört.[51]

Die Geschlossenheit des Systems hatte aber noch einen anderen Grund. So bestand unter den Verantwortlichen bei der ARPA auch hier die Sorge, dass sich *Graduate Students* an den Computern zu schaffen machen könnten – nicht unbedingt aus Böswilligkeit, sondern aus reiner Neugierde technischen Entdeckungsdranges und damit das ganze Netzwerk lahm legen würden. BBN ging darauf ein. In ihrem Antrag machen sie deutlich: „A teletype is required for maintenance of the

50 Computer History Museum: The First ARPANET Communication. Bill Duvall and Charles Kline. Mountain View, CA 2009.

51 Katie Hafner und Matthew Lyon stellen die Ankunft des ersten IMPs an der UCLA im August 1969 folgendermaßen dar: „At UCLA the IMP was like a soldier in combat fatigues crashing a faculty party" (Hafner et al., Wizards, S. 150).

IMP computer, but is not used by the main program and can be disconnected and removed during normal operation".[52]

IMP-Betrieb: Selbstreparatur durch Feedbackmechanismen

Um die hohen Anforderungen, die sowohl das Militär für sicheres *Command & Control* als auch die Wissenschaftler für effektives *Timesharing* in Punkto Zuverlässigkeit und Ausfallsicherheit an das Netz stellten, griffen die Ingenieure der ARPA von BBN auf zahlreiche Selbstreparaturmechanismen zurück, die der Kybernetik entlehnt waren.[53] Sie dachten das Netzwerk als kybernetisches System, das sich mittels Feedbackschleifen selbst organisiere und in das ein Eingriff von außen vermieden werden sollten. Sie setzten primär nur die Anfangsvariablen, betrachteten den Fortlauf des System mittels Messungen von außen und speisten nur gelegentlich Änderungen in das System ein. Das IMP-Team versuchte, eher Software- als Hardwarelösungen für auftretende Probleme zu finden, um diese flexibel anpassen zu können. Das IMP-Netz funktionierte weitestgehend von außen abgeschlossen, es war in sich eine geschlossene Welt.[54]

Die Ingenieure setzten im IMP-Netzwerk zahlreiche der Kybernetik entlehnte Prinzipien ein: Erstens lief innerhalb jedes IMPs ein Timer, den die Maschine regelmäßig neu setzen musste. Lief der Timer

52 Bolt, Beranek and Newman Inc.: Proposal: Interface Message Processors for the ARPA Computer Network. BBN Proposal No. IMP P69-IST-5. Cambridge (Mass.) 1968.

53 Zuverlässigkeit meint in der Fachsprache die *reliabilty* und die Fehlerkontrolle, also zu erkennen, ob Pakete fehlerhaft zugestellt wurden oder in der falschen Reihenfolge angekommen sind. Ausfallsicherheit meint die allgemeine Verfügbarkeit des Netzwerkes.

54 Der Ansatz der „Infrastructure as a service" des *Cloud Computing* entspricht dem gleichen Prinzip, nur auf die Spitze getrieben. Vgl. Mell et al., Cloud Computing, S. 3.

ab, weil er durch den IMP nicht zurückgesetzt wurde, musste er abgestürzt sein. Er startete sich dann selbstständig wieder neu.[55] Er gab sich also selbst ein Feedback über seinen Zustand. Der Betreiber musste im Idealfall gar nicht mehr eingreifen, eine Kommunikation nach außen war dazu nicht mehr notwendig, sondern das System IMP behob den Schaden von alleine und kehrte zurück in einen Zustand der Homöostase. Was sich auf den ersten Blick trivial anhört, bekam im Netzwerk eine ganz neue Dimension. Ein fehlerhafter IMP konnte im Extremfall nicht nur das gesamte Netzwerk außer Betrieb setzen, er konnte auch ankommende Pakete fehlerhaft bearbeiten oder selbst sinnlose Pakete verschicken, weil ein Fehler im Betriebssystem vorlag.

Um dem vorzubeugen, wurde zweitens in die IMPs ein Mechanismus eingebaut, der bei einem Neustart den IMP über das Netzwerk eine Anfrage an den Nachbarknoten senden ließ, um eine korrekte Kopie des Betriebssystems zu erhalten, mit welcher der Rechner dann neustartete.[56] Lag keine Netzwerkverbindung vor, konnte sich der IMP auch alternativ über ein externes Laufwerk oder den Host neu starten. Erst dann, wenn alle diese Möglichkeiten nicht funktionierten, wurde automatisch der Mensch zur Hilfe gerufen. Dies entsprach dem Bild, das Licklider über die Beziehung zwischen Mensch und Maschine zeichnete: Nicht der Computer helfe dem Menschen und sei eine Ausweitung von ihm – auch der Mensch helfe dem Computer in Bereichen, in denen dieser hilflos blieb und immer hilfsbedürftig bleiben würde.[57] Nicht der Mensch sollte nur an den vernetzten Computer angepasst werden, sondern der vernetzte Computer ebenso an den Menschen.[58] Nicht der Computer ersetze den Menschen. Er unterstütze ihn.

---

55 Bolt, Beranek and Newman Inc., Proposal, S. III-51.

56 Ebenda, S. III-51-52.

57 Licklider, Man-Computer Symbiosis, S. 2.

58 Dem widerspricht Frank Schirrmacher in seinem Buch Ego in Bezug auf den Denkautomat vernetzter Computer grundlegend. Er sieht in der Verschmelzung eine reine Unterwerfung des Menschen unter die Funktions-

Beim Bau des ARPANET wurde so die Minimierung menschlichen Einflusses auf die Funktionalität des Netzwerkes und die Automation der Kommunikation zu automatisieren damit begründet, die geistigen Kapazitäten des Menschen besser anderweitig einzusetzen.[59]

IMP-Konzeption: Kybernetisches Neuronenfeuer

Als es Robert Taylor 1966 gelungen war, das Geld für den Bau des ARPANET einzuwerben, setzte er sich mit seinem Mentor J.C.R. Licklider zusammen, um über die Verwendungsmöglichkeiten nachzudenken, die das geplante Netzwerk bieten könnte. Ihre Ideen publizierten sie in einem Artikel, der 1968 erschien: „The Computer as a Communication Device".[60] Es war der Versuch, ein Publikum außerhalb der ARPA-Wissenschaftler für ihre Idee des Computernetzwerkes interaktiver Computer zu gewinnen. Deutlich wird das beispielsweise daran, dass sie versuchten, Fachtermini wie *store and forward* zu vermeiden und die eigene Argumentation mit leicht verständlichen Grafiken zu veranschaulichen.[61]

In ihrem Paper kommen sie zu dem Schluss: „In a few years, men will be able to communicate more effectively through a machine than face to face".[62] Die enorme Hoffnung und Utopie, die sich mit dem neuen Medium verbinden sollte, war hier schon spürbar. Als visionäre Computerwissenschaftler, statt als reine Kommunikationstechniker, wollten sie über die pure Informationsübertragung Shannon'scher Natur hinaus, bei welcher der Inhalt einer Nachricht keine Rolle spielte. Der Digitalcomputer war für sie das Werkzeug, in einem kybernetischen System aus Mensch und Maschine eine gemeinsame Kommuni-

prinzipien einer rationalegoistischen Maschine, die ihn zu einer selbigen formt. Vgl. Schirrmacher, Ego, S. 127–130.

59 Vgl. Licklider, J.C.R.: Man-Computer Symbiosis, S. 2.

60 Licklider et al., Communication Device.

61 Vgl. ebenda, S. 28.

62 Ebenda, S. 21.

kationsbasis durch die effektive Repräsentation mentaler Zustände zu erreichen. Sie schrieben ihm ein enormes Wandlungspotenzial zu, als sie zu dem Schluss kamen, dass

> „its [programmed digital computer] presence can change the nature and value of communication even more profoundly than did the printing press and the picture tube, for, as we shall show, a well-programmed computer can provide direct access both to informational resources and to the processes for making use of the resources".[63]

Das war erstens eine Spitze gegen Shannons als unterkomplex diskreditiertes Model. Es war zweitens eine Spitze gegen die bis dahin in der Psychologie dominanten Behavioristen, die mentale Zustände von Grund auf ablehnten. Es war drittens die kybernetische Vorstellung der *computational metaphor* von der allgemeinen Repräsentierbarkeit dieses Zustandes durch den universalen Digitalcomputer. Und es war viertens in der Konzeption des Computers als Kooperationsinstrument im Sinne eines Kommunikationsermöglicher, ein Anknüpfungspunkt für die *New Communalists* auf der Suche nach einer neuen Form der Gemeinschaftsbildung. Hier fand sich Grundlage dessen, was dann Herbert Clark ab Mitte der 1970er-Jahre mit seiner *common ground theory* analysierte, Michael Tomasello in „Origins of Human Communication" aufgriff und dergestalt auch bei McLuhan und Norbert Wiener zu finden war.[64]

---

63 Ebenda, S. 27.

64 Vgl. zur Theorie des *common ground* in der Kommunikation: Clark, H. H; Marshall, C. R.: Reference diaries, in: Waltz, D. L. (Hrsg.): Theoretical issues in natural language processing, Bd. 2, New York 1978, S. 57–63, Clark, H. H; Schaefer, E. F.: Contributing to discourse, in: Cognitive Science 13 (1989), S. 259–294; zur den Theorien des Leipziger Sprachspsychologen Tomasello vgl. Tomasello, Michael: Origins of human communication. Cambridge, Mass 2008, sowie Tomasello, Michael: Warum wir kooperieren. Berlin 2010; zu McLuhan vgl. bspw. McLuhan, Kanäle, S. 29-41, 269–270.

Shannon's Informationstheorie funktionierte metaphorisch nicht mit einem behavioristischen Ansatz: Interne Prozesse ließen sich nicht mit der reinen Übertragung begreifen, ohne die semantischen Prozesse mitzudenken. Dementsprechend waren für den Behaviorismus noch primär Computer und nicht Kommunikationssysteme der Schlüssel wissenschaftlicher Erkenntnis.[65] Erst mit der „kognitiven Wende"[66] wurde diese Denkweise ernsthaft in Frage gestellt wurde. Ausgehend von der Verschaltung von Computer und Kommunikation, wurden auch die Bereiche von Gemeinschaftsbildung und Gesellschaftsbegründung über den Digitalcomputer verhandelt – durch dessen Vernetzung mit anderen Maschinen genauso wie mit dem Menschen.

Gleichzeitig war Computerkommunikation eine Reaktion auf die steigende Komplexität der Wirklichkeit, welche die Protagonisten wahrnahmen. Supersysteme technologischer Großprojekte wie SAGE entwickelten sich derartig rasant und unvorhergesehen, dass eine Symbiose zwischen Menschen und Maschinen zur gemeinsamen Modellierung der Wirklichkeit und Komplexitätsreduktion hierfür die perfekte Lösung anbot. „The problem is no longer to design a pulley or a gear. It is to find a mission worthy of a million men, to plan a flow of metal and ideas and of flexibility and change".[67] Ein System-System ward gesucht, das Modelle des zu verwaltenden Systems erstellt oder als

65 Vgl. Edwards, Closed world, S. 204.

66 Der Begriff bezeichnet eine Zeitspanne in den 1970er-Jahren, in denen Publikationen der Kognitionspsychologie diejenigen mit behavioristischer Methode an Zahl und Bedeutsamkeit überholten. Eine wirkliche Wende wird aber gemeinhin angezweifelt. Stattdessen beschreiben Wissenschaftshistoriker die Entwicklung als ein Nebeneinander beider Ansätze beschrieben – wie auch die Netzwerkkommunikation über Computer einer gedankliche Kombination kognitionspsychologischer und behavioristischer Ansätze entspricht.

67 Licklider, J.C.R.: The System System, in: Bennett, Edward (Hrsg.): Human factors in technology, New York, N.Y. 1963, hier S. 628. Zitiert nach: Waldrop, Dream machine, S. 184.

Test- und Trainingsumgebung dient – wie auch im ARPANET selbst, dessen Topologie von Howard Frank genaustens auf einem Computer modelliert und dessen Betrieb von Robert Kahn und den anderen mehrfach simuliert wurde.[68] Es war eine technologische Lösung für ein technikgemachtes Problem.

Gut sichtbar wird die kybernetische Gedankengenese an einem Vergleich zweier Skizzen: Einer von Norbert Wiener von 1948, sowie einer der erwähnten Skizzen von Robert Taylor und J.C.R. Licklider aus ihrem Paper (s. Abbildungen 4 und 5). Wiener's Skizze war Teil eines Artikels im *Scientific American*, das eine Synthese seines Buches bot. Die *computational metaphor* durchzog sichtbar den ganzen Artikel. Er schrieb:

> „Es ist nicht die rein physikalische Struktur einer Rechenmaschine, die dem Gehirn […] entspricht, sondern vielmehr die Verknüpfung einer solchen Struktur […] mit den Befehlen, die ihr zu Beginn […] übergeben worden sind, und zum anderen mit allen zusätzlichen Informationen, die sie im Verlauf […] von außen erhält und speichert. Diese Informationen werden in irgendeiner physikalischen Form gespeichert – quasi in einem Gedächtnis".[69]

Ort dieser Speicherung sei das Neuron oder die Nervenzelle, die er nachfolgend funktional mit einer Vakuumröhre verglich. Das Gehirn imaginierte er als Netzwerk aus Computern, das bei Fehlfunktionen massive Störungen aufweist, „weniger aufgrund der Zerstörung des involvierten Gewebes […], als vielmehr aufgrund der sekundären Beeinträchtigungen des Datenverkehrs [sic!], der Überlastung des verbleibenden Nervensystems und der Umleitung der Nachrichtenflüs-

68 Vgl. Frank et al., Computer communication, S. 257 u. Abbate, Inventing, S. 58–59.

69 Wiener, Norbert: Kybernetik, in: Dotzler, Bernhard (Hrsg.): Norbert Wiener. Futurum exactum. Ausgewählte Schriften zur Kybernetik und Kommunikationstheorie, Wien, New York 2002[1948], S. 15–29. Hier: S. 21.

se".[70] Taylor und Licklider gingen im Sinne der Mensch-Maschine-Symbiose weiter, ihr Ansatz war aber ebenso die *computational metaphor.* Sie fragten sich, was genau einen Knoten in dem anvisierten Netzwerk landesweiter Datenübertragung ausmacht – und zeichneten dies als Neuron. Die Nervenzelle, in der Mensch und Maschine verschmolzen, umfasste den Nutzer, seinen Hostcomputer, die Softwareprogramme, umschlossen von der Verbindungsschicht, die ein *message processor* herstellte. Hier spielten sie ganz klar auf einen IMP an. „The collection of people, hardware, and software – the multiaccess computer together with its local community of users – will become a node in a geographically distributed computer network". [71] Die kybernetische Idee der Gleichsetzung des Gehirns und des Computers, des Menschen und der Maschine, wurde in ihrer Vernetzung auf eine neue Stufe gehoben und prägte die Art und Weise, wie das Netzwerk selbst gebaut wurde: Als großes Gehirn, als Zentralnervensystem lokaler Systeme (s. Abbildung 6):

> „The message processors of all the nodes are interconnected to form a fast store-and-forward network. [...] Through the network of message processors, therefore, all the large computers can communicate with one another. And through them, all the members of the supercommunity can communicate-with other people, with programs, with data, or with selected combinations of those resources".[72]

70 Ebenda, S. 21–22.

71 Licklider et al., Communication Device, S. 32.

72 Ebenda.

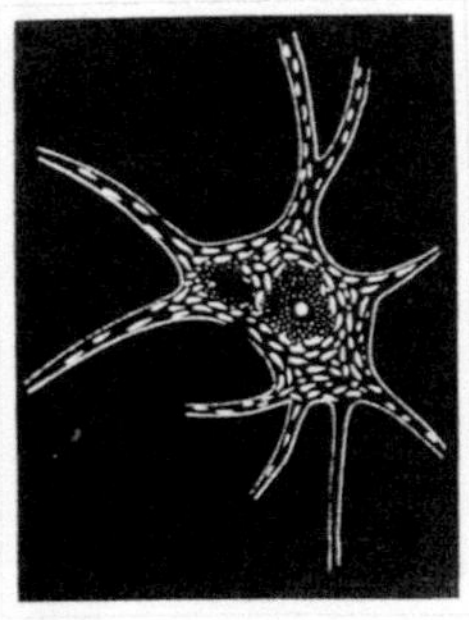

Abbildung 4: Neuron nach Wiener. Quelle: Wiener 2002, S. 21.

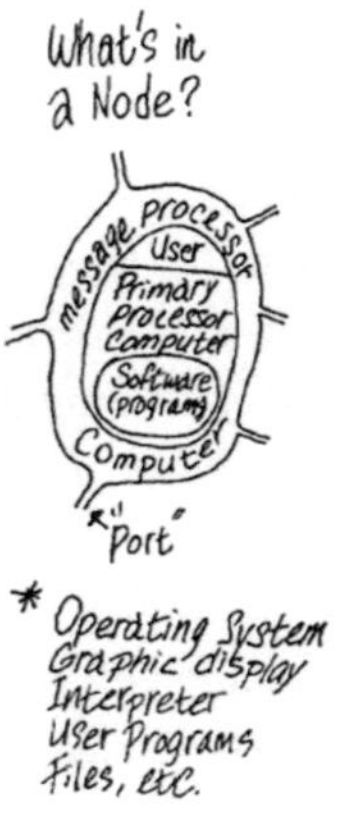

Abbildung 5: Neuron nach Taylor und Licklider. Quelle: Licklider/Taylor 1968, S. 32.

Abbildung 6: Computernetzwerk als Neuronennetzwerk. Quelle: Licklider/Taylor 1968, S. 32.

IMP-Vernetzung I: Routing als Selbstorganisation und Autonomie

Die *computational metaphor* wirkte besonders bei der nächsten großen Herausforderung, die sich im Bau eines *Packet-Switching* Netzwerkes den Ingenieuren von BBN und der ARPA stellte: dem Routing. Die technische Ausgangssituation war die Folgende:

„When giving the subnet a message, the Host specifies the destination Host and a link number in the first 32 bits of the message (known as the header). The IMPs then attend to route selection, delivery, and notification of receipt".[73]

Um die kürzeste Route durch das IMP-Netz zum Zielknoten zu ermitteln, griffen Roberts und Heart auf die Arbeiten Paul Barans und Leonard Kleinrocks von Anfang der 1960er-Jahre zurück. Baran, der ein ausfallsicheres, militärisches Netzwerk im Kopf hatte, beschrieb 1962 das Problem der Nachrichtenzustellung und dessen mögliche Lösung in einem *message switching* Netzwerk:

„In order to build a network with the [shown] survivability properties [...], we must use a switching scheme able to find any possible path that might exist after heavy damage. The routing doctrine should find the shortest possible path and avoid self-oscillatory [...] switching. [...] What is envisioned is a network of unmanned digital switches implementing a self-learning policy at each node, without need for a central and possibly vulnerable control point, so that over-all traffic is effectively routed in a changing environment".[74]

Die große Befürchtung etablierter Kommunikationstechniker war vor allem die Möglichkeit, dass Pakete in Endlosschleifen im Netzwerk ossizililerten. Sie glaubten weder, dass sich bezahlbares Equipment herstellen ließ, um dies zu verhindern, noch dass sich die Routingprozeduren effizient implementieren ließen. Roberts, Heart und Kleinrock, der in seiner Dissertation von 1961 zum ersten Mal das *dis-*

73 Heart, F. E; Kahn, Robert E; Ornstein, S. M; Crowther, W. R; Walden, D. C.: The interface message processor for the ARPA computer network, in: Proceedings of the May 1970, spring joint computer conference Proceeding AFIPS '70 (Spring) (1970), S. 551–567, hier S. 554.

74 Baran, On Distributed, S. 6.

tributed routing beschrieb, fanden hierfür zwar Lösungen, bis heute kann das Problem von Endlosschleifen aber im Internet auftreten.[75]

Im ARPANET setzten die Verantwortlichen die Technik des *distributed routing* ein, um eine hochgradige Flexibilität zu erreichen. Jeder Knoten übernahm dabei selbst die Entscheidung, das Paket an den Knoten weiterzugeben, der dem Ziel am nächsten war. Dafür legte er eine Tabelle an, welche die Entfernung zu dem jedem Knoten im Netzwerk und den Knoten verzeichnete, über den der kürzeste Pfad zu diesem Knoten führte. Kam ein Paket bei einem Knoten an, überprüfte der IMP zuerst, ob es für ihn war. Falls nicht, legte es der IMP in seinen internen Puffer, zog seine Routingtabelle zu Rate und leitete das Paket an den darin verzeichneten Knoten weiter, beziehungsweise an den Knoten mit dem kürzesten Pfad zum Zielknoten des Paketes. Er behielt eine Kopie des Paketes so lange in seinem Puffer, bis er ein Feedback (*Acknowledgement*, kurz ACK) des anderen Knotens erhielt, dass das Paket korrekt angekommen sei und es angenommen wurde. Baran schlug zudem vor, die Puffergröße der Knoten gering zu halten. Er zeigte, dass es effektiv sei, wenn Knoten nicht darauf warteten, bis die kürzeste Route frei werde (also ein *Acknowledgement* zurückkam), sondern die Pakete gleich einer heißen Kartoffel in den Händen eines Menschen so schnell wie möglich wieder loszuwerden versuchte. Der Verlust einer effizienten Leitungsnutzung würde durch die Plastizität, also die Adaptierfähigkeit des Netzes auf Stau in den Leitungen wettgemacht und die Leistungsanforderungen an das Equipment der Knotencomputer würden sinken – eine Technik, die bis heute im Internet eingesetzt wird.[76]

Um einen Überblick über die Entfernung innerhalb des Netzwerkes zu erhalten, tauschten die IMPs ihre Informationen mittels Kontrollverkehrs aus: Sie propagierten in regelmäßigen Abständen (etwa alle zwei Sekunden) die Entfernungen zu den ihnen bekannten Knoten.

---

75 Vgl. Kleinrock, Leonard: Message Delay in Communication Nets with Storage. Cambridge (Mass.) 1962, S. 2–4.

76 Baran, On Distributed, S. 6–7.

„Each IMP then constructs its own routing table by combining its neighbors' estimates with its own estimates of the delay to that neighbor".[77] Erhielt ein IMP die Nachricht darüber, dass sich der Pfad zu einem Knoten verlängert hatte, weil dieser verstopft war oder über einen nicht mehr verfügbaren Knoten führte, aktualisierte der IMP seine Tabelle dementsprechend.[78]

Die Intelligenz des Netzwerkes lag verteilt in seinen Knoten – an denen dafür die nötige Rechenkraft in Form der Honeywell-516-Kleincomputer vorliegen musste. Dennoch war dies nur eine Vorstufe davon, was das Internet später ausmachen sollte, denn die Knoten lagen weiterhin zentral in einem inneren Netzwerk. Es sind noch nicht die Hosts selbst, welche das Netzwerk bilden. Die Knoten übernahmen die Entscheidung, das Paket weiterzuleiten, und stellten damit für die Computerwissenschaftler gleichsam McCulloch-Pitts-Neuronen in einem neuronalen Netzwerk dar. Paul Baran, der gewisse Vorarbeiten zur Topologie des ARPANET leistete, war dabei direkt von McCulloch und Pitts Sichtweise des Gehirns und seiner Plastizität inspiriert.

> „We [at RAND] wanted to know how to go about building such a system. So I got interested in the subject of neural nets. Warren McCulloch in particular inspired me. He described how he could excise a part of the brain, and the function in that part would move over to another part. As we get older [...] the number of brain cells decreases but we're able to use the surviving functionality effectively. [...] McCulloch's version of the brain had the characteristics I felt would be important in designing a really reliable communication system".[79]

Wenn also Norbert Wiener in seinem Buch *Cybernetics* analysierte, wie das Gehirn auf Störungen beispielsweise durch Verletzungen oder

---

77 Heart et al., The interface, S. 555.

78 Vgl. stark vereinfacht Abbate, Inventing, S. 61–62; in den Quellen wird der Routingalgorithmus auch beschrieben in Frank et al., Computer communication, S. 260–261.

79 Brand, Founding Father. Zur kritischen Einordnung siehe auch Fn. 26

Funktionsausfällen bestimmter Teile des Nervengewebes reagiert, indem es den „Datenverkehr" umleitet, stellten die Routingalgorithmen im ARPANET die Realisierung dieser kybernetischen Idee dar. Bereits die Genese der *Packet Switching* Idee gegenüber einer *circuit switching* Lösung kann aus der Wirkung der *computational metaphor* hergeleitet werden. Wiener schreibt, dass es

> „unwahrscheinlich [sei], daß die verschiedenen Kanäle der Informationsübertragung generell vom einen Ende ihres Weges zum anderen verlaufen, ohne daß sie untereinander verbunden wären. Dagegen ist es sehr viel wahrscheinlicher, daß eine Nachricht, sobald sie eine bestimmte Ebene des Nervensystems erreicht hat und diesen Punkt nun verläßt, den nachfolgenden Punkt über eine oder mehrere Alternativrouten erreichen kann".[80]

Baran selbst sah ein Computernetzwerk als lernfähiges Gebilde, dessen lokal verteilter Intelligenz im Konzert des kooperativen Neuronenfeuers einer zentralen Kontrolle bei hohem Datenverkehr und komplexen Strukturen überlegen war. Der tatsächliche Bau eines solchen Gebildes ging einher mit dem Aufstieg des konnektivistischen Paradigmas neuronaler Netzwerke in der Erforschung künstlicher Intelligenz bis Mitte der 1970er-Jahre, das versuchte, komplexe Probleme durch die Kombination vieler einfacher gleichartiger Teile zu modellieren. Die Entwickler des ARPANET orientierten sich so an der Theorie künstlicher neuronaler Netze, die in der Verschaltung vieler McCulloch-Pitts-Neuronen mit Hilfe einfacher Mechanismen eine universelle Touringmaschine erschaffen wollten. Die vom Gehirn in der Technik adaptierten Mechanismen reichten von der Ausbildung neuer Verbindungen zu neuen IMPs, dem Löschen bestehender Verbindungen zu fehlerhaften IMP über das Ändern der Gewichte der Verbindungen bei Paketstau bis hin zur Anpassen des Schwellenwertes der Knoten, beispielweise von internen Timern bis zum Versand des nächsten Paketes. Vor allem die adaptive Dynamik des Gehirns war im ARPANET allerdings nur

80 Wiener, Kybernetik (Artikel), S. 20.

angedeutet, bestand sein Kern doch aus einem starren inneren Netz. Erst im Internet entfaltete die Dynamik sich voll. Dennoch konnte dieses innere Netz aus IMPs selbst auf Ausfälle und Probleme reagieren. Seine Entwickler bauten es als ein selbstorganisiertes, autonomes kybernetisches System. Nach diesen Prinzipien gestalteten sie auch das Verhältnis des Netzwerkes zur Außenwelt:

„(1) The subnet should function as a communications system whose essential task is to transfer bits reliably from a source location to a specified destination. Bit transmission should be sufficiently reliable and error free to obviate the need for special precautions (such as storage for retransmission) on the part of the Hosts; (2) The average transit time through the subnet should be under a half second to provide for convenient interactive use of remote computers; (3) The subnet operation should be completely autonomous“.[81]

IMP-Vernetzung II: Feedbackmechanismen

Neben den möglichen Endlosschleifen stellte sich für die Computeringenieure von BBN weiterhin die Schwierigkeit, zuverlässigen Datentransfer über den unzuverlässigen Kanal der Telefonleitungen von AT&T sicherzustellen, welche die Bits physisch weiterleiteten. Sie konnten überlastet sein, ausfallen, oder schlichtweg Pakete korrumpieren. Letzteres wurde über Prüfsummen verhindert, bei denen die Ingenieure die große Neuerung nutzten, dass es sich beim ARPANET um ein digitales Netzwerk handelte. Bei einer Prüfsumme wurden die zu übertragenden Daten von den Hosts in standardisierte Pakete einheitlicher Größe von 1024 Bits verpackt. Das Komplement aus der Addition ihrer Bits wurde vom versendenden IMP berechnet und in die Kontrollinformation des Paketes geschrieben. Der empfangende IMP konnte diese Berechnung wiederholen und dadurch ermitteln, ob sich die Reihenfolge der Bits verändert oder eines der Bits auf dem Weg sich

81 Heart et al., The interface, S. 552.

gedreht hatte. Der Empfänger gab dem Sender ein Feedback über die korrekte Übertragung.

Als eine weitere, von der Kybernetik inspirierte Methode der zuverlässigen Übertragung über einen unzuverlässigen Kanal nutzten die Ingenieure von BBN Feedbackmechanismen nicht nur in den IMPs selbst, sondern auch auf Netzwerkebene zwischen den IMPs. Das umfasste die bereits erwähnten *Acknowledgements* als Bestätigung empfangener Pakete und *Ready for Next Messages* (RFNM), um anzuzeigen, dass der Sender das nächste Pakte verschicken konnte. In der späteren Internetentwicklung kamen in den 1970er-Jahren noch Sequenznummern, Wiederübertragungsmechanismen und eine Reduktion der Leitungsnutzung abhängig vom Feedback durch das Netz hinzu. Die ersten beiden Mechanismen sollen kurz dargestellt und ihr kybernetischer Ursprung aufgezeigt werden. Das Team von BBN beschrieb den Mechanismus der Acknowledgements in ihrem Zwischenbericht zum ARPANET 1970 anschaulich:

> „As a packet moves through the subnet, each IMP stores the packet until a positive acknowledgment is returned from the succeeding IMP. This acknowledgment indicates that the message was received without error and was accepted. Once an IMP has accepted a packet and returned a positive acknowledgment, it holds onto that packet tenaciously until it in turn receives an acknowledgment from the succeeding IMP. Under no circumstances (except for Host or IMP malfunction) will an IMP discard a packet after it has generated a positive acknowledgment. However, an IMP is always free to refuse a packet by simply not returning a positive acknowledgment“.[82]

In einer Grafik skizzierten sie das Prinzip der Kommunikation zweier Hosts über drei Knoten hinweg (s. Abbildung 7). Diese Grafik entspricht einem kybernetischen endlichen Automaten mit Feedbackschleifen, einer anders geschriebenen *finite state machine*. In die Notation der FSM umgeschrieben sieht sie aus der Sicht des ersten Knotens

82 Ebenda, S. 554.

(IMP) vereinfacht folgendermaßen aus (s. Abbildung 8). Der IMP wartet darauf, Daten vom Host zu erhalten. Erhielt er sie, teilte er sie in Pakete auf, versah sie mit einer Prüfsumme und schickte sie über das Netzwerk an den nächsten IMP. Sein Zustand änderte sich, er wartete nun darauf, vom anderen Knoten eine Bestätigung darüber zu erhalten, dass sein Paket angekommen war. Bekam er keine Bestätigung, passte er unter Umständen seine Routingtabelle an und übertrug das Paket erneut. Das Netzwerk adaptierte seine Struktur im Moment der Datenübertragung – je nachdem, ob sie erfolgreich war oder nicht. Erhielt er schließlich die Bestätigung, dass sein Paket angekommen war, kehrte er in seinen Ursprungszustand zurück und wartet auf neue Daten vom Host.

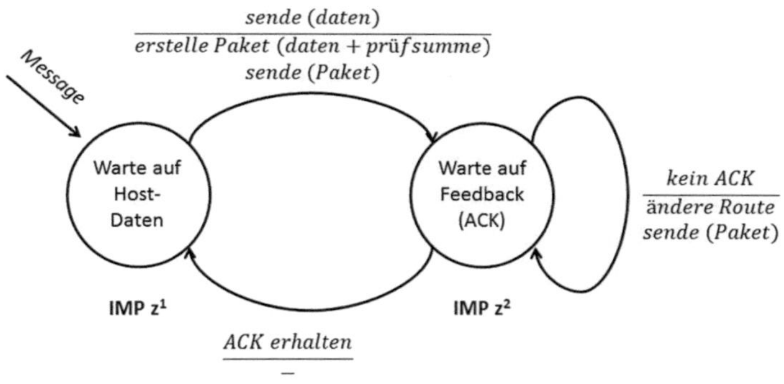

Abbildung 7: Technik für zuverlässigen Datenverkehr im ARPANET: *Ready for Next* Message (RFNM) und *Acknowledgements.* Quelle: Heart/Kahn/Ornstein/Crowther/Walden 1970, S. 554.

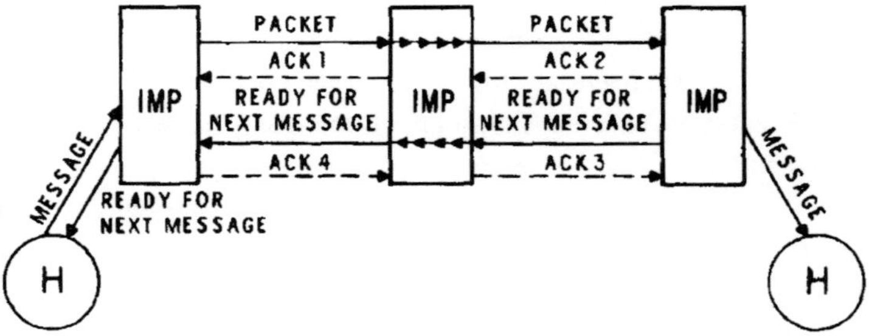

Abbildung 8: Zuverlässiger Datenverkehr über unzuverlässigen Kanal im ARPANET. Quelle: Eigene Darstellung nach Kurose/Ross 2012, S. 245.

Ganz ähnlich funktionierte das Prinzip des *Ready for Next Message* Feedbacks. Es war eine weitere Lösung für das technische Problem, dass Leitungen von paketvermittelten Netzwerken dazu neigten, zu verstopfen, also zu viele Datenpakete über eine Leitung fließen und nicht mehr zum Empfänger durchkamen – auch *congestion* genannt. Es trat typischer Weise dann auf, wenn ein empfangender IMP von einem Sender mit Nachrichten überflutet wurde, was das ganze Netzwerk lahmlegen konnte.

„To solve this problem [of congestion] we developed a quenching scheme that limits the flow of messages […] The subnet transmits messages over unidirectional logical paths between Hosts known as links. (A link is a conceptual path that has no physical reality; the term merely identifies a message sequence.) The subnet accepts only one message at a time on a given link. Ensuing messages on that link will be blocked from entering the subnet until the source IMP learns that the previous message has arrived at the destination Host. When a link becomes unblocked, the subnet notifies the source Host by sending it a special control message known as Ready for Next Message (or RFNM), which identifies the newly unblocked link".[83]

83 Ebenda, S. 552.

Das führte gleichzeitig dazu, dass die Pakete nur in der richtigen Reihenfolge beim Empfänger ankommen konnten. Ursprünglich reduzierten die BBN Ingenieure also deutlich die Komplexität des Netzwerkes und versuchten *congestion* und Pakete in der falschen Reihenfolge dadurch zu verhindern, dass ein Sender immer nur eine Nachricht versenden konnte. Dies führte aber zu einer enorm schlechten Leitungsnutzung, sodass die Ingenieure sehr bald Sende- und Empfangspuffer einbauten und das Konzept der *Ready for Next Message* aufgaben. Weiter verwendet wurden allerdings das Konzept eines logischen, virtuellen Kanals und allgemein kybernetische Prinzipien der Problemlösung.

Im ARPANET waren die Knoten noch relativ statisch geplant, vorherbestimmt und langfristig ausgelegt. In der Ausschreibung zum Bau des IMP-Netzwerkes legte die ARPA minutiös fest, welche 19 Orte über das ARPANET verbunden werden sollten, vom Pentagon über RAND, von Harvard bis hin zum Auftragnehmer selbst. Im Dezember 1969 waren die ersten vier Institutionen an das ARPANET angeschlossen (s. Abbildung 3). Zudem wurde ein exakter Zeitplan vorgegeben, wann welcher Rechner an das Netz gehen sollte.[84] Zugang zum ARPANET erhielten anfangs nur Institutionen, die über einen eigenen Timesharing-Rechner verfügten, der an einen IMP angeschlossen werden konnte. Hier finden sich noch deutlich die Elemente des alten Planungsregimedenkens. Erst im Internet konnten sich Knoten und Netzwerke lokaler Knoten flexibel, ungeplant und fern jeglicher Zugangsbeschränkung mit dem Internet verbinden.[85] Das spätere Netzwerk der Netzwerke veränderte sich immer wieder, es prägte eine amorphe Topologie, die auf der relativ festen Topologie des ARPANET beruhte.

84 Vgl. ARPA, Specifications IMPs, S. 43 (Appenix C, IMP Delivery Scedule).

85 Weswegen es auch quasi unmöglich ist, eine feste Karte des Internet zu zeichnen.

Zusammengefasst konnten durch die Schaffung eines autonomen Kommunikationssystems ARPANET die Interessen des Militärs an einer zuverlässigen, unhinterfragten und schnellen Datenübertragung zur Befehlskettenübertragung befriedigt werden. Die zuverlässige und schnelle Übertragen wurde dadurch erreicht, dass die Nachrichten ungeprüft und quasi blind gegenüber dem Inhalt in Shannon'scher Manier von jedem Knoten weiter gegeben wurden und ihr Erhalt abgesichert wurde:

> „In the case of feedback-controlled machines, for example, the destination doubles as source for a transmission back to the original source, which in turn becomes the destination for the control message. Or the process can continue sequentially, as when orders are relayed along a human chain of command, with each destination becoming a selective source for the following link. For processes like these, the message need not be „understood" or „interpreted" at the destination in order to be processed and be effective".[86]

Licklider, der zuvor im Bereich der militärischen Befehlskettenoptimierung gearbeitet hatte, war dieses Prinzip mit Sicherheit vertraut. Er erweiterte es um zusätzliche kybernetische Ansätze der Mensch-Maschine-Symbiose und brachte so Informationstheorie und Kybernetik im ARPANET zusammen.

Es ist wichtig, hier nicht die Binnenperspektive der Akteure zu vergessen. Zahlreiche Wissenschaftler selbst, besonders Robert Taylor und Lawrence Roberts, sahen den Bau des ARPANET nicht unter militärischen Rationalen, was auch die von ihnen überlieferten technischen Dokumente belegen. In den Oral History Interviews des Charles Babbage Institute äußerte sich Robert Taylor deutlich, als er vom fragestellenden Wissenschaftshistoriker William Aspray direkt auf den militärischen Hintergrund seiner Forschung angesprochen wurde: „We were certainly a Defense Department agency, but I never received any guidelines that the research that I sponsored should have a specific milita-

86 Edwards, Closed world, S. 205.

ry connection".[87] Vielmehr versuchten sie seiner Aussage nach, Fortschritte in Bereichen zu machen, von denen eine größere Bandbreite an Akteuren profitierte, unter anderem das Militär.[88] Paul Edwards hält diesem Denken vieler Wissenschaftler im militärisch-industriellen Komplex entgegen, „however basic and benign it may have seemed to the researchers working on individual projects, the process of producing knowledge of (and for) cyborgs was militarized by the practical goals and concrete conditions of its formation".[89]

Auch bei Mitarbeitern des Auftragnehmers BBN kamen Zweifel über die eigene Rolle in der Militärforschung auf, während der Vietnamkrieg sich immer weiter verschärfte.[90] Die soziale Gruppe der Wissenschaftler verfolgte zwar ihre eigenen Interessen, die sich aber häufig mit denen des Militärs überschnitten und blendeten ihre militärische Eingebundenheit oftmals aus. Entgegen der These Hafners und Lyons, dass der militärische Ursprung des ARPANET ein Mythos sei, macht letztlich auch Abbate klar, dass „the design of both the ARPANET and the Internet favored military values, such as survivability, flexibilty, and high performance".[91]

---

87 Aspray et al., Interview Taylor, S. 10.

88 Vgl. ebenda, S. 10–11.

89 Edwards: Closed World, S. 272.

90 Hafner et al., Wizards, S. 113.

91 Abbate, Inventing, S. 5. Auch Bunz, Speicher, S. 71, bezieht sich auf Hafner und vertritt die These militärferner Entwicklung. Ihre Argumente überzeugen allerdings nicht. Das ARPANET war kein rein wissenschaftliches Forschungsnetz, sondern ebenso ein Prototyp für zukünftige militärische Anwendungen. Die IMPs gefechtssicher zu liefern, war kein Zufall. Die Interessen des Militärs finden sich deutlich in der technischen Ausprägung des ARPANET und später auch im Internet – ohne damit gleich auf die sozialen Auswirkungen der Computernetzwerktechnologie schlussfolgern zu können.

IMP-Überwachung: Kybernetische Kontrolle mittels Informationsflüssen

Sowohl die Interessen der Wissenschaftler an einer verlässlichen Datenübertragung gleichsam der Rechenzeit aus der Steckdose, verteilt von den großen Computerzentren an den Universitäten, als auch die von den Vorstellungen der *New Communalists* geprägten Ansätze selbsterhaltender, evolutionärer Systeme im Sinne einer Ausweitung des Zentralnervensystems konnten im ARPANET erfüllt werden. Viele Computerkommunikationsingenieure begriffen sich als *Comprehensive Designer* darin, dass sie nur das Anfangssystem des IMP-Netzwerkes aufsetzten, es durch Feedbackmechanismen als autonomes System schufen und dann mittels informationellen Überwachungsmethoden seinen Fortlauf betrachteten. Im Sinne Fuller's schöpften sie einerseits aus der Fülle der Technokratie und wurden gleichzeitig zum Schöpfer ganzheitlicher Systeme, die in den Visionen Lickliders und den Ideen der KI-Wissenschaftler über die als verkrustet wahrgenommenen Strukturen der Technokratie hinauswiesen. Hier liegt der Ursprung beider Tendenzen, die im Internet ihre Ausprägung fanden: sowohl statische, zentrale und hierarchische Elemente, als auch verteilte Entscheidungsfindung, dynamische Adaption und Freiheit.

Ein Beleg für die Kontrolle durch Informationsflüsse (*„control through measurment“*) sind die zwei im ARPANET realisierten Kontrollzentren, das *Network Measurement Center* (NMC) unter Leonard Kleinrock an der UCLA, sowie das *Network Control Center* (NCC) unter Alexander McKenzie bei BBN. Ausgangspunkt war auch hier die *computational metaphor*, mittels derer die Welt als digital repräsentierbares, rational berechenbares Informationssystem begriffen wurde. Vergleichbar der Informationsströme über die Luftraumüberwachung aus dem Netzwerk der einzelnen Radarstationen bei SAGE, die in zentralen Kontrollzentren zusammenliefen, gingen im ARPANET die Informationsströme über die Netzwerkperformance im NMC und NCC ein. Dafür bauten die Ingenieure von BBN, wie in der Ausschreibung gefordert, in die IMP Messprozeduren ein, sodass diese Daten über das

Netzwerk sammelten und an die jeweilige Stelle schicken konnten. Darunter fielen Daten wie die Auslastung der Leitungen, die Auslastung der IMPs, die Nachrichtenlänge, Nutzlastverteilung oder ein Vergleich der eigenen Nutzung des Hosts gegenüber der Nutzung entfernter Hosts. Die IMPs waren in der Lage, Screenshots von ihrem eigenen Zustand, vom Pfad eines verschickten Paketes und vom gesamten Netzwerk zu einem bestimmten Zeitpunkt aufzuzeichnen.[92] Bei SAGE hatte sich den Verantwortlichen sehr schnell die Grenzen der Überwachung des Systems durch den Menschen aufgezeigt, sodass im ARPANET der Auswertung maßgeblich automatisiert wurde. Hier zeigen sich die Grenzen der Ansicht Lickliders von der computerunterstützten Arbeitswelt. Im NCC deuteten sich die Herausforderungen durch die Rationalisierung menschlicher Arbeit bereits an. Alexander McKenzie, zuständig für das *Network Control Center* des ARPANET beschrieb in einem Interview, wie nur sechs Leute abwechselnd das Netz am Laufen hielten – eine Funktion, für die zuvor deutlich mehr Operatoren notwendig gewesen wären.[93]

Roberts plante das *Network Measurement Center* unter der Mitarbeit Kleinrocks bereits zu einem frühen Zeitpunkt. Es kam nicht von ungefähr, dass der erste Knoten des Netzwerkes an der UCLA stand, sollte das NCC doch möglichst früh mit der ihm zugewiesenen Aufgabe beginnen, das Netzwerk Testprozeduren zu unterziehen und es auf seine Leistungsschwachstellen hin zu überprüfen. Ziel war ein möglichst effizient funktionierender Routingalgorithmus, sowohl im Sinne der Wissenschaftler, als auch der Militärs. Ziel von BBN war es aber zunächst, überhaupt ein Netzwerk zum Laufen zu bringen. Simulierte das NMC anfangs noch die Messungen, ging es nach der Installation der ersten vier Knoten zu Echtzeitleistungsanalysen über, die das

92 Vgl. ARPA, Specifications IMPs, S. 30; Heart et al., The interface, S. 557.

93 O'Neill, Judy: An Interview with Alexander McKenzie. OH 185. Minneapolis, MN. 1990, S. 13.

Netzwerk häufig zum Erliegen brachten – was zu regelmäßigen Konflikten zwischen dem NMC und BBN führte.[94]

Einerseits handelte es sich bei den Maßnahmen zur Informationsaufzeichnung um standardmäßige Ingenieursroutinen zur Leistungsoptimierung eines bestimmten Systems und darum, „the behavior of the communication subnetwork“[95] in seiner Funktionsweise zu verstehen. Dessen Verhalten war insofern nicht selbstverständlich, als dass im Zusammenspiel der Einzelteile oftmals unvorhergesehene Ergebnisse auftraten. „Can we [...] determine what is going on within the network?“,[96] wie Leonard Kleinrock fragte, war eine offene Problematik und ist es teilweise bis in die Gegenwart. Andererseits boten die automatisierten Messmechanismen die Realisierung flacher Topologien und maximale Autonomiegewährung der Einzelsysteme durch die Steigerung der Informationsgewinnung über das System, die Analyse der Informationen durch Computer und die Bündelung der Informationen an zentraler Stelle. Erst wurden sie nur auf der technischen Ebene der IMP angewandt, aber in der kybernetischen Vorstellung des Menschen als System ließen sie sich ebenso auf ihn applizieren.

Wie die automatisierte Informationsgewinnung zu einer eigenen Kontrollsphäre führte, lässt sich am *Network Control Center* nachweisen, das 1970 eingerichtet wurde und unter der Ägide des BBN-Mitarbeiters und Informatikers Alexander McKenzies ab 1971 seinen Einflussbereich deutlich ausweitete. Nachdem BBN die ersten Knoten des ARPANETs installiert hatte, begann die ARPA, die von ihnen geförderten Partner dazu zu drängen, das Netzwerk stärker zu verwenden. Dazu musste es aber zuverlässig verfügbar sein, was zu diesem Zeitpunkt noch nicht vollständig gewährleistet werden konnte. Obwohl die

94 Vgl. O'Neill, Judy; Kleinrock, Leonard: An Interview with Leonard Kleinrock. OH 190. Minneapolis, MN. 1990, S. 20.

95 Kleinrock, Leonard; Naylor, William E.: On measured behavior of the ARPA network, in: AFIPS '74 Proceedings of the May 6-10, 1974, national computer conference and exposition (1974), S. 767–780, hier S. 767.

96 Ebenda.

ARPA und BBN die zentrale Kontrolle über das Netzwerk besaßen, fehlte anfangs insbesondere für die Netzwerkteilnehmer die Möglichkeit, technische Probleme zu lösen, wenn etwas nicht funktionierte. Da mit steigender Nutzung ebenso die Anfragen in Bezug auf technische Probleme wuchsen, sich die Fragen aber meist wiederholten, rief BBN das NCC als zentrale Mess- und Einsatzstelle ins Leben. Zuerst eher rudimentär besetzt, übernahm es ab 1971 zunehmend die Verantwortung für die Funktion des ARPANETs. Alexander McKenzie und sein kleines Team sorgten so mit Hilfe der Kontrollmechanismen dafür, dass das ARPANET der Gemeingutvorstellung entsprach, Rechenleistung aus der Dose zu liefern – noch nicht öffentlich, aber zumindest einem größeren Kreis an Wissenschaftlern über den amerikanischen Kontinent hinweg.[97] Er versuchte, die „reliability of the power company or the phone company“[98] zu erreichen und damit sowohl den Interessen der Wissenschaftler, wie auch des Militärs Vorschub zu leisten. In dieser Vorstellung wird deutlich, wie sehr das ARPANET sowohl ein gedanklicher Vorläufer des *Cloud Computing* mit seinen Messmethoden zur Leistungsevaluierung, als auch der Möglichkeiten der NSA, gesamte Netzwerkbereiche zu überwachen, war.

Ein Beispiel für die Ausweitung der eigenen Informationsreichweite durch Monitoring ist der Fakt, dass das NCC plötzlich sehr genau vorhersagen konnte, wann eine Telefonleitung überlastet war und wann sie zusammenbrechen würde. Alexander McKenzie beschrieb dies in einem Oral History Interivew 1990 als unintendierte Nebenwirkung der ARPANET-Technologie. Durch die Messmethoden bekamen McKenzie und sein Team die Möglichkeit

„for monitoring things over which we really had no authority. We added to the instrumentation in the Network Control Center, which started out being instrumentation [...] to communicate with the IMPs, with the packet switching nodes, to find out how they were doing. Through that we were able to see how the cir-

97 Vgl. Abbate, Inventing, S. 65.

98 O'Neill, Interview McKenzie, S. 11.

cuits that connected them, the lines, were doing. Because if two IMPs on a line reported that the line was down, then we could fiddle around and try to figure out why and make a call to the appropriate telephone company to get it fixed".[99]

Sie wussten oftmals schon vor den Telekommunikationsanbietern, dass eine Leitung in Kürze ausfallen würde, was erst zu Ungläubigkeit, dann zu Kompetenzüberlagerungen führte. BBN konnte so eine dauerhafte Überwachung der verwendeten Telefonleitungen aufbauen. Frank Heart, der Leiter des ARPANET-Teams von BBN beschreibt die Reichweite der Messmechanismen in einem Oral History Interview eindrücklich: „The IMPS watched the phone lines all the time, all the time".[100] Wie attraktiv die Überwachung wichtiger Knotenpunkte im Netz zur Ausweitung der eigenen Informationsreichweite war, zeigt sich daran, dass er daran anfügte:

„[W]e began adding instrumentation and tools and equipment in the NCC to monitor critical hosts, the ones where a lot of people from other sites had their accounts. […] So a lot of the activity in the NCC over those few years, from roughly 1972 or 1973 until 1976 when I left, was spent expanding our coverage".[101]

Alexander McKenzie war keineswegs von Anfang an im ARPANET-Projekt beteiligt und konnte so zu einem Prototyp des *comprehensive*

---

99 Ebenda, S. 12.

100 Weiter führte er aus: "[…] and they could tell when a line was degrading, not just when it was failing. So there were amusing instances when somebody here would call up the phone company office in California, and tell them that the phone line between Los Angeles and San Francisco was about to break. And the phone company guy, after first thinking we were calling as a joke, would then say, „How could you possibly know that in Boston?"" (O'Neill et al., Interview Heart, S. 27)

101 O'Neill, Interview McKenzie, S. 13.

designers aufsteigen: Zu einer Person, die kein spezialisierter Technokrat des militärisch-industriellen Komplexes wurde, sondern sich ein ganzheitliches Bild aller Teile des Systems, von den IMPs über die Leitungen, Protokolle und Funktionsmechanismen, bis hin zu den Menschen, machen konnte. Über die Informationsflüsse auf seinem Bildschirm konnte er die Muster und Gesetze „in the instruments and the mechanisms that work reliably“[102] entdecken und sich die Feedbackmechanismen der Einzelteile zunutze machen. Operatoren wie er stiegen in ihrer umfassenden Informationsmacht der über den Bildschirm fließenden, von Hochleistungsmaschinen gefilterten und aufbereiteten Daten in ihrem Gefühl zu machtvollen Herrschern auf. Er sagte selbst:

> „As a result, I became BBN's first generalist in the ARPANET. I had never actually built any single piece of it, but I knew [...] something about every aspect: from the hardware design, to the interface design, to the software design, what the limitations were in the through-puts, and all that sort of thing“.[103]

Mit diesem Wissen prädestinierte er sich dazu, an der Ausarbeitung der Host-Verbindungen mitzuarbeiten.

GEGENKULTURELLER EINFLUSS I: DIE HOST-HOST VERBINDUNG

Die *Network Working Group* (NWG), der Alexander McKenzie beitrat, arbeitete das Protokoll aus, mit dem die Host-Rechner miteinander kommunizieren konnten. Sie entwickelte sozusagen die gemeinsame Sprache, welche die heterogenen Rechner der ARPA-Wissenschaftler verwenden konnten. BBN selbst formulierte in ihrem Antrag deutlich, dass sie sich rein um die Verbindung der IMPs untereinander kümmern

102 Fuller, No More.

103 O'Neill, Interview McKenzie, S. 4.

und eine Dokumentation der Schnittstelle zum Host bieten würden. Die Ausgestaltung einer Host-zu-Host-Verbindung war den Netzwerkteilnehmern überlassen.

Graduate Students und Tabula rasa

Die *Network Working Group* setzte sich hauptsächlich aus *Graduate Students* zusammen. Bei der technischen Realisierung des ARPANET spielten sie eine wichtige Rolle. Sie vertraten die Interessen ihrer jeweiligen Institution bei der Definition des Kommunikationsprotokolls und der Programme, die zwischen den Hosts verwendet werden konnten. Junge Studenten entwickelten so entscheidende Teile des Netzwerkes. Besonders der Initiator des ARPANET-Projektes, Robert Taylor, legte großen Wert auf die Beteiligung der *Graduate Students*, wie er in einem Oral History Interview betont:

> „I tried to find out who [sic!] some of their brightest young people were: bright graduate students, new young faculty. […] They [the PIs] would point me to these people and I'd go around and spend some time with them. That had prompted me to start, fairly early on an ARPA graduate student's conference, which was run pretty much like the ARPA principal investigator's conference".[104]

Die Studenten nahmen die Einflüsse des sich ihnen bietenden Vorbilds offener Diskussionskultur unter den Wissenschaftlern dankend auf. Gleichzeitig wirkte aber ein weiterer Einfluss auf sie: Die Werte und Normen einer Jugend, die sich gegen rigide Hierarchien, rationale Dominanz und entmenschlichende Technologieausprägung wandte, die auf die Kommunen auszog und das Establishment ablehnte. Es waren die Werte und Normen einer Zeit, in der sie ihre prägenden Sozialisationserfahrungen machten. Und selbst wenn sicher nicht alle *Graduate Students* die weitreichende Kritik der Protestbewegung teilten, so

104 Aspray et al., Interview Taylor, S. 30.

merkten sie in einer von Rassenhass, Frauenunterdrückung und Kalter-Kriegs-Paranoia geprägten Gesellschaft in unterschiedlich starkem Maße, dass etwas nicht stimmte.[105]

In der NWG bot sich ihnen ein Tabula rasa, ein organisatorisches wie technisches Vakuum: In der informellen Art und Weise, wie Lawrence Roberts das Projekt anging, verteilte er den Auftrag, das Host-Host-Protokoll zu schreiben an die NWG, ohne dabei die Umsetzung vorzuschreiben oder der Gruppe eine exakte Struktur vorzugeben. Technisch war ein solches Protokoll und die darauf aufsetzenden Applikationen absolutes Neuland, abgesehen von einigen Erfahrungen im *Timesharing*. Die Studenten konnten sich so sowohl ihre eigene Struktur und Arbeitsweise geben, ohne dass es bereits etablierte Autoritäten auf diesem Feld gab, als auch mit freier Hand die Funktionsweisen der Host-Host-Kommunikation definieren.[106]

Sie waren selbst davon überrascht, welche Freiheiten und Verantwortungen ihnen Roberts übertrug, angesichts der komplexen Herausforderung, die unterschiedlichsten Computersysteme, Administratoren und Anwender an den verschiedenen Standorten der ARPA in einer technischen Lösung zu vereinen, ohne ihnen dabei allzu scharfe Vorgaben zur Implementierung zu machen. Sie stürzten sich begeistert in die offenen Fragestellungen. Nachdem sie in einigen konzeptionellen Sitzungen erste Ansätze ausgearbeitet hatten, waren sie sich sicher, dass es innerhalb des ARPANET-Projektes eine Gruppe etablierter Ingenieure gab, die schließlich die tatsächliche Umsetzung der Aufgaben übernehmen würden. Stephen Crocker, der eine Leitfigur der Gruppe wurde, beschreibt die Situation folgendermaßen: „We found ourselves imagining all kinds of possibilities […]. We weren't sure whether there was really room to think hard about these problems; surely someone from the east [at MIT, Harvard or BBN] would be along by and by to bring the word".[107] Sie merkten allerdings, dass sie an einer bedeutsa-

105 Vgl. Hughes, Rescuing Prometheus, S. 276.

106 Vgl. Abbate, Inventing, S. 73.

107 Crocker, The Origins, S. 2.

men Entwicklung arbeiteten und für die Probleme gute Lösungsansätze gefunden hatten.

Soziale Selbstorganisation: Die Request for Comments (RFCs)

Die *Network Working Group* versuchte, die gewonnen Ergebnisse nach zahlreichen Diskussionen in eine passende Form zu gießen, ohne die vermeintlichen Chefentwickler und Hostadministratoren vor den Kopf zu stoßen, indem sie beide Gruppen zu einer aktiven Partizipation anregte. Mit den *Request for Comments* (RFCs) schuf sie eine Kombination aus technischer Dokumentation und Diskussionforum, die für jeden offen waren, in denen es keine festen Autoritäten geben sollte und die einen prozessualen, evolutionären Innovationsverlauf förderten. Es waren technische Vorschläge in Notizform, oft noch in frühem Stadium der Entwicklung. Sie sollten zur Diskussion anregen. Die Beiträger konstituierten sich über die RFCs selbstorganisierendes, soziales und dezentrales Gebilde aus über die Campus der ARPA-Partner verteilten Individuen. Ausdruck findet dies darin, dass sie bewusst auf formale Standards verzichteten: „Membership is not closed. […] Notes [RFCs] may be produced at any site by anybody and included in this series. […] Notes are encouraged to be timely rather than polished",[108] so fasste es Stephen Crocker in der RFC 3 zusammen, die einen Akt der Selbstbegründung darstellt.

Damit grenzte sich die NWG explizit ab von geschlossenen Expertenzirkeln, hierarchisch-formalen Statushierarchien und festgefügtem, im Voraus vollständig durchgeplanten Wissen, die sie es als charakteristisch für Teile des militärisch-industriellen Komplexes wahrnahmen. Ein Beispiel hierfür war ihre jungen Mitglieder die Stapelverarbeitung von IBM als Ausdruck von statischer Hierarchie, sowie deren auf

108 Crocker, Stephen: Documentation Conventions. RFC 3. Menlo Park, CA 1969, S. 1.

Fünfjahrespläne ausgerichteten Entwicklungszyklen. Als Gründe ihrer Ablehnung führten sie an:

> „First, there is a tendency to view a written statement as ipso facto authoritative, and we hope to promote the exchange and discussion of considerably less than authoritative ideas. Second, there is a natural hesitancy to publish something unpolished, and we hope to ease this inhibition".[109]

Die *Graduate Students* gaben sich mit der informellen, egalitären und selbstorganisierten Struktur der *Network Working Group* eine Organisationsform, die am gegenkulturellen Zeitgeist und kybernetischen Prinzipien angelehnt war. Sie sahen sich als gleichberechtigte Teilnehmer unabhängig von Position, Rang oder Heimatuniversität an, deren technische Expertise zählte. „The basic ground rules were that anyone could say anything and that nothing was official. And to emphasize the point, I labeled the notes „Request for Comments",[110] so Stephen Crocker rückblickend 1989.

„Many of the engineers and scientists engaged in the ARPANET project", so der Technikhistoriker Thomas Hughes, „began their professional careers during the turbulent counterculture 1960s. They became enthusiastic advocates of consensus over hierarchical management. They stressed the meritocratic nature of their problem-solving communities, which were also populated mainly by keen and dedicated scientists and engineers".[111]

Im Februar 1969 traf das Team der NWG zum ersten Mal auf eine Delegation von BBN. Beide Seiten waren gleichermaßen überrascht von dem Treffen. Das Team von BBN „found themselves talking to a crew of graduate students they hadn't anticipated".[112] Die Begeisterung der Graduate Studenten prallte wiederum auf die Pragmatik der Com-

109 Ebenda.

110 Crocker, The Origins, S. 3.

111 Hughes, Rescuing Prometheus, S. 276.

112 Crocker, The Origins, S. 2.

puterkommunikationsingenieure, deren vordringlichstes Interesse es war, das Netzwerk überhaupt auf der physischen Schicht zum Laufen zu bringen, ohne dabei auch nur einen Gedanken an die Herausforderungen und Möglichkeiten der oberen Protokollschichten gedacht zu haben. Aber auch BBN, das für viele Graduate Studenten aus Harvard und vom MIT ein Sprungbrett darstellte, war teilweise von den Normen und Werten der Gegenkultur geprägt. Thomas Hughes verdeutlicht die Sozialisationserfahrung ihrer Mitarbeiter und kommt zu dem Schluss: „The work characteristics of several of the BBN team members reinforce the supposition that the counterculture values of the 1960s influenced their behavior".[113]

An diesem Aufeinandertreffen wurden zwei Dinge deutlich: Erstens wie außergewöhnlich und jung die Formation um Crocker war, und zweitens welche Freiheiten sie bei gleichzeitiger Verantwortung besaßen.[114] Die *Network Working Group* ist zudem ein Beleg für die These, wie soziale Vernetzung der technischen Vernetzung voraus ging. Ihre Mitglieder empfanden die soziale Zusammenarbeit teilweise noch gewinnbringender als die technische. Die Reisekostenanträge häuften sich bei ihren Betreuern, weil eine enge persönliche Absprache notwendig war, bevor sie diese Absprachen online über das ARPANET möglich machten. Die freiheitlich informelle Orientierung der *Network Working Group* wirkte sich aber auf technischer Ebene in zweierlei Richtungen aus: Der Einfluss von Kybernetik und *New Communalists* führte nicht nur zu einem freiheitlichen Netzwerk und sozialem Austausch, sondern ebenso zu hierarchischen Lösungen, geschlossenen Räumen und zentralen Informationsflüssen.

---

113 Hughes, Rescuing Prometheus, S. 276.

114 Natürlich hatten auch die Freiheiten der NWG ihre Grenzen. Ihren ersten, nicht weitreichend genug gestalteten Entwurf zum Host-Host-Protokoll lehnte Roberts rundheraus mit dem Kommentar ab „[to] go back and get it right" (Lawrence Roberts, zitiert nach: Heart et al., Completition Report, S. III-63).

Freiheit den Hosts: Das Network Control Program

In Zusammenarbeit mit Larry Roberts entwickelten die Studenten um Crocker das *Network Control Program* (NCP) als Vermittlungsschicht und die darüberliegenden Applikationen des Netzwerkes. Die *Network Working Group* schrieb dadurch nicht nur ihr soziales Protokoll in Form der RFCs, sondern auch das technische. Das *Network Control Program*, später *Network Control Protocol* genannt, ist der Vorgänger des TCP-Protokolls und lief auf den Hosts der Netzwerkteilnehmer. Es stellte die Verbindung zwischen zwei Hosts mittels des *ARPANET Host-to-Host Protocol* (AHHP) her und bot Mechanismen mittels des *Initial Connection Protocol* (ICP) an, um den Datenfluss zwischen ihnen aufzubauen und zu steuern.[115]

Das Protokoll war möglichst simpel geschrieben, um bei einer großen Heterogenität der Hosts eine einfache Implementierung zu ermöglichen. Es trug einen freiheitlichen Grundsatz in sich, gegenüber den gleichförmigen IMPs den Hosts eine möglichst große Selbstgestaltung zu überlassen, aber dennoch eine einheitliche Sprache zum Datenaustausch anzubieten. „The NCP's designers were therefore careful to preserve local control over the hosts. […] Finally, the NWG tried to preserve the autonomy of the ARPANET's users, many of whom were independent-minded computer experts".[116] Das NCP betonte lokalen Endpunkte, was im Gegensatz zu dem Ansatz stand, den BBN im IMP-Netzwerk verfolgte und dessen inneres Netzwerk betonte. Vinton Cerf, der einige Jahre später gemeinsam mit Robert Kahn das Nachfolgeprotokoll von NCP schrieb, kritisiert den Ansatz von BBN als nur vorgeblichen liberal. In einem Datagram-Modus sind die Funktionen des Netzwerk rein auf die Übertragung minimiert, es nimmt nur die Pakete vom Host an, schickt sie blind weiter und überlässt die sonstigen Aufgaben der Verbindungsetablierung und damit die Kommunikationsmacht allein den Hosts. Das traf auf das ARPANET nicht zu:

115 Ebenda, S. III-60.

116 Abbate, Inventing, S. 68.

„Even though the ARPANET was considered kind of a datagram-like system, because you put a label on the front and say here deliver this. Underneath, inside the IMPs, there was a virtual circuit being built, and things were delivered in sequence. And if they weren't in sequence there was something wrong. So the end-to-end protocol (NCP) assumed that".[117]

Sehr vereinfacht gesagt: Beim IMP-IMP-Ansatz BBNs lag die Macht zentral im Netzwerk. Beim Ansatz der NWG lag sie eher in den Endpunkten, also den Hosts. Sie wurden mittels kybernetischer Prinzipien dafür ausgestattet, ähnlich autonom wie die IMPs Netzwerkaufgaben übernehmen zu können. Ein vielsagender Nachweis kybernetischer Prinzipien ist die RFC 689. Dort sprechen die Autoren explizit von der Implementierung einer *Finite State Machine* für das weit verbreitete TENEX-Timesharing Betriebssystems gesprochen wurde, um die Vorgaben des NCP zu erfüllen.[118] Eine technische Entscheidung darüber, welche Komponenten welche Aufgaben in einem Netzwerk übernehmen, waren immer auch eine politische Entscheidung über die mögliche Kontrolle eines Netzwerkes und dessen Informationsflüsse.[119]

Wie ernst der NWG ihre eigenen Prinzipien der Offenheit waren, zeigte sich 1970. Anfang des Jahres umriss die NWG das Protokoll des ARPANET in einem ersten Entwurf in der RFC 33.[120] In dem von den Studenten geschriebenen Design des NCP fanden die Ingenieure von BBN erhebliche Mängel. Um die NWG nicht bloßzustellen, ließen sie ihnen die Kommentare informell zukommen. Die NWG reagierte prompt: „Embarrassment notwith-standing, we found the comments

117 O'Neill, Interview Cerf, S. 23.

118 Vgl. DEC: TENEX NCP Finite State Machine for connections. RFC 689. Menlo Park, CA 1975. Zur Finite State Machine s. Kapitel II.

119 Wie sich dann in den Auseinandersetzungen um eine einheitliche Standardisierung für das Internet später zeigte, vgl. hierzu grundlegend Abbate, Inventing, S. 147–179.

120 Vgl. Crocker, Stephen; Carr, S; Cerf, Vinton G.: New HOST-HOST Protocol. RFC 33. Menlo Park, CA 1970.

particularly useful and decided to share them with our friends"[121] und publizierte sie öffentlich als RFC 47. Die RFC 47 verdeutlicht sowohl die offene Diskussion wie auch die unterschiedlichen Herangehensweisen von BBN und NWG. Die Entwicklung nahm einen fruchtbaren Verlauf. Im August 1971 wurde das NCP schließlich in einer gemeinsamen Kraftanstrengung von allen damals 15 ARPANET-Teilnehmern implementiert.

Schichtungen und Anwendungen

Auf dem NCP als Transportschicht bauten die Anwendungen auf, mittels derer ein Nutzer das ARPANET verwenden konnte. Darunter sorgte das IMP-Netzwerk als physische Übertragungsebene für die Bitübertragung. „The NWG adopted a „layered" approach to the specification of communication protocols, wherein the higher layers of protocol use the services of lower layers",[122] wie es im Abschlussbericht BBNs zum ARPANET heißt.

Die Anwendungen konnten die unterliegenden Schichten als Black Box betrachten. Weder sie, noch die Nutzer mussten sich nicht mit den Funktionsprinzipien der darunterliegenden Schicht auseinander setzen. Ein solcher Ansatz machte es sowohl für den Endnutzer, als auch für den Programmierer einfacher, das Netzwerk überhaupt zu benutzen. Die einzelnen Schichten funktionierten wie eigenständige Entitäten und tauschten sich nur über Schnittstellen, sogenannte Sockets, miteinander aus. Gleichzeitig wurden damit ebenso die Funktionsweisen der jeweiligen Schichten abgeschlossen und somit unsichtbar gemacht. Zentrale Mechanismen unterer Ebenen konnten auf Grund dieser Hierarchie der Funktionen ausgeblendet werden. Das machte es möglich, Utopien in Programmcode auf der Anwendungsschicht zu schreiben, ohne sich all zu sehr mit den Funktionsprinzipien des Systems ausein-

121 Crocker, Stephen; Postel, Jon: BBN's Comments on NWG/RFC #33. RFC 47. Menlo Park, CA 1970, S. 1.

122 Heart et al., Completition Report, S. III-60.

andersetzen zumüssen. Offene Welten sattelten auf geschlossenen Welten auf.

Anfangs waren die Anwendungen allerdings wenig utopisch, sondern ziemlich pragmatisch. Um die Idee des *Timesharing*, also des Remotelogins auf einem entfernten Rechner, umzusetzen, schrieben die Mitglieder der NWG das Programm Telnet. Erste Ideen dazu kursierten bereits in der RFC 1, sich auf eine einheitliche Sprache zu einigen dauerte allerdings einige Zeit.[123] Es war sowohl technisch, wie auch sozial komplexer als gedacht, da die Implementierung des Protokolls auf einer Maschine bis zu zwölf Monate dauern konnte. 1971 veröffentlichte die NWG einen Implementierungsvorschlag und erst 1972 gelang die Einigung auf einen netzwerkweiten Standard. Nutzer konnten sich damit auf jedem anderen Rechner einloggen, als ob sie vor Ort wären.[124] Zur Datenübertragung wurde das *File Transfer Protocol* (FTP) entwickelt, „a user-level protocol for file transfer between host computers (including terminal IMP's), on the ARPA computer network".[125] Die primäre Funktion von FTP war es also, den Dateitransfer zwischen Hosts zu vereinfachen und eine reibungslose Nutzung der Speicher anderer Computer zu gewährleisten.

Nutzungsarten und Innovation durch Nutzung

Welche Daten wurden über das ARPANET anfangs übertragen, wie wurde es genutzt? Hier stechen vor allem vier Nutzungsarten hervor: Erstens die Möglichkeit, die Kapazitäten eines entfernten Rechners für die eigenen Zwecke zu nutzen. Beispielsweise berechneten 1971 Wis-

123 Vgl. Crocker, Stephen: Host Software. RFC 1. Menlo Park, CA 1969.

124 Vgl. Postel, Jon: Telnet Protocol. RFC 435. Menlo Park, CA 1972; O'Sullivan, T.: TELNET Protocol. RFC 158. Menlo Park, CA 1971.

125 Bhushan, Abhay; Braden, Bob; Crowther, William R; Harslem, Eric; Heafner, John; McKenzie, Alexander; Melvin, John; Sundberg, Bob; Watson, Dick; White, Jim: The File Transfer Protocol. RFC 172. Menlo Park, CA 1971, S. 2.

senschaftler in Harvard an ihrem Großrechner die Landefläche eines Flugzeugträgers und schickten die Daten über das Netzwerk an das MIT, wo an einem für Grafikberechnung besonders geeigneten Rechner eine Visualisierung des Rollfeldes erstellt wurde. In Harvard empfingen die Wissenschaftler dann die Darstellung wieder auf ihrem Ursprungsrechner.[126] Ein weiterer großer Nutzer des Netzwerkes waren die Forschungslabore der ARPA-Wissenschaftler, die an der Verarbeitung von seismischen Daten zum Zwecke der Atomwaffentesterkennung und der Berechnung von Wetterdaten arbeiteten. Ihre Arbeit beschleunigte sich in doppelter Hinsicht: Durch die Möglichkeit des Remote-Logins konnten sie die riesigen Mainframes der ARPA nutzen, wie den ILIAC IV, den ersten Parallelrechner der Welt. Zudem mussten sie nicht mehr die Daten auf dem deutlich längeren Postweg versenden.[127]

Die frühen Nutzer des ARPANET rekrutierten sich zweitens ebenso aus denen, die es entwarfen. Es war Gegenstand und Werkzeug zugleich, wodurch es in eine Spirale der Selbstverbesserung eintrat: Die Nutzer konnten ihre eigene Erfahrung in die Optimierung der Technologie einbauen. Sie speisten das Feedback zurück in das System ein. Howard Franks Team nutzte beispielsweise zur Berechnung der ARPANET-Topologie ursprünglich einen Batch-Prozessor. Das ARPANET gab ihnen nun die Möglichkeit, auch auf interaktive Timesharing-Systeme zuzugreifen, was den Entwicklungsvorgang – „using the actual ARPANET itself"[128] – deutlich beschleunigte.

Drittens trat besonders die antizipierte Nutzung des ARPANET hervor, Zugriff auf Rechenzeit und Daten wie auf Elektrizität aus der Dose zu bekommen. Die Nutzer griffen vor allem auf die Datenverarbeitung zu, nicht nur die Programmroutinen, wie Leonard Kleinrock als Leiter des NCC sehr genau feststellen konnte: „What happened was we used it as a communications medium for access to data, as opposed to access to

126 Vgl. Hafner et al., Wizards, S. 175.

127 Vgl. Abbate, Inventing, S. 98–99.

128 O'Neill, Judy; Frank, Howard: An Interview with Howard Frank. OH 188. Minneapolis, MN. 1990, S. 20.

programs. […] So the community of people using the network was the scientists as well as the computertypes who were using computing for computing's sake, and not for computer science's sake".[129] Einen bedeutsamer Schritt in diese Richtung war die Entscheidung Roberts' 1971, jetzt auch den Zugriff auf das ARPANET rein per Terminal zuzulassen. Dafür beauftragte er BBN mit dem Bau spezieller IMPs, die *Terminal Interface Processors* (TIP), bei denen kein eigener Timesharing-Rechner mehr benötigt wurde. Damit weitete sich der Nutzerkreis des ARPANET deutlich aus. Der TIP war minimalistisch gestaltet. Um die Fehleranfälligkeit zu vermeiden und die Wartung zu vereinfachen, besaß er keine eigene Festplatte und erlaubte keine eigene Programmierung der Hard- und Software, es war ein Gerät rein zum Zugriff auf zentrale Rechenleistung.

Speziell für den Zweck, Datenbanken bereitzustellen, entwickelte Tom Marill, der mit Roberts' 1965 an ersten Vernetzungsversuchen gearbeitet hatte, den Datacomputer in Cambridge, Massachusetts. Marill, ein großer Verfechter des *resource sharings*, entwickelte damit eine spezialisierte Datenbankumgebung, die Nutzdaten über viele Computersysteme hinweg verfügbar machte. Einerseits rückte damit der Computer noch näher an den Menschen heran, paradoxer Weise dadurch, dass der Nutzer nun die Möglichkeit hatte, ihn auch über große Entfernungen zu nutzen. Der Computer konnte als Werkzeug begriffen werden und jenseits der geschlossenen, klimatisierten Computerräume des Kalten Krieges genutzt werden.[130] Er wurde durch die Vernetzung unmittelbar verfügbar. Die Terminalnutzung mittels abgespeckter Geräte, die Rechenzeit aus der Dose und zentrale Datenbanken sind klar erkennbare Bestandteile eines Paradigmas, das konträr zur Verschiebung der Einflusskontrolle in Richtung der verteilten Enden folgt, wie es beispielsweise Mercedes Bunz oder Katie Hafner und

129 O'Neill et al., Interview Kleinrock, S. 24.

130 Für die antiseptischen, weiß gestrichenen, geschlossenen Computersteuerungszentren vgl. Edwards, Closed world, S. 3–4.

Matthew Lyon vertreten. Es trug vielmehr ebenso zentrale Merkmale– auch unter gegenkulturellem Einfluss.[131]

Einen Nutzungsschub erfuhr das ARPANET, als der BBN-Ingenieur Ray Tomlinson 1971 die vom *Timesharing* bekannte Möglichkeit, sich innerhalb des gemeinsam genutzten Rechners Nachrichten zu hinterlassen, auf das Netzwerk ausweitete. Er nutzte den FTP-Service als Grundlage, um die Daten zu übertragen, prägte das @-Zeichen, um zwischen unterschiedlichen Rechnern zu kommunizieren und schrieb ein erstes Mailprogramm, um Nachrichten zu versenden und zu empfangen. In der RFC 196 fasste er die Idee in einem ersten Entwurf zusammen und stellte sie als einen informellen Standard zur offenen Diskussion für alle Beteiligten.[132] Um die Technologie der E-Mail herum entstand eine Gemeinschaft interessierter Programmierer, welche sie weiter entwickelte.

„Behind the e-mail's success lies a history of extended social interactions among ARPANET developers, programmers, and users from relatively heterogeneous backgrounds. An analysis of social identifications present in online discussions about e-mail development found that inter-organizational computer networking allowed an increasingly wide variety of programmers and users to interact",[133]

so Julian Kilker, der sich am Charles Babbage Institute in Minneapolis mit der sozialen Konstruktion der E-Mail und ihrer Nutzer auseinandersetzte. Er kommt zu dem Schluss, dass im Falle der Mail ein technologisches *Closure* in Form flexibler Standards stattgefunden habe.

131 Vgl. Bunz, Speicher, S. 15–26; Hafner et al., Wizards, S. 36.

132 Vgl. Watson, Richard. W.: A Mail Box Protocol. RFC 196. Menlo Park, CA 1971.

133 Kilker, Julian: Social and Technical Interoperability, the Construction of Users, and „Arrested Closure". A Case Study of Networked Electronic Mail Development, in: Iterations 1 (2002), H. 1, S. 1–51, hier S. 1.

Die Idee der Studenten einer offenen Standardfindung fand Anklang in der Entwicklergemeinschaft und die frühen Nutzer der Mailanwendung trugen selbst zu ihrer Verbesserung bei, indem sie ihr Feedback direkt in den Entwicklungsprozess einspeisen konnten. Manuel Castells beschreibt dies als „Self-evolution of the Internet: Shaping the Network by using it".[134] Der Medienhistoriker Paul Ferdinand Siegert stellt diesen Entwicklungsprozess in seiner Dissertation hingegen stärker als einen von Roberts gesteuerten Prozess der Auftragsvergabe an die Endanwender dar.[135] „Die E-Mail-Entwickler" so Siegert, „konnten in diesem Prozess der technischen Interoperation und sozialen Kollaboration während des Gebrauchs ihre Software diskutieren, kritisieren und vor allem verbessern [...], wodurch man eine zu frühe technische und soziale Schließung vermied".[136]

Sowohl die Erläuterung Castells', wie auch die Siegerts, deuten einen Wandel der Innovationskultur in den frühen 1970er-Jahren an, der sich mit kybernetischen Prinzipien der Selbststeuerung und der direkten Inkorporierung einer Rückkopplungsschleife in den Entwicklungsprozess herleiten lässt – und sich ebenso in der Struktur der Technologie niederschlug. Demgegenüber stand ein von langer Hand geplanter Entwicklungsprozess, der genaue Zwischenziele bis zum Endprodukt definierte und zentral von den Entwicklungsabteilungen gesteuert wurde, meist ohne den Nutzer direkt mit einzubeziehen.[137]

---

134 Castells, Internet Galaxy, S. 27. Castells selbst steht immer im Spannungsfeld, einerseits selbst schon Quelle der Geschichte des Internet zu sein, andererseits eine gewinnbringende Analyse der Entwicklungen zu bieten.

135 Vgl. Siegert, Paul Ferdinand: Die Geschichte der E-Mail. Erfolg und Krise eines Massenmediums. Bielefeld 2008, S. 157.

136 Ebenda, S. 226.

137 Was im Übrigen nicht unbedingt etwas schlechtes sein muss, sondern als eine wertneutrale Aussage verstanden werden soll. Vgl. v.a. Isaacson, Walter: Steve Jobs. Die autorisierte Biografie des Apple-Gründers. München 2011, der die Vorzüge und Nachteile offener gegenüber geschlosse-

GEGENKULTURELLER EINFLUSS II: DAS NETWORK INFORMATION CENTER UNTER DOUGLAS ENGELBART

Der Informatiker Douglas Engelbart, Entwickler der Maus und Leiter des *Network Information Center* (NIC) des ARPANET am *Stanford Research Institute* umschrieb das Prinzip der Selbstevolution technologischer Entwicklung mit dem Begriff des *Bootstrapping* und wandte die Strategie als Leiter des NIC an. Öffentlich präsentierte er es erstmals im Dezember 1968 auf einer Veranstaltung, das auch als „ARPAs Woodstock“[138] oder als die „*Mother of all Demos*“[139] bezeichnet wurde. Darin präsentierte er erstmals sein interaktives, persönliches Computersystem oN-Line System (NLS), das dem Nutzer als Werkzeug zur Verfügung stehen sollte, als eine Art Unterstützung, seinen Verstand zu erweitern. In einer für die Zeit sehr aufwendigen Videoinstallation zeigte er nicht nur zum allerersten Mal die Maus als nutzerfreundliches Eingabegerät und einen Kathodenstrahlröhrenmonitor für eine unmittelbare grafische Oberfläche, sondern ebenso Funktionen, die heutigen verlinkten Textverarbeitungen in kollaborativer Online-Arbeitsumgebung entsprechen.[140]

Der vernetzte Computer als Werkzeug der Bewusstseinserweiterung

Die Präsentation Engelbarts funktionierte als eine Art technologisches Happening gegenkultureller Provenienz, angelehnt an die der *The Company of US* (USCO), einem Multimedia-Kunstkollektiv, das östliche Esoterik mit kybernetischem Systemdenken und den technischen

ner Produkte und Entwicklungsprozesse zu einem Kernnarrativ der Biografie Steve Jobs macht.

138 Waldrop, Dream machine, S. 287.

139 Bardini, Bootstrapping, S. 138.

140 Vgl. Turner, From Counterculture, S. 107.

Werkzeugen zur Bewusstseinserweiterung verwob. Stewart Brand, der bei der Präsentation des NLS die Aufgabe des Kameratechnikers übernahm, hatte von 1963 bis 1966 als Fotograf und Techniker mit dem USCO-Kollektiv zusammengearbeitet. Dementsprechend inszenierte er Engelbart und die von ihm entwickelte Technologie in gegenkulturellem Stil. Darüber hinaus hatte Brandt aber eine starke Prägung aus der Arbeit mit USCO erfahren, technologische Kleingeräte als Mittel der Bewusstseinserweiterung und Ganzheitlichkeit einzusetzen – anfangen von LSD bis hin zu Lichtshows. Diese Prägung transportierte er im *Catalog* in die Außenwelt. Gleichzeitig fungierte der *Catalog* als interaktives Informationssystem, das seine Nutzer verband und selbstständiges Handeln ermöglichte.[141] Engelbarts oN-Line Systeme entsprach diesem Ethos, den Nutzer durch Computertechnologie als Werkzeug sein Bewusstsein erweitern zu lassen und Teil eines aktiven Informationssystems zu werden.

Das NLS kann als die erste Implementation eines Computers als „Communication Device“ [142] verstanden werden, als eine „human-computer symbiosis“[143] nach den Vorstellungen Lickliders. Die Kybernetik schlug hier eine Brücke zwischen den Ideen der *New Communalists* von der Verwendung der Technologie und der Vorstellung der Wissenschaftler vom verschmelzen von Mensch und Computer. Deutlich wird sowohl die kybernetische Prägung, als auch dessen gegenkulturelle Interpretation unter anderem an Engelbarts genauen Erklärung des *Bootstrapping*-Ansatzes innerhalb der Präsentation des NLS: „It's a general approach for us. Empirical we pursuing this [...] by building and trying and we're approaching it evolutionary wise because we feel it is a whole system problem [sic!]. You need to get a person in that environment working and looking at the many aspects of the working

141 Vgl. ebenda, S. 110.

142 Vgl. Licklider et al., Communication Device. Engelbarts NLS am SRI ist Gegenstand der Seiten 23-29.

143 Licklider, Man-Computer Symbiosis.

system that is evolved in his effectiveness".[144] Die Ressourcen des Computers konnten in solch einer Umgebung wie dem NLS nicht im Voraus zugewiesen werden, da die Nutzereingabe von Text immer spontan nach seinen Gedanken und seiner Gliederung vor sich ging. Dementsprechend mussten sich Computer und Mensch in einer Symbiose aufeinander einstellen, um der Dynamik des Vorgangs zu entsprechen. Nachdem Engelbart zu Beginn seiner Demonstration viel über die technische Seite gesprochen hatte, hob er dann hervor, dass es notwendig sei, den Menschen in diesem Prozess sehr genau zu vermessen, um ihn ebenso an die Funktionsweise des Computers anzupassen, wie den Computer an ihn.[145] Auch darin war die Präsentation zukunftsweisend.

Das Network Information Center (NIC): Mensch-Maschine-Symbiose im Feldeinsatz

Lawrence Roberts und Robert Taylor, der Engelbarts Forschung seit Anfang der 1960er-Jahre unterstützt hatte, vergaben zu Beginn des ARPANET-Projektes den Auftrag an dessen Forschungsgruppe am SRI, das *Network Information Center* aufzubauen. In dem Zentrum sollten allgemeine technische Dokumentationen, Anleitungen zur Benutzung des ARPANETs und ein Onlineverzeichnis der RFCs erstellt werden, sowie Informationen über die Hosts den Netzwerknutzern verfügbar gemacht werden. Letzteres umfasste eine Liste des an den ARPANET-Knoten zuständigen Personals, aber auch eine kleine Textdatei namens hosts.txt. Sie war das zentrale Verzeichnis der Netzwerkhosts und ihrer physischen wie logischen Adressen.

Zwar war diese Liste einfach zu kopieren und wurde auf einem zweiten Host gespiegelt. Die Bearbeitung und Verfügungsmacht darüber, wer in dieses Verzeichnis aufgenommen wurde, war aber letztlich

144 SRI International: Engelbart and the Dawn of Interactive Computing:. SRI's 1968 Demo. Stanford, Calif 1968, eigene Transkription.

145 Vgl. ebenda.

eine Entscheidung über Zugang, Teilhabe und Erreichbarkeit. Im ARPANET lag sie in den Händen des unter den Ingenieuren und Studenten angesehenen Douglas Engelbarts, dessen tiefe, eindrückliche Stimme der Präsentation von 1968 noch in ihren Ohren lag. In einer Zeit, in der noch statische Stapelverarbeitung dominierte, wurden seine Ideen vom Publikum als Offenbarung aufgenommen.[146] Wie im Methodenteil erläutert findet sich hier das Muster charismatischer Führungspersönlichkeiten wieder, die Entscheidungsmacht auf sich zu konzentrieren – nicht anders erging es oft den *New Communalists* in den Kommunen.[147] Bis heute werden erbitterte politische Auseinandersetzungen darüber ausgefochten, wer den Nachfolgedienst des NIC, und damit die Kontrolle über die Internetwurzel, besitzt.[148] Wesley Clark stellt für das ARPANET klar: „You had a central directory [the NIC], […] a central responsibility for keeping it all honest, and a network control center run from BBN for many years".[149]

Realisiert wurden der Auftrag Roberts' und Taylors zum Aufbau des NIC durch Engelbarts NLS im Feldeinsatz angewandter Mensch-Maschine-Symbiose. Es war ein „sophisticated environment for creating databases and conducting online discussions",[150] und damit das ideale System zur Bereitstellung von Dokumentationen und Informationsmaterial. Dabei wurde es zu einem Prototyp einer neuen Idee stilisiert, das weit über sein enges Anwendungsgebiet im NIC reichte. Viele hofften, mit dem NLS innerhalb eines weltweiten Computernetzwerkes das Werkzeug zu dafür schaffen, Informationen für alle ohne Zugangsbeschränkungen bereitzustellen, jenseits von Rasse oder Geschlecht. Die Idee entsprang der Bildungsemanzipation der Zeit und wurde ebenso im *Whole Earth Catalog* auf gesamtgesellschaftlicher

146 Waldrop, Dream machine, S. 292.

147 Vgl. Turner, From Counterculture, S. 119.

148 Vgl. Wu, Tim: The master switch: the rise and fall of information empires, Oxford [u.a.], 2006, S. 49-86.

149 O'Neill et al., Interview Clark, S. 34.

150 Abbate, Inventing, S. 109.

Ebene propagiert. Stewart Brand arbeitete beispielsweise lange Zeit für das Portola Institut, dessen Anspruch es war, freie Bildung mittels Computertechnologie zu den Menschen zu bringen. Am Portola Institute trafen Gegenkulturelle, Computeringenieure und Akademiker zusammen, um eine Frühform der Computerbildung anzu bieten. Hier arbeiteten unter anderem so einflussreiche Figuren wie Bob Albrecht, der später zu einer Schlüsselfigur des *Homebrew Computer Club* als Wiege der Informationsfreiheit werden sollte und gab Computerkurse. Engelbarts eigene Kinder besuchten Abendkurse des Portola Institutes von Albrecht, und Engelbart war persönlich mit ihm bekannt, wie auch von seinen Ideen beeinflusst.[151] Das den nordamerikanischen Kontinent umspannende ARPANET bot jetzt die Hoffnung, die lokalen Initiativen in die Welt hinaus zu tragen und den Menschen globalen Zugriff auf alle Informationen durch interaktive Computern zu gewähren. Die drängendsten Probleme der Menschheit waren in der Perspektive Engelbarts nur mit Computertechnologie lösbar. Sie sollten dazu verwendet werden, „to improve the management of information and the control of human organizations“.[152]

Engelbart persönlich beschrieb in RFC 82, wie das NIC vorging, um eine gut benutzbare Dokumentation zu erstellen:

„We have created a Network Dialogue System. […] We are at first sending out a tiny kit to each agent, a growing collection of network reference information. One person (agent) at each site is to be trained to handle the set of documents

151 Vgl. Turner, From Counterculture, S. 70. Engelbart selbst sagt in einem Oral History Interview: „We got acquainted with Bob Albrecht, who had two or three little companies going all the time he was publishing books. There was a Portola Institute on Santa Cruz Avenue in Menlo Park. Albrecht was part of that before he split off to do his own thing. […] Stuart Brand was part of Portola. It was a genesis of very interesting things“ (Adams, Judy; Lowood, Henry; Engelbart, Douglas: Douglas Engelbart. Stanford, Calif 1987, o.S.).

152 Turner, From Counterculture, S. 107.

and retrieve information of contact another site's technical liaison. This involves a public dialogue, keeping a record of the documents passing back and forth. This is a sort of „human IMP" [sic!] network".[153]

Gleich in zweifacher Weise wird hier die kybernetische Gleichsetzung von Mensch und Maschine über das Netzwerk sichtbar und damit eine andere Facette der weitreichenden Hoffnungen weltweiter Information. Erstens deutete sie sich in der Verwendung des Agenten-Begriffes an, der in der Vorstellung Engelbarts sowohl einen Menschen, wie auch dessen Kommunikationswerkzeug umfasste.[154] Zweitens kommt sie in den Analogiebildung von technischem Netzwerk und menschlichem IMP-Netzwerk zum Ausdruck. Zur Unterstützung des Intellekts des Menschen wurde versucht, seinen Geist in der Anordnung neuronengleicher IMPs zu simulieren und die Welt digital zu repräsentieren. „[T]he workstation is the portal into a person's augmented knowledge workshop – the place in which he finds the data and tools with which he does his knowledge work, and through which he collaborate with similarly equipped workers", so Engelbart.[155]

Kybernetische Forschungskultur trifft Gegenkultur

Die kybernetische Forschungskultur des Kalten Kriegs und die gegenkulturellen Ideale „of information sharing, individual empowerment, and collective growth"[156] widersprachen sich nicht, sondern ergänzten sich vielmehr. Engelbarts Forschungsgruppe pflegte direkte Kontakte zu zahlreichen *New Communalists*, vernetzt von Stewart Brand. Steve Durkee, Mitglied der USCO, besuchte deren Labore in Stanford regel-

153 Meyer, Edwin W.: Network Meeting Notes. RFC 82. Menlo Park, CA 1970, S. 5–6.

154 Vgl. Licklider et al., Communication Device, S. 38–40.

155 Douglas Engelbart, zitiert nach Bardini, Bootstrapping, S. 219. Zur kybernetischen Prägung Engelbarts vlg. ebenda, S. 45–53.

156 Turner, From Counterculture, S. 106.

mäßig. Douglas Engelbart und Bill English, sein Chefdesigner, reisten gemeinsam in die Libre Kommune in der Wüste New Mexicos und David Evans organisierte einen Workshop in den Wäldern nahe Santa Barbara, auf dem er Computeringenieure und *New Communalists* zusammenbrachte.[157] Engelbart experimentierte 1966 selbst mit LSD und hegte große Sympathien für die Gegenkultur. In einem Interview mit dem Historiker Fred Turner hob er besonders hervor, wie begeistert er war von den „counterculture's notions of community and how that could help with creativity, rationality and how a group works together."[158] Diese Inspirationen finden sich deutlich in seinem NLS respektive im NIC wieder.

Mitchell Waldrop erklärt das Zusammentreffen beider Sphären noch auf einer anderen Ebene. Er stellt bei beiden Gruppen eine eskapistische Grundhaltung fest: Während die *New Communalists* vor der technokratischen Gesellschaft in die Wälder Amerikas flüchteten, um Transzendenz und Ganzheitlich jenseits geschlossener Welten zu finden, flohen die *Graduate Students* in eine selbstgeschaffene, technische Welt gemeinsamer Virtualität, weit weg von der tumultartigen, harten Realität des Vietnamkrieges, des Kalten Kriegs und seiner Gesellschaft. Beide Gruppen wollten das Außen verschwinden lassen, aber schufen gleichzeitig neue geschlossene Welt. Einerseits in der Sphäre der Digitalität des ARPANET. Andererseits wurde in dem Versuch der radikalen Auflösung aller Grenzen in einem Universalismus göttlicher Perspektive die Geschlossenheit des „Raumschiffs Erde" die ultimative Grenze für die Gegenkultur – ganz ungeachtet der eigenen Separation von Schwarzen und Armen oder der Unterdrückung der Frauen innerhalb ihrer Gemeinschaften.

---

157 Vgl. ebenda, S. 109–110; Turners Quelle ist hier: Brand, Stewart: Peradam, in: Whole Earth Catalog $1 (1970), Januar, S. 52.

158 Douglas Engelbart, zitiert nach: Turner, From Counterculture, S. 109.

ERGEBNISPRÄSENTATION UND CLOSURE: WASHINGTON 1972

Trotz aller Möglichkeiten, die das ARPANET bieten sollte, gab es bei dessen Nutzung einschneidende technische wie soziale Schwierigkeiten. Die Implementation der Protokolle verzögerte sich, da die Netzwerkmitglieder mit unterschiedlichen Standards zu kämpfen hatten und ungern eigenes Personal für die noch immer ungeliebte Aufgabe der Vernetzung bereitstellten.[159] Erst nach einer Intervention Roberts' und einem darauffolgenden Verbindungstest im Oktober 1971, bei dem sich Gesandte aller Mitgliedsorte physisch trafen und die Konfigurationen anpassten, war eine Verbindung auch auf Host-Ebene realisiert. Auch hier ging soziale Vernetzung der technischen Vernetzung voraus.[160]

Weiterhin sträubten sich aber viele der Administratoren, ihre eigenen, knappen Ressourcen mit anderen Netzwerkteilnehmern zu teilen und die unterschiedlichen Computersysteme machten eine Nutzung der Ressourcen oftmals noch kompliziert. Das NIC kam nur langsam damit voran, die technischen Dokumentationen bereit zu stellen, auch weil es von dem Engagement seiner Mitgliedern abhängig war.[161] Die Auslastung des Netzes blieb hinter den Erwartungen zurück und so entschloss sich Roberts, als das Netzwerk auch auf Host-Ebene funktional war, zu einer großangelegten Präsentation auf der *International Computer Communication Conference* (ICCC) im Oktober 1972 in Washington. Die Darbietung des ARPANET gelang. Robert Kahn, der sie maßgeblich konzipierte und für ihre Planung verantwortlich war, sagt im Nachhinein:

„The ARPANET demonstration at the ICCC conference was a major milestone in the development of packet switching. It convincingly demonstrated the con-

159 Vgl. O'Neill et al., Interview Kahn, S. 23.

160 Vgl. Waldrop, Dream machine, S. 322–323.

161 Vgl. Abbate, Inventing, S. 84–89.

cept in a realistic network environment and was the driving force in getting the research community to connect their machines to the network and use it".[162]

Das ARPANET war dabei ein doppelter Prototyp: Für die Funktionsweise digitaler *Packet Switching* Netzwerke und für die kybernetische Idee. Ein guter Beleg dafür findet sich im Abschlussreport, den das Team von BBN für die ARPA 1978 schrieb, und der 1981 veröffentlicht wurde. „In fact, the most efficient way to develop the techniques needed for an effective network was thought to be by involving the research talent at these centers in prototype activity".[163] Die Knotenpunkte selbst, Wissenschaftler wie Militärs, wurden Teil der Prototypisierung. Besonders das kybernetische Denken der Wissenschaftler, beispielsweise der KI-Gruppen um McCarthy und Minsky, konnten so jenseits der hier beschriebenen Einwirkungsprozesse auf die Technologie des ARPANET einwirken und ihre Interessen realisieren. Sperrten sie sich anfangs noch dagegen, ihre Computer dem Netzwerk zur Verfügung zu stellen, entwickelten sie sich spätestens nach ersten Erfahrungen und der Präsentation auf der ICCC zu Unterstützern der Computernetztechnik. Lawrence Roberts stellte fest:

„Minsky, and McCarthy, and everybody with their own machine -- wanted their own machine. It was only a couple years after they had gotten on it that they started raving about how they could now share research, and jointly publish papers, and do other things that they could never do before".[164]

Es begann ein Schließungsprozess der Computernetzwerk-Technologie. Die Debatten und Interpretationen der Art und Weise, was unter einem Computernetzwerk zu verstehen sei, klangen ab und verlagerten sich auf andere Teilbereiche der Technologie. Die Technologie um-

162 Robert Kahn, zitiert nach Salus, Casting, S. 71. Vgl. auch O'Neill et al., Interview Kahn, S. 22–23.

163 Heart et al., Completition Report, S. II-2.

164 Norberg et al., Interview Roberts, S. 17.

fasste das digitale *Packet Switching*, die Technik des *Layering*, kybernetische Selbststeuerungsmechanismen auf technischer wie sozialer Ebene und das *distributed routing*. Zwei Faktoren der Schließung sind hier hervorzuheben. Zum einen stiegen nun zahlreiche kommerzielle Anbieter in den Bau von *Packet Switching* Netzen ein, darunter BBN selbst, aber auch IBM mit seiner *Systems Network Architecture* oder DEC mit der *Digital Network Architecture*. Auch die anderen Computerhersteller folgten mit proprietären Eigenentwicklungen. Gerade zwischen der ARPA, ihren Wissenschaftlern und BBN gab es heftige Kontroversen darüber, wem die entwickelte Technologie denn nun gehöre. BBN versuchte, proprietäre Softwareansprüche auf die Funktionsweisen des inneren Netzwerkes geltend zu machen. Die Technologie, geprägt von den Interessen der sozialen Gruppen, wurde nun marktreif.[165]

Zum anderen machten die von den Ingenieuren beim Bau der IMPs und ihrer Vernetzung eingesetzten Methoden im wahrsten Sinne des Wortes Schule. Der Einsatz von Timern zur Selbstreparatur oder der Einsatz von *Acknowledgements* und Prüfsummen zur Gewährleistung einer zuverlässigen Übertragung stiegen zum Standardrepertoire jedes Computernetzwerkingenieurs auf und werden bis heute im Internet sowie beim Bau neuer Netzwerke verwendet. Die Ingenieure und Studenten füllten das Vakuum technischen Wissens mit ihren Lösungen aus, die dann in den Lehrbüchern und Kursen gelehrt wurden. Alexander McKenzie verwies im Nachhinein stolz auf die eigene Leistung:

> „There wasn't much theory in how you build a packet switching network. There was a communications theory, but that was all pretty abstract. One just got out there and did it. All the stuff that is now taught in courses in communications about networks and protocols and all of that, I would say we were mainly (as part of the entire community of the host people) inventing it".[166]

165 Vgl. Abbate, Inventing, S. 149; Waldrop, Dream machine, S. 416.

166 O'Neill et al., Interview Walden, S. 15.

Zusammengefasst zeigt sich an der Entwicklung des ARPANET deutlich, wie sich die unterschiedlichen Interessen bestimmter sozialer Gruppen in der Ausformung einer Technologie niederschlugen. Die Methode der SCOT bietet hier die analytische Schärfe, die grundlegenden Motivationen und Entwicklungen herauszuarbeiten. Durch die Intervention der *Principle Investigators* versuchten Roberts und seine Ingenieure nicht, die Hosts direkt miteinander zu verbinden, sondern schalteten ein inneres Netzwerk an IMP-Rechnern dazwischen, das den Interessen ihrer Auftraggeber umso mehr entsprach. Die Technologie des *Packet-Switching* befriedigte die Interessen aller beteiligten Gruppen und wurde durch hochgradig autonome IMPs realisiert, die ein inneres Netzwerk unter zentraler Kontrolle der ARPA und BBN bildeten. Darauf setzten die gegenkulturell geprägten Mitglieder der NWG und des NIC mit ihren Netzwerkanwendungen auf Transport- und Anwendungsschicht auf. Die Netzwerktechnologie hatte einer erste Schließung erfahren.

VI. 1972 – 1975. Das Internet als Netzwerk von Netzwerken

Das ARPANET stellte ein weitgehend in sich geschlossenes, kybernetisches System dar, wie im letzten Kapitel aufgezeigt wurde. Besonders auf Netzwerkebene bildete das IMP-Netz eine feste Struktur hoher Verlässlichkeit. Teile seiner Entwickler arbeiteten jedoch bereits an einer stärkeren Öffnung des Systems, beispielsweise auf Ebene der miteinander vernetzten Endcomputer. Das wurde mit der Entwicklung des Internet weiterverfolgt. Das Internet ist nicht gleich dem ARPANET, sondern es entwickelte sich aus diesem heraus. Das ARAPNET wurde zum Rückgrat des Internet, einem Netzwerk der Netzwerke. Es bildete in den ersten Jahren die Kerninfrastruktur des Internet quasi als Tier-1-Netzwerk, indem es große Datenmengen zwischen einzelnen Netzen routete.[1] Deutlich hervorzuheben ist allerdings, dass das Internet keinesfalls Teil des ursprünglichen Plans der ARPA war, den Lawrence Roberts und Bob Taylor 1967 ausarbeiteten.

Im Folgenden soll zum einen aufgezeigt werden, wie sich die Entwicklung separater Netzwerke in Militär, Wirtschaft und Wissenschaft vor der Folie der ersten technischen Schließung der Netzwerktechnologie vollzog. Die Technologie des *Packet Switching* hatte sich im Status des Prototyps ARPANET bewährt und ihre Interpretation stabili-

1 Zur Erläuterung siehe auch Kapitel 2: Die Bestandteile des Internet.

siert. Nun sollte sie einer praktischen Anwendung zugeführt werden. Zum anderen liegt der Schwerpunkt auf den Vorstellungen der Akteure, durch das Internet die Grenzen des Kalten Krieges zu überwinden, die eigene Informationsreichweite auszuweiten und das Außen verschwinden zu lassen. Dazu verbanden sie die zahlreichen kommerziellen und lokalen Netzwerke, die seit den 1970er-Jahren entstanden, zu einem flexiblen Metanetzwerk: dem Internet. Entsprechend der Kernthesen dieses Buches wird aber ebenso dargestellt, wie das Netzkonglomerat von zentralen und hierarchischen Elemente geprägt wurde, was dem strukturellen Erbe aus der Geschichte des ARPANET und den Interessen der Akteure geschuldet war.

Die an der Entwicklung des Internet beteiligten sozialen Gruppen in den Vereinigten Staaten waren weitestgehend analog zu denen der ARPANET-Entwicklung: Militär, Wissenschaft und Gegenkultur. Ihre Interessen wie auch ihre personelle Zusammensetzung hatten sich im zeitlichen Verlauf allerdings verändert. Die strategische Gesamtlage für die Militärs war nun geprägt von einer zunehmenden Entspannung innerhalb der Blockkonfrontation bei gleichzeitig steigendem Druck auf das Budget durch das nachwirkende Fiasko in Vietnam. Vor allem letzteres führte dazu, dass 1971 der US-amerikanische Präsident die Goldpreisbindung des Dollars löste. In der Folge brach 1973 das System von Bretton Woods zusammen, während in der Wirtschaft ein seit den 1960er-Jahren schwelender Strukturwandel immer stärker zum Tragen kam.[2] Dementsprechend wandelte sich auch das Anforderungsprofil. Der Typus des *information worker* als Netzwerker gewann gegenüber dem Planer als Systemdenker in den amerikanischen Institutionen an Bedeutung.[3] Er stand im Militär vor der Herausforderung, bei

2 Vgl. Doering-Manteuffel et al., Boom, S. 34–42.

3 Systemdenker wurden im Englischen als „systems man" bezeichnet und sind prototypisch für die zuvor beschriebene Managementkultur der 1960er-Jahre. Vgl. allg. Hughes, Rescuing Prometheus sowie Haigh, Thomas: Inventing Information Systems: The Systems Men and the Computer, 1950-1968, in: Business History Review 75 (2001), S. 15–61.

steigenden Datenmassen, gewachsener Komplexität und notwendiger Flexibilität die Kontrolle über die einzelnen Teilsysteme weiterhin zu bewahren. Die Begeisterung für geplante Großprojekte wich auch im Militär einer stärkeren Orientierung hin zu kleinteiligeren Lösungen. Die Umbennenung der ARPA in DARPA war damit Ausdruck des Paradigmenwechsel hin zu rein einsatzorientierter Forschung angesichts schrumpfender Budgets.

Die Wissenschaftler der ARPA hatten mit der Präsentation des ARPANET 1972 unter Beweis gestellt, dass die *Packet Switching* Technologie praktikabel war. Ihr Einsatz versprach eine größere Reichweite bei flexibler und beschleunigter Kommunikation. Hinzu kamen eine größere Steuerungsmöglichkeit, eine höhere Zuverlässigkeit, sowie vor allem geringere Kosten der Automatisierung. Das Interesse lag nun darin, die Technologie einer Anwendung jenseits des Forschungsstatus zuzuführen, sowohl im Militär als auch in der Wirtschaft. Das führte aber gleichzeitig zu einer neuen Herausforderungen. War das ARPANET für die Wissenschaftler eine Antwort auf ihre heterogene Computerlandschaft, standen sie nun vor neuen Grenzen: Die zwischen einzelnen Computernetzwerken heterogenen Ursprungs. Die Vernetzung inkompatibler Netzwerke wurde zu einem drängenden Problem der Computerisierung und bot ihnen jetzt die Chance, etwas Neues hervorzubringen.

Am stärksten hatte sich die Gemengelage für die *New Communalists* verändert. Seit Anfang der 1970er-Jahre lösten sich immer mehr Kommunen auf. Ihre Bewohner standen vor der Herausforderung, in die Gesellschaft zurück zu kehren, die sie zuvor verlassen hatten. Sie mussten sich integrieren, ohne die eigenen Ideale zu verleugnen. Besonders die Informations- und Kommunikationstechnologie und die Kybernetik zweiter Generation boten ihnen ein Werkzeug dafür, ihre alternativen Ideen im Herzen der US-amerikanischen Gesellschaft selbst zu realisieren – gleichsam teilnehmender Beobachter. Das System von innen heraus durch die Kraft des eigenen Bewusstseins zu verändern, bot den *New Communalists* die Möglichkeit zur Reintegration in die Gesellschaft, die sie als ein weiteres Informationssystem interpretierten.[4]

DIE ENTSTEHUNG HETEROGENER NETZWERKE UND IHRER GRENZEN

Die Präsentation der vollen Funktionsfähigkeit des ARPANET 1972 hinterließ nachhaltigen Eindruck bei den Konferenzteilnehmern, die sich aus etwa 1000 Netz- und Computerexperten des Landes rekrutierten.[5] Robert Kahn hatte die Vorführung minutiös geplant und genau orchestriert, sodass letztlich nicht nur die Nutzung innerhalb des ARPANET stieg, sondern auch die Forschungsbemühungen zu *Packet Switching* Netzwerken außerhalb der ARPA intensiviert wurden.[6]

Institutionelle Grenzen heterogener Netzwerke

Die Herausforderung bestand nun für die Akteure in Militär, Wirtschaft und Wissenschaft darin, die Reichweite der *Packet Switching* Netzwerke zu vergrößern; sie dabei aber auch für größere Anzahl an Netzwerkknoten – sprich Kunden – und unter weniger kontrollierbaren Bedingungen gut skalieren zu lassen.[7] Letzteres war vor allem für die kommerziellen Anbieter von *Packet Switching* Netzwerken entscheidend, wie beispielsweise für die großen Computerhersteller. So legte

4 Vgl. Turner, From Counterculture, S. 118–128.

5 O'Neill et al., Interview Kahn, S. 24.

6 Die Konferenz von 1972 war allerdings keineswegs ursächlich dafür, dass Unternehmen in die Netzwerkforschung zu *Packet Switching* Netzwerken einstiegen, sicherlich aber ein Katalysator dafür.

7 Skalieren bedeutet in der Informatik eine die Anpassung eines Systems oder Algorithmus an veränderte Messgrößen. Skaliert ein Netzwerk gut, heißt das, dass es auch bei einem exponentiellen Wachstum von Knoten und Datenverkehr nicht zusammenbricht, sondern weiterhin effizient arbeitet.

unter anderem Lawrence Roberts seinen Direktorposten bei der IPTO im Oktober 1973 nieder, um die Leitung von Telenet zu übernehmen. Entwickler von BBN hatten Telenet gegründet, um die im ARPANET entwickelte Technologie zu kommerzialisieren. Dort entwarf er aufbauend auf seinen Erfahrungen mit dem ARPANET ein Netzwerk mit vollvermaschtem Kern. Das heißt, innerhalb des Zentrums waren alle Knoten mit jedem anderen Knoten verbunden. Die äußeren Knoten hingegen waren weniger stark vernetzt, wie diejenigen im Zentrum. Diese Topologie reduzierte die Pfadlänge, die Datenpakete innerhalb des Netzwerkes bei stark steigender Knotenzahl zurücklegen mussten und damit auch den Anstieg der Kosten pro zusätzlich angeschlossenem Host. Neben Telenet und den Computerherstellern begannen nun aber auch die ersten Telekommunikationsfirmen mit der Entwicklung großflächiger Netzwerke auf *Packet Switching* Basis für ihre Kunden.[8] Vor allem für mittelgroße und große Unternehmen bauten sie interne Kommunikationsnetzwerke auf.

Die Netzwerke beruhten allerdings auf unterschiedlichen Standards und Lösungsansätzen der Datenübertragung, die zumeist proprietär waren. Dies hatte zur Folge, dass nun neue geschlossene und inkompatible Welten zwischen den differenten Netzwerke entstanden die eine Kommunikation unmöglich oder sehr aufwendig machte. Der Computer eines IBM-Netzwerkes bei einem Großunternehmen war beispielsweise nicht in der Lage, Pakete mit einem Rechner im Telenet eines Subunternehmens auszutauschen, obwohl beide auf Basis des *Packet Switchings* operierten.

Technische Grenzen heterogener Netzwerke

Nicht nur die Unternehmensgrenzen, sondern hauptsächlich die technische Grenzen erschwerten eine Kommunikation zwischen unterschiedlichen Netzwerken. So entstanden auch im Wissenschaftsbereich zahlreiche neue Computernetzwerke mit ganz unterschiedlichen Spezifika-

8 Vgl. Siegert, Geschichte der E-Mail, S. 179–180.

tionen. In Frankreich gab die Regierung unter Präsident Georges Pompidou im Zuge ihres Reformprogrammes für die Wirtschaft, Kultur und Gesellschaft 1972 die Entwicklung des *Packet Switching* Netzwerkes Cyclades in Auftrag. Louis Pouzin, Leiter des Forschungsprojektes, richtete Cyclades von Beginn an darauf aus, auch unterschiedliche Netzwerke gleichsam unterschiedlicher mythischer Inseln der Kykladen miteinander verbinden zu können.[9] Dabei nutzten die an Cyclades beteiligten Ingenieure die im ARPANET gewonnen Erfahrungen zum Aufbau ihres eigenen Netzwerkes. Jean-Louis Grangé, ein französischer Entwickler der maßgeblich für die Datenübertragungstechnik von Cyclades war, macht in einem Oral History Interview deutlich „we learned a lot from them because they were quite advanced as opposed to us, who had just started at the time [1972]".[10]

Aber nicht nur mythische Inselgruppen spielten eine Rolle für die Weiterentwicklung der Netzwerktechnologie. Die digitale Verbindung wirklicher Inseln, die Hawaiis, stellte die dortigen die ARPA-Wissenschaftler vor eine Herausforderung. Da die Campuseinrichtungen der Universität von Hawaii über die einzelnen Inseln verstreut lagen, boten die Telefonstandleitungen, welche die Grundlage des ARPANET bildeten, nur eine teure und störanfällige Verbindung. Norman Abramson, Elektroingenieur der dortigen Universität, experimentierte daher mit Funkwellen zur Datenübertragung, gefördert von der Navy und ARPA. Die Anforderungen an ein Funknetzwerk, nach der hawaiianischen Grußformel Alohanet getauft, unterschieden sich allerdings deutlich von denen eines *Packet Switching* Netzwerks auf

9 Vgl. Abbate, Inventing, S. 124.

10 Russel, Andrew L.; Grangé, Jean-Louis: An Interview with Jean-Louis Grangé. OH 419. Paris, 2012, S. 7. Ironischer Weise bedeutete der Name „Kykladen" im Griechischen „Ringinseln", was vielmehr der Architekturentscheidung IBMs entsprach, Computer über ein Ringnetzwerk zu verbinden. Vgl. allg. zu Cyclades vgl. Abbate: Inventing, S. 123 und Russel, Andrew L.: In the Shadow of Arpanet and Internet: Louis Pouzin and the Cyclades Network in the 1970s, in: Technology & Culture 55 (2014): 880-907.

Kabelbasis. Während bei der Kabelübertragung über das ARPANET das IMP-Netz eine zuverlässige Zustellung der Pakete garantierte, konnten die Entwickler bei der Übertragung über Funkwellen davon auszugehen, dass die Mehrzahl der Pakete verloren ging und erneut versendet werden musste. Besonders der Verlust durch Interferenz der Funkwellen von Nutzern, die alle über den gleichen Kanal funkten, bereitete Probleme. Die Lösung der Ingenieure lautete nicht, solche Kollisionen generell zu vermeiden. Sie bauten stattdessen einen Feedback-Mechanismus ein, durch den sich das Kommunikationssystem im Falle einer Interferenz und daraus resultierenden Paketverlustes wieder regenerieren konnte: Ein Timer zufälliger Dauer sorgte dafür, dass die Übertragungsstation die erneute Übertragung nicht zum gleichen Zeitpunkt wie eine andere Station beginnen ließ, sondern erst nach Ende einer per Zufallsgenerator bestimmten Zeitspanne. So wurde eine erneute Kollision vermieden. Mehrere Nutzer konnten gleichzeitig denselben Kanal verwenden, ohne dass es zu einem Systemausfall kam. Das dahinterliegende Prinzip wird *random access* genannt und stellte „a significant advance in communications theory and practice"[11] dar. Es fand Einzug in fast jedes Lehrbuch der Informatik bis heute.[12]

Auch das Militär experimentierte mit neuen Übertragungstechnologien. Robert Kahn, der 1972 von BBN zur ARPA wechselte, initiierte die Entwicklung des PRNET, eines experimentellen militärischen Funknetzwerkes für das *Command & Control.* Das Militär setzte die Funktechnologie bereits zur analogen Übertragung ein. Dementsprechend schnell schien sie realisierbar. Zudem konnte die digitale Übertragung von Sprache in Paketen bei der Fehlerkorrektur schlechter Verbindungen und zur Verschlüsselung gegenüber Abhörversuchen eingesetzt werden. Robert Kahn nutzte seine Erfahrungen, die er bei BBN im Bau des IMP-Netzwerkes gesammelt hatte, denn das PRNET war ebenso ein Hybrid wie das ARPANET. Einerseits setzte Kahn auf kybernetische Mechanismen der Selbstorganisation, wie beispielswei-

11 Abbate, Inventing, S. 116.

12 Bspw. auch in Kurose/Ross: Computer networking, S. 449.

se, dass das System die Positionen seiner Teile eigenständig und ohne menschliche Unterstützung bestimmte. Die Kontrollfunktionen lagen allerdings zum größten Teil in zentralen, bemannten Stationen. Darin glich es seinem technologischen Paten, dem Alohanet. „Aloha was a centralized system. That is, packets were sent from a user's location to the central computer location on one frequency and answers were sent back on another. So Aloha was a one-hop system",[13] verdeutliche Kahn. Die Empfänger und *Repeater*, Antennenstationen, die das Signal über die Entfernungen trugen, wurden hingegen so reduziert wie möglich gestaltet, um die Fehleranfälligkeit zu minimieren – und waren damit auch jeglicher Eigenfunktionalität beraubt. Gleich wie bei den Terminals im ARPANET und ähnlich wie die leichtgewichtigen Geräte im heutigen *Cloud Computing* konzentrierten sich die Informationen im Zentrum. Gleichzeitig reduzierte Kahn aber die Abhängigkeit der *Repeater* vom Zentrum dank verteiltem Routing und erhöhte damit die Ausfallsicherheit im Ernstfall.[14] Das PRNET verdeutlich zweierlei: Erstens ist es ein Beispiel für die aufkommende Heterogenität der Netzwerke in den 1970er-Jahren. Jenseits dessen ist das PRNET ein Beleg dafür, wie die Interessen des Militärs und die damit einhergehenden Machtstrukturen in für das ARPANET entwickelte Technologie eingeschrieben waren – die nachfolgend auch in verschiedenen Projekten angewandt wurde.

Fast zeitgleich liefen Forschungen der ARPA zur Satellitenkommunikation.[15] Insbesondere die seismischen Daten der norwegischen Sensorstationen zu Atomwaffentesterkennung mussten über eine große Reichweite übertragen werden. Die Kosten für die Kommunikation per Satellit waren aber enorm hoch. Die *Packet Switching* Technologie, bei der an sich keine dauerhafte Verbindung zwischen zwei Kommunikationspartnern aufgebaut werden musste und die eine hohe Nutzung der

13 O'Neill et al., Interview Kahn, S. 25.

14 Vgl. Abbate, Inventing, S. 118–120.

15 Satelliten sind ein weiteres Beispiel für die effiziente Ausweitung der eigenen Informationsreichweite mit den Mitteln der Technologie.

jeweiligen Verbindung versprach, machte die Kommunikation per Satellit erst wirtschaftlich. Sowohl die Universität von Hawaii, als auch das University College in London erhielten 1973 eine experimentelle Satellitenverbindung zum ARPANET. Nach den ersten Tests begann Kahn gemeinsam mit dem British Post Office und der norwegischen Telekommunikationsbehörde im Jahr 1975 die Arbeiten am *Atlantic Packet Satellite Network* (SATNET).[16]

Damit lagen neben den kommerziellen Ausgründungen wie von BBN, IBM und DEC auch innerhalb der ARPA mit dem Alohanet und dem SATNET bereits zwei verschiedene Computerkommunikationsnetzwerke vor, die allesamt nur schwierig oder gar nicht miteinander kommunizieren konnten. Schon die beiden Knoten in Hawaii und Norwegen in das ARPANET zu integrieren, erforderte Anstrengungen und eine Spezialisierung der jeweiligen IMPs. Das PRNET hingegen hatte derartig unterschiedliche Spezifikationen in Paketgröße, Verzögerungstoleranz und Verlust, dass es inkompatibel zum ARPANET war.

Lokale Grenzen heterogener Netzwerke: Ethernet, Xerox

Neben dem Aufstieg wissenschaftlicher und privatwirtschaftlicher *Packet Switching* Netzwerke prägten die Entstehung lokaler Netzwerktechniken die Computerisierung der 1970er-Jahre. Sie stellten allerdings nicht nur eine weitere Netzwerktechnik dar, sondern eine andere Philosophie der Datenübertragung, die stark gegenkulturellen Interessen entstammte.

Das Aloha-Funknetzwerk auf Hawaii inspirierte nicht nur die Arbeiten zum militärischen PRNET. Der *Graduate Student* Robert Metcalfe, der zuvor am ARPANET gearbeitet hatte, nahm das Prinzip der gemeinsamen Kanalnutzung durch *random access* auf und entwickelte es für Datenübertragung per Kabel weiter. Das daraus resultierende Ethernet-Konzept für die lokale Verbindung von Computern verbreite-

16 Vgl. ebenda, S. 120–121.

te sich zusehends und wurde zu einem *de facto* Standard der Vernetzung innerhalb eines *Local Area Network* (LAN).

Metcalfe entwickelte das Ethernet am Palo Alto Research Institute (PARC) des Kopiererherstellers Xerox. Das Xerox PARC, gegründet im Jahr 1970 mit dem Ziel, das Büro der Zukunft zu entwerfen, stieg zu einem der bedeutendsten Orte der Computerforschung in den 1970er-Jahren auf.[17] Robert Taylor wechselte nach seiner Direktorenzeit bei der IPTO 1972 als Leiter des *Computer Systems Laboratories* zu PARC, nachdem die ARPA ihn erst dafür abgestellt hatte, den widersprüchlichen Informationsfluss der Messdaten aus Vietnam in den Griff zu bekommen.[18] Auch bei Xerox arbeitete er als Manager von Informationsflüssen arbeitete er.

Taylor holte Metcalfe, den er noch aus seiner Zeit bei der ARPA kannte, 1972 in sein Team, um PARC an das ARPANET anzuschließen. Metcalfe überarbeitete bei Xerox zudem das mathematische Modell des Datendurchsatzes einer Funkverbindung unter den Bedingungen des Alohanet. Es gelang ihm, selbigen zu optimieren und er reichte seine Arbeit schließlich als Dissertation ein. Seine Erfahrungen mit den Prinzipien des Alohanet nahm er mit in seine nächste Aufgabe: Die Verbindung des Minicomputers Alto, dem Prunkstück von Xerox PARC, mit anderen Altos innerhalb eines Bürogebäudes.

Die Verbindung unterschiedlicher Rechner innerhalb desselben Gebäudes und damit der Datenaustausch unter ihnen waren zu dieser

17 Siehe auch Kapitel III, FN 32.

18 Nach dem Fiasko der Operation Igloo White war es dem US-Militär bis Ende der 1960er-Jahre nicht gelungen, einheitliche und aussagekräftige Informationen über den Verlauf des Vietnamkrieges zu gewinnen. Die Gründe dafür waren vielfältig. Primär mangelte es an einem einheitlichen Information Management und konkurrierende Interessen der Armeeverbände bei der Datenerstellung, so Paul Edwards (vgl. Edwards, Closed World, S. 3-6). Bei allem Glauben an die Macht durch Information ist dies ein hervorstechendes Beispiel dafür, wie schwer sich die Welt tatsächlich informationalisieren ließ.

Zeit nur selten oder nur per Mainframe möglich. Nutzte eine Institution keinen gemeinsamen Timesharing-Rechner, bei dem man sich den Zugriff auf einen Rechner teilte und darüber auch Daten austauschen konnte, mussten sie per Datenträger übermittelt werden – wenn sie denn überhaupt für die Gegenseite lesbar waren. Aus diesem Bedürfnis heraus entwickelte sich eine nicht-antizipierte Nutzung der IMPs des ARPANETs. Als es möglich wurde, mehrere Hosts an einen IMP anzuschließen, maßen die Computertechniker im *Network Control Center* BBN einen deutlichen Anstieg des Datenverkehrs innerhalb der IMPs, aber nicht innerhalb des Netzwerkes. Die Nutzer verwendeten den IMP schlichtweg zur Kommunikation zwischen zwei Rechnern derselben Institution. Frank Heart hielt fest:

„That became very important to many people, because for the first time there was a protocol and a specification for how you connect [...] two hosts at the same site together through the IMP – something which had been very difficult for people to do, especially with heterogeneous computers. So the notion of using the IMP as a local connection was quite a surprise, to the extent that it became just common and had not been envisaged".[19]

Für die technische Realisierung lokaler Vernetzung konnte Metcalfe allerdings nicht auf ein Funknetzwerk wie im Alohanet zurückgreifen. Die Übertragungseinheiten hätten sich schlichtweg nicht in die Altos einbauen lassen. Er entschied sich stattdessen für ein Coaxialkabel zur Übertragung der Daten, da es die Möglichkeit bot, Rechner auf einfache Art anzuschließen und zu entfernen. Auf die Kabelübertragung wandte er aber genau die gleichen Prinzipien des *random access* auf einen Kommunikationskanal an, wie in einer Funkumgebung. Die Rechner der Nutzer griffen gemeinsam auf das Kabelnetzwerk zu, schickten ihre Pakete unmittelbar los und bei einer Kollision ihrer Pakete warteten sie einen Moment, bis sie das Paket erneut übertrugen. Zudem entwarf Metcalfe das Übertragungsmedium als Broadcastmedi-

19 O'Neill et al., Interview Heart, S. 26–27.

um: Die Rechner der Nutzer schickten die zu übertragenden Pakete an alle Netzteilnehmer, wie eine Funkstation im Alohanet ihre Pakete per Radiowellen an alle schickte, die sich in Reichweite befanden. Metcalfe schlug in einem Memo 1973 vor, das daraus entstehende, lokale Netzwerk Ethernet zu nennen, weil alle Rechner ihre Daten in eine Art Äther übertrugen, der unabhängig von der Übertragungstechnik und einer zentralen Übertragungsstelle war. Dementsprechend schrieb er in seinem Memo weiter: „This will keep things general and who knows what other media will prove better than cable for a broadcast network; maybe radio or telephone circuits, or power wiring or frequency-multiplexed CATV [...] or even combinations thereof".[20]

Hierin lag ein großer Unterschied zu der Art, wie das ARPANET operierte. Das ARPANET versuchte, Pakete zu keiner Zeit kollidieren zu lassen, vollzog eine *point-to-point* Übertragung statt *broadcast*, und umging überlastete Routen. Möglich machten dies die IMPs, die ein zentrales Netzwerk zur sicheren, zuverlässigen Übertragung bildeten, und den Datenfluss steuerten. Im Ethernet war ein zentrales Netzwerk nicht mehr notwendig; die einzelnen Netzwerkteilnehmer koordinierten sich selbst.

Beide Ansätze rekurrierten in ihrem Design auf kybernetische Prinzipien. Während beim ARPANET die einzelnen IMPs als autonome Systeme agierten, verschob sich beim Ethernet die Kommunikationsverantwortung auf die Hostsysteme. Sie konstituierten als Knotenpunkte das Netzwerk. Hinzu kamen Feedbackmechanismen wie erstens *Acknowledgements* über den Erfolg einer Übertragung, zweitens Erkennungsbits, die Informationen über die Auslastung des Mediums in das Übertragungssystem rückkoppelte und drittens Timer für eine zufällige Verzögerung beim Versenden von Paketen. Diese Elemente bildeten ein hochgradig selbstorganisiertes, selbstreferenzielles Medium. Keine zentrale Kontrolle steuerte den Datenfluss, routete die Pakete oder griff in die Datenübertragung ein. In einem Interview sagte Metcalfe selbst: „Distributed computing, spreading things out, was our

20 Metcalfe, Robert: Ether Acquisition. Palo Alto 1973, S. 1.

theme at PARC – not centralizing". Dementsprechend entwarf er das Ethernet „very distributed, no central control, a single piece of ‚ether'".[21] Die unterschiedliche Philosophie beider Ansätze zeigt die divergenten Vorstellungen darüber, wer die Kontrolle über das Netzwerk besitzen und wie es aufgebaut sein sollte.

GEGENKULTURELLER EINFLUSS III: LOKALE GEMEINSCHAFTEN

Der Ansatz lokaler Vernetzung technischer Natur im Ethernet entsprach in hohem Maße den Interessen der *New Communalists* an einer Vernetzung sozialer Natur in Kleingruppen oder Stämmen, wie sie sich beispielsweise in den Schriften Marshall McLuhans finden lässt. Das ist insofern nicht verwunderlich, da am Xerox PARC die Ideen der *New Communalists* sehr präsent waren. „In the early 1970s, the *Catalog* came to model the potential integration of New Communalists ideals and information technology for researchers at Xerox PARC",[22] konstatiert Fred Turner.

Robert Taylor holte nicht nur Robert Metcalfe vom ARPANET-Projekt zu Xerox, sondern auch Bill English, der lange Jahre als Engelbarts Chefdesigner dessen Visionen Realität hatte werden lassen und zahlreiche andere Mitglieder aus Engelbarts Arbeitsgruppe am SRI zu Xerox. Seinem Konzept, junge und aufstrebende *Graduate Studenten* anzustellen, folgte Taylor auch bei Xerox. Dementsprechend offen waren die Teams bei Xerox für gegenkulturelle Einflüsse oder brachten sie bereits mit. Nicht alle *Graduate Students* bei Xerox entstammten der Gegenkultur. Es gab aber deutliche Überschneidungen zwischen beiden Gruppen, wie an einer Aussage Metcalfes über einen seiner

21 Colburn, Robert; Metcalfe, Robert: Robert Metcalfe: An Interview Conducted by Robert Colburn. New Brunswick, NJ 2004.

22 Turner: From Counterculture, S. 111.

engsten Mitarbeiter deutlich wird: „And there was another guy, hippie type guy […] He was a grad student at Stanford".[23]

Stewart Brand und dem von ihm publizierte *Catalog* kamen hier eine besondere Rolle zu. Xerox PARC ließ nicht nur seine Bibliothek fast vollständig nach den zahlreichen Buchempfehlungen des *Catalog* einrichten, die mit universalistischem Anspruch von kybernetischen Werken und Romanen über Architektur bis hin zu Anleitungen in östlicher Mystik reichte. Auch seine Mitarbeiter empfanden ihn als Inspirationsquelle: „We thought of the Whole Earth Catalog as a print version of what the Internet was going to be",[24] so Alan Kay, der zu dieser Zeit bei Xerox an *Networked Workstations* arbeitete. Der *Catalog* war für sie sowohl ein Informationssystem, das Menschen, Ideen und Objekte miteinander verband und Gemeinschaft begründete. Gleichzeitig war er aber auch das Informationswerkzeug einer Vision interaktiver Technologie zur individuellen wie gemeinschaftlichen Transformation und Transzendenz.

In einer genaueren Quellenanalyse der Memo Metcalfes zum Ethernet wird dessen gegenkulturelle Prägung deutlich, die sich dann in der Konzeption lokaler Vernetzung wiederfinden lässt. In handgeschriebenen, großen Druckbuchstaben und kleinen Skizzen, die das in sehr lockerem Ton formulierten Memo begleiten, lehnt er das Memo stark an die Ästhetik und das Layout des *Catalog* an. Darin enthalten waren keine technischen Zeichnungen rationaler Präzision, wie noch bei Roberts Skizze zum frühen ARPANET (s. Abbildung 2, S. 130). Vielmehr wechselten sich spielerisch lockere Kommentare und Einladungen zur Partizipation innerhalb des Entwicklungsprozesses mit technischer Dokumentation ab. Er legte den Begriff *Ether Network* beispielsweise nicht autoritativ fest, sondern stellte ihn basisdemokratisch und öffentlich zur Debatte. Dies entsprach der Vorgehensweise in

23 Shustek, Len; Metcalfe, Robert: Oral History of Robert Metcalfe. Mountain View, CA 2006, S. 25.

24 Kay, Alan; Turner, Fred: Interview 2004, zitiert nach: Turner, From Counterculture, S. 112.

der Network Working Group des ARPANET, aber Metcalfe bezog sich damit auch explizit auf die in der Gegenkultur ausgearbeiteten Formen alternativer Entscheidungsfindung. So sind im Originaldokument neben dem Namensvorschlag und der Aufforderungen zu Alternativvorschlägen in einem schwarzen Kasten die basisdemokratischen Formen aufgeführt, die zur Entscheidungsfindung genutzt werden konnten: „Lazy Susan [eine Art runder Tisch], Bulletin Board [ein Schwarzes Brett, auch online], Parley, Parliamentary Procedure".[25]

Bereits dem Namensvorschlag *Ether Net* war eine Verbindung zu den Ideen aus dem gegenkulturellen Kontext inhärent. Der Äther, ursprünglich ein hypothetisches Medium, von dem Physiker um 1900 annahmen, dass es das Licht zwischen Sonne und Erde transportiere, wurde in gegenkulturellen Zirkeln zu einem allumfassenden Element jenseits der Materialität stilisiert. Ein technologischer Äther bot den esoterisch-religiösen Vorstellungen der *New Communalists* von einem Band zwischen den Menschen und ihrer Umwelt einen Anknüpfungspunkt. Metcalfe bezieht sich rückblickend auf diese Vorstellung: „all we required was that the medium be passive, omnipresent and a medium for the propagation of electromagnetic waves".[26] In einer gemeinsamen Verbindung der Menschen sollten die Grenzen des Kalten Kriegs überwunden werden. Die Äther-Vorstellung sprach sie auch deswegen an, weil der Begriff ebenso in der griechischen wie fernöstlichen Mythologie Verwendung fand, welche unter den *New Communalists* breit rezipiert wurde. Die Sprache der Kybernetik diente sowohl Gegenkulturellen, als auch Wissenschaftlern als eine Verständigungsmöglichkeit in der Abstraktion der Prinzipien.

Anders als in der Zeit, in der das ARPANET entwickelt wurde, hatte sich in den frühen 1970er-Jahren die Stoßrichtung des gegenkulturellen Projektes verschoben. Die Grenzen und Mängel der eigenen Visionen hatten sich im Leben in den Kommunen gezeigt und die Eupho-

25 Metcalfe, Ether Acquisition, S. 0. (Informatiker fangen bei Null an zu zählen).

26 Shustek et al., OH Robert Metcalfe, S. 26.

rie des Aufbruchs war verflogen – nicht aber der Glaube an technische Lösungen. Während sie sich in die Gesellschaft reintegrieren mussten, boten Orte wie Xerox und Technologien wie das Ethernet ihnen die Möglichkeit, ihre Visionen innerhalb der Gesellschaft wahr werden zu lassen, der sie ursprünglich den Rücken zugekehrt hatten.[27]

Vorsichtig ist gleichermaßen zu fragen, ob nicht genau darin der Drang zur utopischen, übersteigerten Aufladung der Computernetzwerktechnologie als Erlösungshoffnung lag. Zur Rechtfertigung der eigenen Position innerhalb einer Gesellschaft, die zwar Anzeichen von Wandel zeigte, aber weiterhin abgelehnte wurde, bot die Technologie eine Exklamation. Die Computerwissenschaftler konnten sich sagen, dass sie zumindest eine Technologie für das Gute schufen, Menschen zusammenbrachten und dafür dem Pentagon sogar noch Geld abtrotzten, das dieses nicht für neue Bomber und Raketen ausgeben konnte. Sie arbeiteten nicht für das „Establishment". Sie nutzten das Establishment aus, sprich das Pentagon oder den Großkonzern Xerox, dessen Manager fernab des Forschungszentrums PARC in Norwalk, Conneticut saßen und angeblich die Zukunft verschliefen. „That was the lie we told ourselves",[28] so später ein selbstkritischer Robert Metcalfe.

Die Ethernet-Technologie setzte sich erst gemeinsam mit dem Siegeszug des *Personal Computers* ab Ende der 1970er- und Anfang der 1980er-Jahre durch. Sie gesellte sich allerdings zu den anderen Alternativen der Computervernetzung als ein in der Forschungslandschaft weithin sichtbares Pilotprojekt im Zuge des Alto-Computers. Selbst wenn Metcalfe den Äther intermedial konzipierte, so war das Ethernet nichtsdestotrotz anfangs nur eine Verbindung der Altos und reichte noch nicht darüber hinaus.

---

27 Vgl. Turner, From Counterculture, S. 113.

28 Robert Metcalfe, zitiert nach: Waldrop, Dream machine, S. 261.

DIE VERBINDUNG HETEROGENER NETZWERKE

Die unterschiedlichen Netzwerktechnologien standen in den frühen 1970er-Jahren bildlich gesprochen so unverbunden nebeneinander wie ein Rechner von IBM und einer von DEC Ende der 1960er-Jahre. Nicht nur das Ethernet, auch das PRNET, das Alohanet, das SATNET, das ARPANET, die *Systems Network Architecture* und zahlreiche andere Netzarchitekturen bildeten Anfang der 1970er-Jahre eine Ansammlung unverbundener, inkompatibler Computernetzwerke. Um einen einheitlichen Kommunikationsraum zum Austausch von Daten und Ressourcen zwischen diesen Netzwerken zu schaffen, verwendete Robert Kahn Gelder, die ihm für die Entwicklung von Funknetzwerken offenstanden und rief das *Internet Program* ins Leben. Es wurde namensgebend für das innerhalb des Programms entwickelte Internet. Kahns Ziel war es, ein gemeinsames Protokoll zu entwerfen, das über alle Hosts, Terminals und Netzwerke hinweg Gültigkeit besaß. Dafür holte er sich mit Vinton Cerf einen erfahrenen Kommunikationstechniker an Bord, mit dem er bereits bei der ARPA zusammengearbeitet und der in der NWG das Protokoll zur Verbindung der Hostcomputer geschrieben hatte. Im Sommer 1973 arbeiteten sie einen gemeinsamen Artikel aus, in dem sie die Grundlagen des Systems umrissen: „A Protocol for Packet Network Intercommunication".[29]

Zwei Probleme mussten bei der Kommunikation über verschiedene Netzwerke gelöst werden. Erstens konnten die Hosts nicht von einer zuverlässigen Übertragung ausgehen, wenn sie Pakete aus differenten Netzwerken empfingen. Sie mussten beachten, dass Techniken wie beispielsweise das Alohanet im Gegensatz zum ARPANET sehr anfällig für Paketverluste waren und entsprechende Mechanismen dafür implementiert bekommen.[30] Zweitens wurde an der Grenze zweier Netzwerke ein Übersetzungsprozess notwendig, damit die Datenpakete die Spezifikationen des anderen Netzwerkes erfüllen konnten. Dieser Pro-

29 Cerf et al., A Protocol.

30 Vgl. hierzu und zum Folgenden: Ebenda.

zess konnte unterschiedlich weiterreichend sein. Für die Entwickler stellte sich generell die Frage, wie verschiedene Netzwerke verbunden werden konnten, ohne allzu viel Druck darauf auszuüben, dass die Systemadministratoren die Struktur und Funktionalität der von ihnen betreuten Netzwerke ändern mussten.[31]

„From that whole set of problems arose the notion of gateways between the networks and the concept of a much more robust end-to-end protocol",[32] so Vinton Cerf. Robert Kahn und Vinton Cerf arbeiteten eine Problemlösung in enger Zusammenarbeit mit US-amerikanischen und internationalen Netzwerkexperten aus: das *Transfer Control Protocol* (TCP). Gemeinsam mit dem *Internet Protocol* IP entwickelte sich TCP zur zentralen Protokollfamilie des Internet, die bis heute verwendet wird. Im ursprünglichen Entwurf von 1974 waren das verbindungsorientierte TCP und das verbindungslose *Internet Protocol* (IP) unter der Bezeichnung TCP subsumiert. Sie operierten auf unterschiedlichen *Layern* innerhalb des im Methodenteil ausgeführten Schichtenmodells.

Besonders die Computernetzwerktechniker aus dem französischen Cyclades-Team und von Xerox, unter ihnen Robert Metcalfe, setzten sich auch auf Grund ihrer eigenen Erfahrungen mit Computernetzwerken für eine möglichst große Verantwortung der Hosts ein. Ihnen kam bei TCP die Aufgabe zu, eine Verbindung in unterschiedlichen Netzwerken herzustellen, die Pakete auf Fehler zu überprüfen und letztlich eine sichere und zuverlässige Zustellung über einen unzuverlässigen Kanal garantieren. Die „Intelligenz" des Systems sollte an seinen Endpunkten liegen, die das Netzwerk konstituieren, nicht in einem inneren Netzwerk.[33]

An den Netzwerkgrenzen sollten Gateways die Pakete in das andere Netzwerk übersetzen. Das Team um Kahn und Cerf stellten schnell fest, dass komplexe Gateways zwar wünschenswert, aber kaum wirt-

31 Vgl. Abbate, Inventing, S. 122-123; 126.

32 O'Neill, Interview Cerf, S. 23.

33 Vgl. Abbate, Inventing, S. 124–125.

schaftlich realisierbar waren. Zudem skalierten Gateways bei einer großen Anzahl an Hosts schlecht und offenbarten auch übertragungstechnisch in ersten Tests zahlreiche Nachteile. Dementsprechend entschieden die Entwickler sich für den Einsatz eines netzübergreifenden Kommunikationsraums unter einem gemeinsamen Protokoll auf Hostebene, dem TCP-Protokoll, und möglichst minimalistischen Gateways. Vinton Cerf begründete ihren egalitären Ansatz mit einer Komplexitätsreduktion: „We wanted to have a common protocol and a common address base so that you couldn't tell, to first order, that you were actually talking through all these different kinds of nets".[34]

Ihre Entscheidung machte die einheitliche Adressierung aller Netzwerkteilnehmer notwendig, wie sie in RFC 675 erstmals zur Diskussion gestellt wurde.[35] Konnten im ARPANET noch die Pakete schlicht dem IMP zugestellt werden, an dem nur ein einziger Host angeschlossen war, mussten die Hosts nun direkt adressiert werden. Die Lösung dafür war hierarchisch: Ein Teil der Adresse spezifizierte das Netzwerk, der andere Teil den darin enthaltenen Host. Das vereinfachte die Funktion des Routings zwischen den Gateways und den lokalen Netzwerken. Die Design-Entscheidung entfernte aber keineswegs jegliche Kontrollfunktionen der Informationsflüsse innerhalb des Metanetzwerkes. Durch die hierarchische Gestaltung des Adressraumes konnten beispielsweise Pakete aus bestimmten Netzen an den Passagepunkten herausgefiltert werden. Die Gateways blieben trotz ihres minimalistischen Designs in der weiteren Entwicklung immer Schnittstellen. Ihre Kontrolle war stets ein Machtfaktor durch die Exklusion und Inklusion von Netzwerken und damit nicht nur von Geräten und Datenflüssen, sondern auch von Menschen und Inhalten.[36]

---

34 O'Neill, Interview Cerf, S. 24. Für die namentliche Erwähnung der beteiligten Entwickler siehe Vinton Cerf et. al: RFC 675, S. 1.

35 Vgl. Vinton Cerf et. al: RFC 675, S. 4-5.

36 Vgl. bspw. Castells, Manuel: Communication power. Oxford, UK. New York 2009, S. 42–43; 282.

Insgesamt hätte aber die Betonung, zwischen den Netzwerken mit starken Gateways zu übersetzen, gleichermaßen ihre Grenzen deutlich stärker hervorgehoben.[37] Die geschlossene Welt des ARPANET wurde mit dem TCP-IP-Protokoll daher ein Stück weit geöffnet und das Außen des eigenen, lokalen Kommunikationshorizontes verschwand langsam in einem tendenziell ubiquitären kybernetischen Raum lokaler autonomer Systeme, der später Cyberspace getauft wurde.

In der Art, wie die Gegenkulturellen sich durch ein *shared consciousness* mit anderen Kommunarden vereint fühlten und derart, wie Marshall McLuhan in seinen Schriften die Verbundenheit einzelner menschlichen Stämme mittels der Ausweitung des Zentralnervensystems imaginierte, verbanden die Computertechniker Vinton Cerf und Robert Kahn lokale Gemeinschaften mit der Welt.

DAS INTERESSE DES MILITÄRS UND DIE SOZIOTECHNOLOGISCHE REALISIERUNG IM INTERNET

Die Wissenschaftler und Computeringenieure konnten mit der Öffnung der geschlossenen Netzwerke ihr Interesse an einem übergreifenden Informationsraum zum Teilen von Rechenzeit und Daten realisieren. Welches Interesse aber hatte das Militär, das durch die Öffnung nicht nur die zentrale Kontrolle über die Funktion des eigenen Kommunikationsraums, sondern gleichzeitig ein Eindringen von außen in die eigenen Sphäre befürchten musste? Die Antwort liegt auch hier in der Ausweitung der eigenen Informationsreichweite über Grenzen hinweg. Die Militärs besaßen einerseits ein vitales Interesse, die eigenen Befehlsketten über die Schranken des jeweiligen Mediums zu verlängern. Andererseits waren sie interessiert, Daten zu sammeln, um das Außen in die geschlossenen Monitoring-Räume des Kalten Kriegs zu holen. Darüber hinaus ist aber nicht zu verleugnen, dass die Militärs ein vita-

37 Abbate, Inventing, S. 128–130.

les Interesse daran hatten, sicherheitsrelevante Infrastruktur abzuschirmen.

Die Ausweitung und Sicherung der Befehlsketten

Im Wesentlichen bedeutete eine Ausweitung der Befehlsreichweite eine schnellere, aber trotzdem zuverlässige Kommunikation vom Einsatzzentrum hin zu den Einheiten. Beides schrieb sich ein in die Konstruktion des Internet durch Kahn und Cerf. Das Militär durchlief seit den 1960er-Jahren einen Prozess der tief greifenden Computerisierung, der den Computereinsatz auf allen Ebenen und in allen Armeebereichen gleichermaßen erheblich steigerte. Computer wurden sowohl im taktischen, wie auch im strategischen Bereich zur Optimierung der eigenen Einsatzeffizienz, wie auch zur Kostenreduktion durch Automatisierung eingesetzt. Das Ergebnis war ein heterogenes Ensemble der Computertechnologie. Vinton Cerf erfasst die Situation 1978 rückblickend auf einem Workshop der NATO in Bezug auf den Computereinsatz in den Streitkräften:

„A fundamental premise of all current Command, Control and Communications (C3) research is that digital technology and computing systems will play a central role in the future. [...] Automatic fire control, computer-aided information collection and correlation, computer-controlled array sensors and computer-controlled communication systems are all symptomatic of an increasingly automated C3 environment. To make this collection of computers, sensors, and databases useful, it is crucial that the components be able to intercommunicate."[38]

38 Cerf, Vinton G.: DARPA Activities in Packet Network Interconnection. The military requirement for Network Interconnection Technology, in: Beauchamp, K. G. (Hrsg.): Interlinking of Computer Networks. Proceedings of the NATO Advanced Study Institute held at Bonas, France, August 28 - September 8, 1978, Dordrecht 1979, S. 287–305, hier S. 288.

Informationen computergestützt zu sammeln, zu erfassen, auszuwerten und den Zugriff auf sie zu ermöglichen war für die Militärs innerhalb einer zunehmenden Automatisierung und Simulation des Krieges zum *Modus Operandi* geworden. Das Militär setzte Computer- und Computernetzwerktechnologie dabei aber immer zweckorientiert, also in einem spezifischen Setting ein.

Das Ethernet beispielsweise ließ sich an Board eines Schiffes oder innerhalb temporärer Militärbasen einsetzten. Die Funk- und Satellitenkommunikation eignete sich besser zur mobilen Kommunikation und zur lokalen Koordination, beispielsweise zwischen Schiffen, unterschiedlichen Gefechtseinheiten im Feld oder der Koordination mit der Luftwaffe. Grenzen zwischen den Netzwerken führten aber zu Reibungsverlusten und verlangsamten den Befehlskettenverlauf unter Umständen deutlich.

> „The conclusion is that many different transmission technologies are needed for military operations and therefore, a sensible C3 system must incorporate a strategy for the interoperation of dissimilar computer communication networks."[39]

Die einzelnen Teile zu einer Gesamtheit zusammenzufügen versprach nicht nur eine zuverlässige, integrierte Ausweitung der Befehlsketten über den ganzen Globus hinweg, sondern vielmehr dessen Vermessung und Überwachung, sprich dessen Aneignung in einer weltumspannenden Dimension.[40]

---

39 Ebenda, S. 288–289.

40 Was einen Teilaspekt des komplexen Phänomens der Globalisierung bzw. der Mondialisierung abdeckt, die als ein Charakteristikum der zweiten Hälfte des 20. Jahrhunderts ausgemacht wurde. Inwieweit solche Prozesse, auch im Ausgreifen auf das Außen durch Kommunikationstechnologie, nicht schon Kind des 19. Jahrhunderts sind, kann an dieser Stelle nicht umfassend diskutiert werden. Vgl. dazu Osterhammel, Jürgen: Die Verwand-

Zudem veränderten sich die Rahmenbedingungen der Einsätze. Gegenüber den zuvor großen, umfassenden Streitkräften setzte sich nach den Erfahrungen aus dem Vietnamkrieg, der Doktrin der *flexible response* und dem Aufflammen lokaler Krisenherde im Zuge der Dekolonisierung sowie der Entstehung postkolonialer Ordnungen zunehmend die Orientierung zu kleineren, flexibleren Einheiten durch. Eine Kommunikation zwischen solchen kleinen Einheiten war entscheidend. Dementsprechend ausfallsicher, robust und schnell musste ein Kommunikationsmedium bleiben, selbst wenn es sich dabei über mehrere, möglicher Weise unzuverlässige Netzwerke erstreckte.

Die Erfahrungen, die Cerf in der Entwicklung des PRNET gesammelt hatte, aber auch die allgemein gewonnenen Erkenntnisse zur zuverlässigen Übertragung über einen unzuverlässigen Kanal, bauten er und Robert Kahn direkt in die Internet-Technologie ein und realisierten dabei die Interessen des Militärs. Cerf war als Frühgeburt lebenslang hörgeschädigt. Vergleichsweise sensibel zeigte er sich daher für gelingende Kommunikation unter Störungsbedingungen.

Während in der alltäglichen Kommunikation der anderen sozialen Gruppen eine fehlerhafte Übertragung ärgerlich, aber nicht entscheidend war, konnte sie für das Militär im Ernstfall enorme Konsequenzen haben. Zur schnellen und zuverlässigen Kommunikation bei einer höheren Autonomie der Einheiten im Gesamtsystem wandte Cerf die kybernetischen Feedbackprinzipien an, die sich zuvor bei ähnlichen Aufgaben bewährt hatten, nun allerdings verstärkt auf Hostebene. An drei Beispielen aus der Internet-Entwicklung wird dies deutlich: Den Paketen wurde eine Zieladresse, nicht aber der Pfad über die Netzwerke hinweg vorgegeben, *Acknowledgements* bestätigten die erfolgreiche Übertragung über die Netzwerkgrenzen hinweg und die Hosts ließen sich als *Finite State Machines* abbilden.[41] Die Geschwindigkeit der

lung der Welt. Eine Geschichte des 19. Jahrhunderts. München 2011, S. 1010–1028.

41 Vgl. Cerf, Vinton; Sunshine, Carl; Dalal, Yogen: Specification of Internet Transmission Control Program. RFC 675. Menlo Park, CA 1974, v.a. S. 3.

Kommunikation erreichten sie hingegen durch das *Layering*. Mit dem IP-Protokoll richteten sie zur Datenübertragung einen reinen Datagram-Service ein, der die Pakete ungeprüft und möglichst schnell übertrug. In der massiven Verbreitung des Internet seit den 1980er-Jahren wurde das IP-Protokoll als reiner Datagram-Dienst zum Zugpferd aller Datenübertragung. Erst darauf bauten sie mit TCP einen zuverlässigen Service aus, der optional genutzt werden konnte.

Wie sehr Kahn und Cerf von militärischen Interessen zur Aufrechterhaltung von Befehlsketten geprägt waren, zeigt auch die bereits erwähnte RFC 675, der einen ersten Entwurf des TCP-Protokolls zur Diskussion stellte. Trotz der eigenen Erkenntnisse über die Gateways gestalteten sie diese als vollständige TCP-Knoten mit Aufgaben wie Datenflusskontrolle oder Fehlerkontrolle, statt nur mit der simplen Weiterleitung und Konvertierung. Erst nach längeren Diskussionen mit internationalen Wissenschaftlern passten sie 1978 die Konzeption der Gateways als Brücken mit möglichst geringem Aufgabenspektrum an.[42]

Zuletzt muss ein Aspekt der Entwicklung hervorgehoben werden, der beim Blick auf das Protokoll mit seiner netzübergreifenden Fähigkeit in vielen zeitgenössischen Betrachtungen wie wissenschaftlichen Darstellungen unbeachtet bleibt: Die Hierarchisierung der Netzwerke. Die Technologie Kahns und Cerfs kann als eine Idee gleichwertiger Netzwerke gesehen werden. Aber fast immer wurde über das ARPANET als *Backbone* des Internet geroutet, sprich die Daten flossen letzten Endes doch wieder über das innere Netzwerk von BBN, bis es 1989 schließlich vom neugebauten NSFNET abgelöst wurde. Entscheidend war für die Militärs, dass ihre Befehle schnell das Ziel erreichten. Die Internetprotokolle sorgten auch jenseits von Netzwerkgrenzen dafür.

42 Vgl. Abbate, Inventing, S. 129; Cerf et. al., RFC 675.

Die Informationalisierung der Welt des Kalten Krieges

Der Informationsfluss in die andere Richtung, von den Einheiten zu den Zentren, spielte für das Militär eine ebenso große Rolle. Effektive Kriegsführung im Kalten Krieg umfasste mehr als nur die reine Information darüber, ob der Befehl angekommen war und ausgeführt wurde. Sie erforderte ein Bild der Welt in Daten und Informationen zur Berechnung der optimalen Strategie und der Kontrolle des Territoriums in beschleunigten Zeiten. Im informationellen Ausgreifen des Militärs auf die Welt verschwand das Außen scheinbar Stück für Stück. Auf den Computermonitoren der Befehlsräume entstand in Zahlenkolonnen ein vermeintlich immer genaueres Bild dessen, was auf der Welt passierte. Die Netzwerktechnologien gaben nicht nur die Möglichkeit, mit ihr zu interagieren, sondern gleichzeitig die Möglichkeit, die Datenreihe in die Zukunft oder ins Unbekannte zu extrapolieren. In seiner Berechenbarkeit wurde das Außen kontrollierbar.

Vinton Cerf selbst zeigte beispielsweise eine ganz andere Begeisterung für die exakte Ausführung von Befehlsketten, nämlich die seiner eigenen Softwareprogramme. „There was something amazingly enticing about programming“ sagte er in einem Interview mit Katie Hafner und Matthew Lyon.

> „You created your own universe and you were the master of it. The computer would do anything you programmed it to do. It was this unbelievable sandbox in which every grain of sand was under your control“.[43]

Eine Kontrolle bis in das letzte Sandkorn wurde aber nur dann möglich, wenn alle Variablen bekannt waren und ihm alle notwendigen Daten vorlagen. Wie Cerf selbst in seinem oben zitierten Paper deutlich machte, setzte das Militär gehörige Anstrengungen daran, die Welt als Informationssystem in all ihren Teilen zu vermessen. Cerf hatte mit der informationellen Vermessung der Welt durch Computernetzwerke und

43 Hafner et al., Wizards, S. 139.

ihrer Datenanalyse bereits Erfahrung gesammelt: Als Mitarbeiter im *Network Meassurement Center* des ARPANET unter Leonard Kleinrock.

Die Informationsflüsse aus den unterschiedlichen Teilstreitkräften zusammenzuführen, hatte schon im Vietnamkrieg zahlreiche Schwierigkeiten mit sich gebracht. Das Interesse des Militärs an einem einheitlichen Informationsraum stieg mit der zunehmenden Effizienz der Datenmessungen und der Automatisierung noch weiter. Der Versuch, die einzelnen Kommunikationsnetze unter eigener Ägide zusammenzuführen, ist Ausdruck dessen.[44] Daten konnten beispielsweise auf Schiffen aufgenommen, per Ethernet an die Sendestation geschickt, per Satellit übertragen, in einem der großen Computerzentren aufgearbeitet und schließlich in den Kontrollräumen der Militärs auf die Bildschirme gebracht und miteinander abgeglichen werden. Die Computernetzwerke bildeten die Infrastruktur für die Erschließung und Überwachung des Globus mittels Spionagesatelliten und anderer Hochtechnologie. Die signifikanten Informationen über die Welt zu besitzen, bis hinein in die Kontrollsphäre des Gegners, daraus die richtigen Schlüsse zu ziehen und schnell zu reagieren, konnte den entscheidenden Vorteil in der globalen Blockkonfrontation bringen.

Der französische Philosoph Paul Virilio, der sich intensiv mit der militärischen Natur der Technik vor dem Hintergrund seiner eigenen biografischen Erfahrung des rapiden Einmarsches der Nationalsozialisten in sein Land auseinandersetzte, schrieb 1975:

> „Die Notwendigkeit, ein unaufhörlich wachsendes territoriales Ensemble zu *kontrollieren*, es in alle Richtungen (und fortan in alle drei Dimensionen) zu durchlaufen […] diente seit eh und je der Rechtfertigung der Erhöhung der Eindringgeschwindigkeit […] der Kommunikationsmittel".[45]

44 Vgl. Bunz, Speicher, S. 35.

45 Virilio, Paul: Bunkerarchäologie. Wien 2011, S. 32. Hervorhebung im Original. In der englischen Übersetzung heißt es statt „in alle Richtungen zu

Die Durchdringung des Netzwerkes zu dessen Kontrolle gelang über eine beschleunigte Informationsgewinnung in den Zentren des Netzwerkes, an den Knotenpunkten, an denen das Militär die Informationen zusammenfließen ließ, die es gewann. Nicht in den hierarchisch aufgegliederten Netzwerke jeweils einzeln kommunizieren zu müssen und Informationen zu sammeln, bedeutete, das ganze Netzwerk schnell durchringen zu können. „There is thus a hierarchy of speeds to be found in the history of societies", so Virilio einige Seiten weiter „for to possess the earth, to hold terrain, is also possess the best means to scan it in order to protect and defend it".[46] Während Metcalfe sein Memo noch „Ether Acquisition"[47] betitelte, also eine Aneignung des Äthers, lautete das Interesse der Militärs an der dargestellten Ausformung der Technik vielmehr eine Aneignung des Globus mit dem Mittel des Internet.

Robert Metcalfe erlangte aber noch mit einer anderen Entwicklung Relevanz. Er stellte 1976 das Metcalfe'sche Gesetz auf, das seither unter dem Begriff des Netzwerkeffektes bekannt wurde. Es besagt, dass der Wert eines Netzwerkes exponentiell steige, je mehr kompatible Kommunikationssysteme sich innerhalb des Netzwerkes befinden.[48] Der Begriff des Kommunikationssystems umschrieb hierbei im kybernetischen Sinne sowohl Mensch, Maschine, als auch Mensch-Maschine. Die TCP-Protokollfamilie als netzwerkübergreifender Kommunikationsermöglicher konnte den Informationswert des eigenen Netzwerkes drastisch erhöhen. Je mehr Netzwerke es umfasste, umso mehr Kommunikationssysteme und Knoten umfasste es, desto mehr Informationen lagen im Netzwerk und desto höher war letztlich der Gewinn für alle Beteiligten. Vor allem für das Militär und seine Nachrichtendiens-

durchlaufen" noch treffender „of scanning it in all directions". (Virilio, Paul; Collins, George: Bunker archaeology. New York 1994, S. 16).

46 Ebenda, S. 19.

47 Metcalfe, Ether Acquisition.

48 Castells, Communication power, S. 42–43.

te konnte dies ein Vorteil sein, da es die Kontrolle über die meisten Knoten und die größten Ressourcen zu deren *Monitoring* verfügte.

Das klassische Narrativ der Host-Autonomie und der Ende-zu-Ende Übertragung im Internet muss dementsprechend ergänzt werden um die Frage, wer oder was genau diese Hosts denn letztlich waren. Nicht immer handelte es sich um eine Kommunikation zwischen gleichwertigen Kleincomputern, sondern häufig um die Kommunikation zwischen Datenservern, Großcomputern oder militärischen Kontrollstationen auf der einen, und Kleingeräten wie Terminals auf der anderen Seite. Der Informationsfluss zentrierte sich dann auf Knoten im Netz, die hervorragten. Es wurde möglich, sich mittels der Hosts ein genaueres Bild der Welt machen, sie automatisiert auswerten und indirekte Kontrolle im Foucault'schen Sinne in der Durchdringung bis in die Kapillare ausüben. Solange keine Verschlüsselung an den Enden eingesetzt wurde, musste zudem wie dargelegt der Verkehr weiter über eine Hierarchie der Netzwerke laufen, bis in die späten 1980er-Jahre über den zentralen Backbone ARPANET unter der Kontrolle des Militärs. Nur eine effiziente Verschlüsselung ermöglichte eine tatsächliche Ende-zu-Ende Kommunikation über das Internet unter den Bedingungen des Kalten Krieges.

Klar zu stellen ist an dieser Stelle nochmals, dass es sich bei dem Militär und dessen Informationsraum um keinen arkanen Akteur als geheimem Strippenzieher hinter den Dingen handelte. Im Falle der Informationsmacht müssen die Rückkoppelungsschleifen der Informationsflüsse betrachtet werden, die sich vollzogen. Beispielsweise konnten Gefechtseinheiten im Feld auf die Rechenkraft zentraler Rechner zugreifen, welche die von ihnen selbst gelieferten Daten auswerteten und mit anderen, bereits gesammelten Daten korrelierten. In der Verknüpfung von Daten entstand so Information, beispielsweise über die weitere Wetterentwicklung, für dessen Prognose und Simulation schon das ARPANET verwendet wurde. Robert Kahn beschreibt diesbezüglich deutlich das Interesse, Rechenkraft bis hin zu mobilen Einheiten zu bringen:

„Part way through the first year of the program it became clear to me that we were going to have to have a plan for getting computer resources on the net. In 1973, mainframe computers were multimillion dollar machines that required air-conditioned computer centers. You weren't going to connect them to a mobile, portable packet radio unit and carry it around".[49]

Autonomere (militärische) Einheiten und flachere Hierarchien wurden ermöglicht durch die Automatisierung und das Sammeln von Informationen über die Hosts und mittels der Hosts. Kurz gesagt: Die Kommunikationsmacht wurde auf die Hosts ausgeweitet, aber damit auch gleichzeitig die Informationsreichweite auf sie, hinein bis in die Enden des Netzwerkes, um das Außen wie einen imaginierten Nebel des Krieges verschwinden zu lassen.

49 O'Neill et al., Interview Kahn, S. 25.

VII. Konklusion

Die utopischen Ideen der *New Communalists,* den Kalten Krieg zu überwinden und die ehrgeizigen Ziele der Wissenschaftler kumulierten schließlich 1977 in der ersten Datenverbindung, die den Eisernen Vorhang durchtrennte. Am *International Institute for Applied Systems Analysis* (IIASA) verband für etwa drei Wochen ein internationales Netzwerk verschiedene Computer aus der Sowjetunion, Polen, Österreich und den USA. Jenseits ideologischer Grenzen und finanziellen Einschränkungen konnten dort Wissenschaftler/innen an globalen Problemen gemeinsam arbeiten.[1]

Das Moment des *Closure* vollzog sich im Falle der Internettechnologie erst Mitte der 1980er-Jahre und damit außerhalb des hier untersuchten Zeitraumes. 1982 legte die ARPA einen Stichtag für den Übergang von dem alten NCP-Protokoll hin zum TCP-IP-Protokoll zum 1. Januar 1983 fest. Durch die Standardisierungsmacht des Militärs und den Einsatz des Internet zur Verbindung der sich verbreiteten LANs setzte sich das TCP-IP als de facto Standard trotz alternativer Standardisierungsversuche letzten Endes durch. Die Debatten darüber, wie Netzwerke miteinander verbunden werden konnten, kamen an ein Ende. Das TCP-IP-Protokoll dominierte von da an die Art, Daten schnell und sicher über Netze zu übertragen.

1 Vgl. Dittmann, Frank: Technik versus Konflikt. Wie Datennetze den Eisernen Vorhang durchdrangen, in: *Osteuropa 59* (2009), H. 10, S. 101–119.

Trotzdem kann 1975 festgehalten werden, dass sich die entscheidenden Akteursverbindungen herausgebildet hatten, die wichtigen technologischen Entwicklungen gemacht und in einen ersten Prototyp-Status gebracht werden konnten. BBN legte im Februar 1975 eine erste Implementierung von TCP vor und baute einen Gateway-Prototyp. Eine erste experimentelle Verbindung zwischen BBN und Stanford per TCP gelang im November 1975. Es hatte sich ein grundlegender Konsens etabliert, wie ein Computernetzwerk zu bauen war und es begann sich herauszukristallisieren, wie mehrere Computernetzwerke am besten zu verbinden seien. Langfristig prägten die Erfahrungen mit dem ARPANET und der Zusammenführung heterogener Netzwerke im Internet eine ganze Generation junger Informatiker. Die dabei gelernten Mechanismen und Erfahrungen nahmen sie mit in neue Projekte.

1975 wurde schlussendlich auch das ARPANET an die *Defence Communications Agency* (DCA) übertragen, da sich kein kommerzieller Träger für den Betrieb des militärischen Kommunikationsnetzes fand. Erst seitdem wurde es im Militär in allen Bereichen genutzt. Es gewann an technologischem Moment und lief bis 1989, bevor es endgültig abgeschaltet und durch ein neues Backbone-Netzwerk der NSF ersetzt wurde. Die Mitarbeiter von BBN sprachen bereits 1978 in ihrem Abschlussbericht vollmundig davon, mit dem ARPANET-Projekt nicht weniger als eine Revolution angestoßen zu haben, sowohl in der militärischen, als auch wissenschaftlichen und öffentlichen Nutzung weltweit. Sie schlossen damit, dass die weitreichenden Folgen des Projektes noch kaum absehbar seien.

Die Menschen kommunizieren heute deutlich anders, als sie es noch vor Jahrzehnten taten. Die neuen Medien sind nicht mehr neu, sondern ein elementarer Bestandteil unseres alltäglichen Lebens geworden. Die Grenzen zwischen einer virtuellen Realität und einer realen Virtualität, wie sie Manuel Castells noch 2000 zog, sind inzwischen immer stärker verschwunden. Aber auch strukturelle Änderungen haben sich seitdem vollzogen. Die Menschen kommunizieren zunehmend über mobile Kleingeräte und greifen mit ihnen auf zentrale Datenbestände und Rechenfarmen zurück, die ihnen von Datenspeicherung bis hin zum kompletten Betriebssystem die ganze Palette der Computernutzung bieten. Jederzeit und fast überall verfügbare Rechenzeit ist Realität geworden. Gleichzeitig hat sich eine automatisierte Überwachung von Endgeräten und zentraler Passagepunkte im Internet herausgebildet, die in ihrer Reichweite erschreckt. Das Internet sei kaputt, analysierte der Netztheoretiker Sasha Lobo im Januar 2014 in der FAZ nach den Enthüllungen von Edward Snowden. Das Internet ist allerdings nicht kaputt, es hat sich nur eine neue Facette dessen gezeigt, was in der Zeit des Kalten Krieges in seine Struktur eingeschrieben wurde. Die weitreichenden Folgen sind heute besser erkennbar, ihre Ursprünge liegen in den 1960er- und 1970er-Jahren.

Die Interessen der sozialen Gruppen des Militärs, der Computerwissenschaftler und der Gegenkulturellen schrieben sich in die technische Ausprägung von ARPANET und dem Internet ein. Daraus ergaben sich in beiden Technologien sowohl verteilte als auch zentrale Strukturelemente. Es wurden Hierarchien abgebaut, wie auch neue aufgezogen. Ein wichtiges Ergebnis dieses Buches ist, dass der Anteil, den die gegenkulturellen New Communalists an dieser Entwicklung hatten, beachtlich war. Ihre Vorstellungen globaler Kommunikation, sozialer Vernetzung und egalitärer Entscheidungsfindung inspirierte die Entwickler von ARPANET und Internet.

Die Wissenschaftler bauten das ARPANET nicht dafür, um einen Atomangriff zu überstehen. Aber sowohl die dem Netzwerk zugrundliegende Technologie war militärisch inspiriert, finanziert und entwickelt, als auch das ARPANET ein Prototyp für den Einsatz einer solchen Technologie – beispielsweise zum möglichen Bau eines Netzwerkes, das einen Atomangriff überstehen kann. Die Entwickler bewegten sich innerhalb eines größeren Denksystems des Kalten Krieges, obwohl sie sich oftmals nur auf ihre eigenen Projekte konzentrierten. Das Internet entwickelte sich aus dem ARPANET heraus und in seiner Struktur ist bis heute noch dieser Ursprung spürbar. Vor allem die kybernetischen Prinzipien, durch die alle drei Gruppen ihre Interessen umsetzen konnten, wirken nach. Die Entwicklung vom ARPANET zum Internet war allerdings keineswegs reibungslos. Die Nutzer mussten erst davon überzeugt werden, dass ihnen das ARPANET Vorteile brachte, bevor es sich durchsetzen konnte. Sowohl die Implementation des ARPANET-Protokolls NCP, als auch die von TCP-IP hakte gewaltig und rief lokale Widerstände hervor. Hier schließt das Buch an eine breitere technikhistorische Debatte des Scheiterns computertechnischer Systeme an, wie sie beispielsweise der Schweizer Historiker David Gugerli für die Netzwerktechnologie anregte.[2] Auch hier bewährte sich der Ansatz der SCOT, um von einer allzu linearen Fortschrittsgeschichte der Computerisierung Abstand zu nehmen.

Das Internet und die Kybernetik gingen eine gemeinsame Verbindung ein, die ihren Höhepunkt in den 1980er- und 1990er-Jahren des letzten Jahrtausends fand. Der Cyberspace wurde zur Verheißung einer Frontier, versprach in der digitalen Sphäre Egalität, Freiheit und Unendlichkeit. Auch wenn die Vorsilben nun anders lauteten: Der Traum des Internet war noch nicht ausgeträumt. Er war realer denn je.

---

2 Vgl. Gugerli, David: „Nicht überblickbare Möglichkeiten". Kommunikationstechnischer Wandel als kollektiver Lernprozess 1960-1985, Zürich 2001.

Abkürzungsverzeichnis

ACK	*Acknoledgement, Bestätigung eines empfangenen Paketes*
AI	*Artificial Intelligence*
ARPA	*Advanced Research Projects Agency*
BBN	*Bolt, Beranek and Newman*
DCA	*Defense Communication Agency*
DDR&E	*Director of Defense Research and Engineering*
EAL	*Electro-Acoustic-Laboratory*
FTP	*File Transfer Protocol*
ICCC	*International Computer Communication Conference*
IMP	*Interface Message Processors*
IP	*Internet Protocol*
IPTO	*Information Processing Techniques Office*
KI	*Künstliche Intelligenz*
LAN	*Local Area Network*
NCC	*Network Control Center*
NCP	*Network Control Program*
NIC	*Network Information Center*
NLS	*oN-Line System, interaktives Computersystem Engelbarts*
NMC	*Network Meassurement Center*
NORAD	*North American Aerospace Defense Command*
NPL	*National Physical Laboratory*
NWG	*Network Working Group*
OR	*Operations Research*

PAL	*Psycho-Acoustic Laboratory*
PARC	*Palo Alto Research Center*
RFC	*Request for Comments*
RFNM	*Ready for Next Message*
SAGE	*Semi-Automatic Ground Environment*
SATNET	*Atlantic Packet Satellite Network*
SRI	*Stanford Research Institute*
SRL	*System Research Laboratory*
STP	*Systems Training Program*
TCP	*Transfer Control Protocol*
TIP	*Terminal Interface Processors*
UCLA	*University of California, Los Angeles*
USCO	*„The Company of US", Multimedia-Kunstkollektiv der Gegenkultur*

Abbildungsverzeichnis

Literatur- und Quellenverzeichnis

ABBATE, JANET: Inventing the Internet. Cambridge, Mass. [u.a.] 1999.

ADAMS, JUDY/LOWOOD, HENRY/ENGELBART, DOUGLAS: Douglas Engelbart. Stanford, Calif 1987.

ARPA: Specifications of the Interface Message Processors for the ARPA Computer Network. Washington 1968.

ASPRAY, WILLIAM/RUINA, JACK: An Interview with Jack P. Ruina. OH 163. Minneapolis, MN. 1989.

— /TAYLOR, ROBERT W.: An Interview with Robert Taylor. OH 154. Minneapolis, MN. 1989.

BARAN, PAUL: On Distributed Communications Networks, in: IEEE Transactions on Communications Systems CS-12 (1964), H. 1, S. 1–9. http://dx.doi.org/10.1109/TCOM.1964.1088883 (Zuletzt abgerufen am 20.03.2014).

BARDINI, THIERRY: Bootstrapping. Douglas Engelbart, coevolution, and the origins of personal computing. Stanford, Calif 2000.

BECKEDAHL, MARKUS/MEISTER, ANDRÉ (HRSG.): Überwachtes Netz. Edward Snowden und der größte Überwachungsskandal der Geschichte. Berlin 2013.

BERNERS-LEE, TIM/FISCHETTI, MARK (HRSG.): Weaving the Web. The original design and ultimate destiny of the World Wide Web by its inventor. San Francisco 1999.

BERZ, PETER: 08/15. Ein Standard des 20. Jahrhunderts. München 2001.

BHUSHAN, ABHAY/BRADEN, BOB/CROWTHER, WILLIAM R./HARSLEM, ERIC/HEAFNER, JOHN/MCKENZIE, ALEXANDER/MELVIN, JOHN/ SUNDBERG, BOB/WATSON, DICK/WHITE, JIM: The File Transfer Protocol. RFC 172. Menlo Park, CA 1971.

BIJKER, WIEBE E.: Of bicycles, bakelites, and bulbs. Toward a theory of sociotechnical change. Cambridge, Mass 1995.

— /PINCH, TREVOR J.: The Social Construction of Facts and Artefacts. Or How the The Sociology of Science and the Sociology of Technology might benefit each other, in: Social Studies of Science 14 (1984), S. 399–441. http://dx.doi.org/10.1177/030631284014003004.

— : Preface to the Anniversary Edition, in: Bijker, Wiebe E./Hughes, Thomas Parke/Pinch, T. J. (Hrsg.): The Social construction of technological systems. New directions in the sociology and history of technology, Cambridge, Mass 2012, S. xi–xxxv.

BOLT, BERANEK AND NEWMAN INC.: Proposal: Interface Message Processors for the ARPA Computer Network. BBN Proposal No. IMP P69-IST-5. Cambridge (Mass.) 1968.

BONHAGE, BARBARA: Befreit im Netz. Bankdienstleistungen im Spannungsfeld zwischen Kunden und Computern., in: Kaufmann, Stefan (Hrsg.): Vernetzte Steuerung. Soziale Prozesse im Zeitalter technischer Netzwerke, Zürich 2007, S. 95–108.

BORMAN, FRANK: A Science Fiction World, in: Life Magazin Januar (1969).

BRAND, STEWART (HRSG.): The Whole Earth Catalog. Access to Tools. Menlo Park, CA 1968.

— : Peradam, in: Whole Earth Catalog $1 (1970), Januar, S. 52. http://www.wholeearth.com/issue-electronic-edition.php?iss=1080 (Zuletzt abgerufen am 26.03.2014).

— : Founding Father. WIRED LEGENDS, in: WIRED (2001), H. 9.03, S. 144–153. http://www.wired.com/wired/archive/9.03/baran.html (Zuletzt abgerufen am 20.03.2014).

BRAUTIGAN, RICHARD: „All Watched Over by Machines of Loving Grace". San Francisco 1967.

BRUNNER, JOHN: The shockwave rider. New York 1975.

BUNZ, MERCEDES: Vom Speicher zum Verteiler – die Geschichte des Internet. Berlin 2008.

CAMPBELL-KELLY, MARTIN/ASPRAY, WILLIAM/ENSMENGER, NATHAN/ YOST, JEFFERY R.: Computer. A history of the information machine, Boulder, CO, 2013, 3. Aufl.

CARR, NICHOLAS G.: The big switch. Rewiring the world, from Edison to Google. New York 2008.

CASTELLS, MANUEL: The Internet galaxy. Reflections on the Internet, business, and society. Oxford [u.a.] 2003.

— : Communication power. Oxford, UK. New York 2009.

— : The information age. Economy, society and culture. Oxford 2009[1996].

CERF, VINTON G.: DARPA Activities in Packet Network Interconnection. The military requirement for Network Interconnection Technology, in: Beauchamp, K. G. (Hrsg.): Interlinking of Computer Networks. Proceedings of the NATO Advanced Study Institute held at Bonas, France, August 28 - September 8, 1978, Dordrecht 1979, S. 287–305. 10.1007/978-94-009-9431-7_17 (Zuletzt abgerufen am 29.03.2014).

— /SUNSHINE, CARL/DALAL, YOGEN: Specification of Internet Transmission Control Program. RFC 675. Menlo Park, CA 1974.

— /KAHN, ROBERT E.: A Protocol for Packet Network Intercommunication, in: IEEE Transactions on Communications COM-22 (1974), May, S. 637–648. http://doi.acm.org/10.1145/1064413.1064423 (Zuletzt abgerufen am 14.02.2014).

CLARK, H. H./MARSHALL, C. R.: Reference diaries, in: Waltz, D. L. (Hrsg.): Theoretical issues in natural language processing, Bd. 2, New York 1978, S. 57–63. http://www.psych.stanford.edu/~herb/ 1970s/Clark.Marshall.78.pdf (Zuletzt abgerufen am 21.03.2014).

CLARK, H. H./SCHAEFER, E. F.: Contributing to discourse, in: Cognitive Science 13 (1989), S. 259–294. http://www.psych.stanford.edu/ ~herb/1980s/Clark.Schaefer.89.pdf (Zuletzt abgerufen am 21.03. 2014).

CLAUS, VOLKER/SCHWILL, ANDREAS: Eintrag „Konkatenation“, in: Claus, Volker/Schwill, Andreas (Hrsg.): Duden Informatik. A-Z, Fachlexicon für Studium Ausbildung und Beruf, Mannheim 2006, S. 362.

—: Eintrag: „Schnittstelle“, in: Claus, Volker/Schwill, Andreas (Hrsg.): Duden Informatik. A-Z, Fachlexicon für Studium Ausbildung und Beruf, Mannheim 2006, S. 599–601.

—/SCHWILL, ANDREAS: Eintrag: „Vererbung“, in: Claus, Volker/Schwill, Andreas (Hrsg.): Duden Informatik. A-Z, Fachlexicon für Studium Ausbildung und Beruf, Mannheim 2006, S. 719.

COLBURN, ROBERT/METCALFE, ROBERT: Robert Metcalfe. An Interview Conducted by Robert Colburn. New Brunswick, NJ 2004.

COMPUTER HISTORY MUSEUM: The First ARPANET Communication. Bill Duvall and Charles Kline. Mountain View, CA 2009.

CORTADA, JAMES W.: The Digital Hand. How Computers Changed the Work of American Manufacturing, Transportation, and Retail Industries, Bd. 1, Oxford [u.a.] 2003.

CROCKER, STEPHEN: Documentation Conventions. RFC 3. Menlo Park, CA 1969.

—: Host Software. RFC 1. Menlo Park, CA 1969.

—: The Origins of RFCs, in: Postel, Jon; Reynolds, J. (Hrsg.): The Request for Comments Reference Guide. RFC 1000, Menlo Park, CA 1987, S. 1–5.

—/CARR, S./CERF, VINTON G.: New HOST-HOST Protocol. RFC 33. Menlo Park, CA 1970.

—/POSTEL, JON: BBN's Comments on NWG/RFC #33. RFC 47. Menlo Park, CA 1970.

DANYEL, JÜRGEN: Zeitgeschichte der Informationsgesellschaft, in: Zeithistorische Forschungen, Online-Ausgabe, 9 (2012), H. 2. http://www.zeithistorische-forschungen.de/16126041-Danyel-2-2012 .

DE LANDA, MANUEL: War in the age of intelligent machines. New York 1991.

DEC: TENEX NCP Finite State Machine for connections. RFC 689. Menlo Park, CA 1975.

DELEUZE, GILLES/GUATTARI, FÉLIX: Tausend Plateaus. Berlin 1992.

DITTMANN, FRANK: Technik versus Konflikt. Wie Datennetze den Eisernen Vorhang durchdrangen, in: *Osteuropa 59* (2009), H. 10, S. 101–119.

— /SEISING, RUDOLF (Hrsg.): Kybernetik steckt den Osten an: Aufstieg und Schwierigkeiten einer interdisziplinären Wissenschaft in der DDR, Berlin 2007.

DOERING-MANTEUFFEL, ANSELM/RAPHAEL, LUTZ: Nach dem Boom. Perspektiven auf die Zeitgeschichte seit 1970. Göttingen 2008.

EDWARDS, PAUL N.: The closed world. Computers and the politics of discourse in cold war America. Cambridge (Mass.). London 1996.

— : Schwache Disziplin. Der Macht-Wissen-Komplex in Netzwerken und der Niedergang des Expertentums, in: Kaufmann, Stefan (Hrsg.): Vernetzte Steuerung. Soziale Prozesse im Zeitalter technischer Netzwerke, Zürich 2007, S. 47–66.

— /JACKSON, STEVEN J./BOWKER, GEOFFREY C./KNOBEL, CORY P.: Understanding Infrastructure. Dynamics, Tensions and Design 2007.

Eintrag: „black box, n.“, in: Oxford Univ. Pr. (Hrsg.), OED Online, Oxford 2013. http://www.oed.com/view/Entry/282116 (Zuletzt abgerufen am 23.02.2014).

Eintrag: „concatenation“, in: Dudenverl. (Hrsg.), Duden-Oxford – Großwörterbuch Englisch. [CD-ROM], Mannheim 2003.

Eintrag: „governor“, in: Dudenverl. (Hrsg.), Duden-Oxford – Großwörterbuch Englisch. [CD-ROM], Mannheim 2003.

Eintrag: „governor, n.“, in: Oxford Univ. Pr. (Hrsg.), OED Online, Oxford 2013. http://www.oed.com/view/Entry/80323?redirectedFrom =governer (Zuletzt abgerufen am 29.01.2014).

Eintrag: „Internet, n.“, in: Oxford Univ. Pr. (Hrsg.), OED Online, Oxford 2013. http://www.oed.com/view/Entry/248411 (Zuletzt abgerufen am 10.02.2014).

Eintrag: „Technik“, in: Joachim Ritter/Karlfried Gründer (Hrsg.): Historisches Wörterbuch der Philosophie, Bd. 10, Darmstadt 1998, S. 940–952.

ENSMENGER, NATHAN: The computer boys take over: computers, programmers, and the politics of technical expertise. Cambridge, Mass 2010.

FERGUSON, E.: Toward a discipline of the history of technology, in: Technology and Culture 15 (1974), S. 13-30.

FOUCAULT, MICHEL: Dispositive der Macht. Über Sexualität, Wissen und Wahrheit. Berlin op. 1978.

— /KÖPPEN, ULRICH: Archäologie des Wissens. Frankfurt am Main 1973.

FRANK, HOWARD/KAHN, ROBERT E./KLEINROCK, LEONARD: Computer communication network design. experience with theory and practice, in: AFIPS '72 (Spring) Proceedings of the May 16-18, 1972, spring joint computer conference (1972), S. 255–270. http://dx.doi.org/10.1145/1478873.1478907 (Zuletzt abgerufen am 21.07. 2013).

FRANKE, ANSELM: Earthrise und das Verschwinden des Außen, in: Diederichsen, Diedrich/Franke, Anselm (Hrsg.): The Whole Earth. Kalifornien und das Verschwinden des Außen, Berlin 2013, S. 12–18.

FRASER, MATTHEW/DUTTA, SOUMITRA: Throwing sheep in the boardroom. How online social networking will transform your life, work and world. Chichester, England. Hoboken, NJ 2008.

FUCHS, CHRISTIAN: Internet and surveillance. The challenges of Web 2.0 and social media. New York 2012.

FULLER, BUCKMINSTER: No More Secondhand God, in: Brand, Stewart (Hrsg.): The Whole Earth Catalog. Access to Tools, Menlo Park, CA 1968, S. 4.

FULLER, R. BUCKMINSTER/KRAUSSE, JOACHIM: Bedienungsanleitung für das Raumschiff Erde und andere Schriften. Reinbek bei Hamburg 1973.

GEROVITCH, SLAVA: From newspeak to cyberspeak. A history of Soviet cybernetics. Cambridge, Mass. London 2002.

GESTWA, KLAUS: Die Stalinschen Großbauten des Kommunismus. Sowjetische Technik- und Umweltgeschichte 1948-1967. München 2010.

GHAMARI-TABRIZI, SHARON: Cognitive and perceptual training in the Cold War Man-Machine Nexus, in: Isaac, Joel/Bell, Duncan (Hrsg.): Uncertain empire. American history and the idea of the Cold War, Oxford, New York 2012, S. 267–294.

GOLUMBIA, DAVID: The cultural logic of computation. Cambridge, Mass. 2009.

GORDON, THEODORE J.: Looking Forward II. The feedback between technology and values, in: Baier, Kurt; Rescher, Nicholas (Hrsg.): Values and the future. The impact of technological change on American values, New York 1969, S. 148–192.

GUGERLI, DAVID: „Nicht überblickbare Möglichkeiten". Kommunikationstechnischer Wandel als kollektiver Lernprozess 1960-1985, Zürich 2001.

HAFNER, KATIE/LYON, MATTHEW: Where wizards stay up late. The origins of the Internet. New York (N.Y.) 1998.

HAIGH, THOMAS: Inventing Information Systems: The Systems Men and the Computer, 1950-1968, in: Business History Review 75 (2001), S. 15–61.

—, THOMAS: A Veritable Bucket of Facts. Ursprünge des Datenbankmanagementsystems, in: Gugerli, David/Tanner, Jakob/Hagner, Michael/Hampe, Michael/Orland, Barbara/Sarasin, Philipp (Hrsg.): Daten, Zürich 2007, S. 57–98.

HAYLES, KATHERINE: How we became posthuman. Virtual bodies in cybernetics, literature, and informatics. Chicago, Ill 1999.

HEART, F. E./KAHN, ROBERT E./ORNSTEIN, S. M./CROWTHER, W. R./WALDEN, D. C.: The interface message processor for the ARPA computer network, in: Proceedings of the May 1970, spring joint computer conference Proceeding AFIPS '70 (Spring) (1970), S.

551–567. http://dx.doi.org/10.1145/1476936.1477021 (Zuletzt abgerufen am 16.08.2013).

HEART, F. E./MCKENZIE, A./MCQUILLAN, J./WALDEN, D. C.: Completition Report. A History of the ARPANET – The first decade. Washington, D.C 1978.

HEẞLER, MARTINA: Ansätze und Methoden der Technikgeschichtsschreibung, Zusatzkapitel zu Heßler, Martina: Kulturgeschichte der Technik, Frankfurt am Main 2012. http://bit.ly/28Szvrm (Zuletzt abgerufen am 16.08.2013).

HILTZIK, MICHAEL A.: Dealers of lightning. Xerox PARC and the dawn of the computer age. New York 2000.

HOCHGESCHWENDER, MICHAEL: Freiheit in der Offensive? Der Kongress für Kulturelle Freiheit und die Deutschen. München 1998.

HUGHES, THOMAS PARKE: Technological Momentum, in: Smith, Merritt Roe/Marx, Leo (Hrsg.): Does technology drive history? The dilemma of technological determinism, Cambridge, Mass 1994, S. 101–113.

—: Rescuing Prometheus. New York 2000.

ISAACSON, WALTER: Steve Jobs. Die autorisierte Biografie des Apple-Gründers. München 2011.

JARDINI, DAVID R.: Out of the blue yonder. The Transfer of Systems Thinking from the Pentagon to the Great Society, 1961-1965, in: Hughes, Agatha C./Hughes, Thomas Parke (Hrsg.): Systems, experts, and computers. The systems approach in management and engineering, World War II and after, Cambridge, Mass 2000, S. 311–350.

JOERGES, BERNWARD: Do Politics Have Artefacts?, in: Social Studies of Science 29 (1999), H. 3, S. 411–431. http://dx.doi.org/10.1177/030631299029003004 (Zuletzt abgerufen am 25.02.2014).

KAWASAKI, GUY: Selling the dream. How to promote your product, company, or ideas, and make a difference using everyday evangelism. New York, N.Y. 1992.

KAY, ALAN/TURNER, FRED: Interview 2004.

KELLY, KEVIN: Out of control. The new biology of machines, social systems, and the economic world. Reading, Mass 1995.

— : The Computational Metaphor, in: Brand, Stewart (Hrsg.): Whole Earth, San Rafael, CA 1998, S. 5. http://wholeearth.com/issue/1340/article/63/the.computational.metaphor (Zuletzt abgerufen am 18.01.2014).

KENNEDY, JOHN F.: Special Message to the Congress on the Defense Budget. Washington, D.C 1961.

KILKER, JULIAN: Social and Technical Interoperability, the Construction of Users, and „Arrested Closure". A Case Study of Networked Electronic Mail Development, in: Iterations 1 (2002), H. 1, S. 1–51. http://www.cbi.umn.edu/iterations/kilker.pdf (Zuletzt abgerufen am 25.03.2014).

KLEINROCK, LEONARD: Message Delay in Communication Nets with Storage. Cambridge (Mass.) 1962.

— /NAYLOR, WILLIAM E.: On measured behavior of the ARPA network, in: AFIPS '74 Proceedings of the May 6-10, 1974, national computer conference and exposition (1974), S. 767–780. http://dx.doi.org/10.1145/1500175.1500320 (Zuletzt abgerufen am 23.03.2014).

KOCH, ISABELL: Das Herz des Internets : Der Netz-Knotenpunkt in Frankfurt am Main, in: Das Archiv: Magazin für Kommunikationsgeschichte 3 (2010), S. 67–69.

KÖNIG, WOLFGANG: Einleitung, in: König, Wolfgang (Hrsg.): Technikgeschichte. Basistexte, Stuttgart 2010, S. 7–24.

KOSELLECK, REINHART: Einleitung, in: Koselleck Reinhart/Conze, Werner/Brunner, Otto (Hrsg.): Geschichtliche Grundbegriffe. Historisches Lexikon zur politisch-sozialen Sprache in Deutschland, Bd. 1, Stuttgart 1972, S. XIII–XXVII.

KUNITZ, SYLVIA/DA ROSA, CATARINA CAETANO: Tagungsbericht: Wo steht die Technikgeschichte? Chancen und Herausforderungen zu Beginn des 21. Jahrhunderts., in: H-Soz-u-Kult (2008). http://hsozkult.geschichte.hu-berlin.de/tagungsberichte/id=2194 (Zuletzt abgerufen am 24.02.2014).

KUNZE, ROLF-ULRICH: Spurweiten. Technik, Geschichte, Identität u. a. in HO, Normalspur und 1000 mm, Karlsruhe 2011. http://dx.doi.org/10.5445/KSP/1000021812 (Zuletzt abgerufen am 14.08.2013).

KUROSE, JAMES F./ROSS, KEITH W.: Computernetzwerke. Der Top-Down-Ansatz. München 2012.

LANIER, JARON: You are not a gadget. A manifesto. New York 2010.

LENK, HANS: Philosophie im technologischen Zeitalter. Stuttgart 1971.

LEVY, STEVEN: Hackers. Heroes of the computer revolution. Garden City, N.Y 1984.

LICKLIDER, J.C.R.: Man-Computer Symbiosis, in: IRE Transactions on Human Factors in Electronics 1 (1960), S. 4–11. http://memex.org/licklider.pdf (Zuletzt abgerufen am 14.08.2013).

— : The System System, in: Bennett, Edward (Hrsg.): Human factors in technology, New York, N.Y. 1963.

— : Memorandum For Members and Affiliates of the Intergalactic Computer Network. Topics for Discussion at the Forthcoming Meeting. Washington 1963.

— /TAYLOR, ROBERT W.: The Computer as a Communication Device, in: Science and Technology (1968), S. 21–41. http://www.cc.utexas.edu/ogs/alumni/events/taylor/licklider-taylor.pdf (Zuletzt abgerufen am 14.08.2013).

LILIENFELD, ROBERT: The rise of systems theory. An ideological analysis. New York 1978.

LUKASIK, STEPHEN J.: Why the Arpanet Was Built, in: IEEE Annals of the History of Computing 33 (2011), H. 3, S. 4–21. http://www.computer.org/csdl/mags/an/2011/03/man2011030004.html (Zuletzt abgerufen am 14.09.2013).

MARCUSE, HERBERT: Der eindimensionale Mensch. Studien zur Ideologie der fortgeschrittenen Industriegesellschaft. Neuwied. Berlin 1967.

MARKOFF, JOHN: What the dormouse said. How the sixties counterculture shaped the personal computer industry. New York 2005.

MAYR, OTTO: Uhrwerk und Waage. Autorität, Freiheit und technische Systeme in der frühen Neuzeit. München 1987.

MCCARTHY, JOHN: Time-Sharing Computer Systems, in: Greenberger, Martin (Hrsg.): Computers and the world of the future, Cambridge, Mass. [u.a.] 1965, S. 220–248.

MCCULLOCH, WARREN S./PITTS, WALTER: A logical calculus of the ideas immanent in nervous activity 5 (1943), H. 4, S. 115–133. 10.1007/BF02478259 (Zuletzt abgerufen am 28.01.2014).

— : The brain as a computing machine, in: Electrical engineering 68 (1949), H. 6, S. 492–497.

MCLUHAN, MARSHALL: Die Magischen Kanäle. Düsseldorf 1968.

— /FIORE, QUENTIN: The medium is the massage. An inventory of effects. New York [u.a.] 1967.

MCQUILLAN, J./WALDEN, D. C.: The ARPA Network Design Decisions, in: Computer Networks 1 (1977), H. 5, S. 243–289. http://walden-family.com/public/whole-paper.pdf (Zuletzt abgerufen am 24.03.2014).

MEIER-OESER, S.: Eintrag: „Technologie“, in: Ritter, Joachim/Gründer, Karlfried (Hrsg.): Historisches Wörterbuch der Philosophie, Bd. 10, Darmstadt 1998, S. 958–961.

MELL, PETER/GRANCE, TIMOTHY: The NIST Definition of Cloud Computing. Recommendations of the National Institute of Standards and Technology. Gaithersburg 2011.

METCALFE, ROBERT: Ether Acquisition. Palo Alto 1973.

MEYER, EDWIN W.: Network Meeting Notes. RFC 82. Menlo Park, CA 1970.

MOORE, GORDON: Cramming More Components onto Integrated Circuits, in: Electronics Magazine 38 (1965), H. 8, S. 114–117. http://www.computerhistory.org/semiconductor/assets/media/classic-papers-pdfs/Moore_1965_Article.pdf (Zuletzt abgerufen am 28.12.2013).

NEUMANN, JOHN VON: First Draft of a Report on the EDVAC. Pennsylvania 1945.

NORBERG, ARTHUR L./O'NEILL, JUDY E./FREEDMAN, KERRY J.: Transforming computer technology. Information processing for the Pentagon, 1962-1986. Baltimore 1996.

NORBERG, ARTHUR L./ROBERTS, LAWRENCE: An Interview with Lawrence Roberts. OH 159. Minneapolis, MN. 1989.

NORBERG, ARTHUR L./ZRAKET, CHARLES A.: An Interview with Charles A. Zraket. OH 198. Minneapolis, MN. 1990.

NYE, DAVID E.: Narratives and spaces. Technology and the construction of American culture. New York 1997.

O'NEILL, JUDY/MCKENZIE, ALEXANDER: An Interview with Alexander McKenzie. OH 185. Minneapolis, MN. 1990.

— /CERF, VINTON G.: An Interview with Vinton Cerf. OH 191. Minneapolis, MN. 1990.

— /CLARK, WESLEY: An Interview with Wesley Clark. OH 195. Minneapolis, MN. 1990.

— /FRANK, HOWARD: An Interview with Howard Frank. OH 188. Minneapolis, MN. 1990.

— /HEART, FRANK E.: An Interview with Frank Heart. OH 186. Minneapolis, MN. 1990.

— /KAHN, ROBERT E.: An Interview with Robert Kahn. OH 192. Minneapolis, MN. 1990.

— /KLEINROCK, LEONARD: An Interview with Leonard Kleinrock. OH 190. Minneapolis, MN. 1990.

— /WALDEN, D. C.: An Interview with David Walden. OH 181. Minneapolis, MN. 1990.

OSTERHAMMEL, JÜRGEN: Die Verwandlung der Welt. Eine Geschichte des 19. Jahrhunderts. München 2011.

O'SULLIVAN, T.: TELNET Protocol. RFC 158. Menlo Park, CA 1971.

PIAS, CLAUS: „Die kybernetische Illusion", in: Liebrand, Claudia/ Schneider, Irmela (Hrsg.): Medien in Medien, Köln 2002, S. 51–66. http://www.uni-due.de/~bj0063/texte/illusion.pdf (Zuletzt abgerufen am 04.09.2013).

— : Cybernetics. The Macy-Conferences 1946-1953. Zürich [u.a.] 2003.

— : Elektronenhirn und verbotene Zone. Zur kybernetischen Ökonomie des Digitalen, in: Jens Schröter/Alexander Böhnke (Hrsg.):

Analog/Digital – Opposition oder Kontinuum? Zur Theorie und Geschichte einer Unterscheidung, Bielefeld 2004, S. 295–310.

POSTEL, JON: Telnet Protocol. RFC 435. Menlo Park, CA 1972.

POUZIN, LOUIS: A Proposal for Interconnecting Packet Switching Networks, in: Proceedings of EUROCOMP (1974), May, S. 1023–1036.

RHEINGOLD, HOWARD: The virtual community. Homesteading on the electronic frontier. Cambridge, Mass 2000[1994].

ROBERTS, LAWRENCE: Multiple Computer Networks and Intercomputer Communication, in: Proceedings of the ACM Symposium on Operating System Principles (1967), S. 3.1-3.6.

— /WESSLER, BARRY D.: Computer network development to achieve resource sharing, in: AFIPS '70 (Spring) Proceedings of the May 5-7, 1970, spring joint computer conference (1970), S. 543–549. http://dx.doi.org/10.1145/1476936.1477020 (Zuletzt abgerufen am 22.07.2013).

RÖHLE, THEO: Der Google-Komplex. Über Macht im Zeitalter des Internets. Bielefeld 2010.

ROSZAK, THEODORE/KOPPER, G./OTTMER, G. E.: Gegenkultur. Gedanken über die technokratische Gesellschaft und die Opposition der Jugend. Düsseldorf [u.a.] 1971[1969].

RUSSELL, ANDREW: Rough consensus and running code, in: IEEE Annals of the History of Computing 28 (2006), H. 3. S. 48 – 61.

— : In the Shadow of Arpanet and Internet: Louis Pouzin and the Cyclades Network in the 1970s, in: Technology & Culture 55 (2014): 880-907.

— /Grangé, Jean-Louis: An Interview with Jean-Louis Grangé. OH 419. Paris, 2012.

RYAN, JOHNNY: A history of the Internet and the digital future. London 2010.

SABROW, MARTIN (HRSG.): Die Geburt des Zeitzeugen nach 1945. Göttingen 2012.

SALUS, PETER H.: Casting the net. From ARPANET to Internet and beyond. Reading, Mass 1995.

SCHIRRMACHER, FRANK: Ego. Das Spiel des Lebens. München 2013.

SCHRÖTER, JENS: Technik und Krieg. Fragen und Überlegungen zur militärischen Herkunft von Computertechnologien am Beispiel des Internets, in: Harro Segeberg (Hrsg.): Die Medien und ihre Technik. Theorien Modelle Geschichte, Marburg 2004, S. 356–370. http://www.theorie-der-medien.de/text_detail.php?nr=45 (Zuletzt abgerufen am 26.02.2014).

SCHUMACHER, E. F.: Small is beautiful. Economics as if people mattered. London 1973.

SCHÜTTPELZ, ERHARD: Ein absoluter Begriff. Zur Genealogie und Karriere des Netzwerkkonzepts, in: Stefan Kaufmann (Hrsg.): Vernetzte Steuerung. Soziale Prozesse im Zeitalter technischer Netzwerke, Zürich 2007, S. 25–46.

SEGALLER, STEPHEN: Nerds 2.0.1. A brief history of the Internet. New York, N.Y. 1998.

SHANNON, CLAUDE: A Mathematical Theory of Communication, in: The Bell System Technical Journal 27 (1948), H. 3, S. 379–423. http://cm.bell-labs.com/cm/ms/what/shannonday/shannon1948.pdf (Zuletzt abgerufen am 16.01.2014).

SHUSTEK, LEN/METCALFE, ROBERT: Oral History of Robert Metcalfe. Mountain View, CA 2006.

SIEGERT, PAUL FERDINAND: Die Geschichte der E-Mail. Erfolg und Krise eines Massenmediums. Bielefeld 2008.

SMITH, DOUGLAS K./ALEXANDER, ROBERT C.: Fumbling the future. How Xerox invented, then ignored, the first personal computer. New York 1999.

SMITH, MERRITT ROE/MARX, LEO (HRSG.): Does technology drive history? The dilemma of technological determinism. Cambridge, Mass 1994.

SRI International: Engelbart and the Dawn of Interactive Computing:. SRI's 1968 Demo. Stanford, Calif 1968.

STÖVER, BERND: United States of America. Geschichte und Kultur; von der ersten Kolonie bis zur Gegenwart. München 2012.

TATARCHENKO, KSENIA: „A house with the window to the west". The Akademgorodok Computer Center (1958 – 1993), Princeton 2013. http://arks.princeton.edu/ark:/88435/dsp01qv33rw786 (Zuletzt abgerufen am 21.02.2014).

TOFFLER, ALVIN: Future shock. New York 1970.

TOMASELLO, MICHAEL: Origins of human communication. Cambridge, Mass 2008.

— : Warum wir kooperieren. Berlin 2010.

TURNER, FRED: From Counterculture to Cyberculture. Stewart Brand, the Whole Earth Network, and the Rise of Digital Utopianism. Chicago 2006.

— : Vortrag: „From Counterculture to Cyberculture". Berlin 2013.

ULRICH, BERND (HRSG.): Frontalltag im Ersten Weltkrieg. Ein historisches Lesebuch. Essen 2008.

VAN CREVELD, MARTIN: Command in war. Cambridge (Mass.) [u.a.] 1985.

VAN DIJK, JAN: Outline of a Multilevel Theory of the Network Society 2006.

VAN LAAK, DIRK: Rezension zu: P. Berz: „08/15", in: H-Soz-u-Kult, H-Net Reviews, März 2002. http://www.h-net.org/reviews/showrev.php?id=16461 (Zuletzt abgerufen am 21.02.2014).

VISMANN, CORNELIA: Akten: Medientechnik und Recht, Frankfurt am Main 2011, 3. Aufl.

VIRILIO, PAUL: Bunkerarchäologie. Wien 2011[1975].

— /COLLINS, GEORGE: Bunker archaeology. New York 1994[1975].

WALDROP, M. MITCHELL: The dream machine. J.C.R. Licklider and the revolution that made computing personal. New York 2001.

WATSON, RICHARD. W.: A Mail Box Protocol. RFC 196. Menlo Park, CA 1971.

WIENER, NORBERT: Cybernetics. Or, Control and communication in the animal and the machine. New York. Paris 1951[1948].

— : The human use of human beeings. Cybernetics and society. Garden City, N.Y. 1954.

— : Ex-prodigy;. My childhood and youth. Cambridge 1964[1953].

—: God & Golem Inc. a comment on certain points where cybernetics impinges on religion. Cambridge, Mass 1964.

—: Kybernetik, in: Dotzler, Bernhard (Hrsg.): Norbert Wiener. Futurum exactum. Ausgewählte Schriften zur Kybernetik und Kommunikationstheorie, Wien, New York 2002[1948], S. 15–29.

WINNER, LANGDON: Upon Opening the Black Box and Finding It Empty. Social Constructivism and the Philosophy of Technology, in: Science, Technology & Human Values 18 (1993), H. 3, S. 362–378.

WU, TIM: The master switch: the rise and fall of information empires, Oxford [u.a.], 2006, S. 49-86.

WUNDERLICH, STEFAN: Vom digitalen Panopticon zur elektrischen Heterotopie. Foucaultsche Topographien der Macht, in: Maresch, Rudolf (Hrsg.): Kommunikation, Medien, Macht, Frankfurt am Main 1999, S. 342–367.

ZITTRAIN, JONATHAN L.: The future of the Internet. And how to stop it. New Haven, Conn. [u.a.] 2008.

Histoire

Stefan Poser
Glücksmaschinen und Maschinenglück
Grundlagen einer Technik- und Kulturgeschichte des technisierten Spiels

Dezember 2016, ca. 340 Seiten, kart., ca. 39,99 €,
ISBN 978-3-8376-3610-9

Dietmar Hüser (Hg.)
Populärkultur transnational
Lesen, Hören, Sehen, Erleben im Europa der langen 1960er Jahre

November 2016, ca. 320 Seiten, kart., ca. 34,99 €,
ISBN 978-3-8376-3133-3

Debora Gerstenberger, Joël Glasman (Hg.)
Techniken der Globalisierung
Globalgeschichte meets Akteur-Netzwerk-Theorie

August 2016, 296 Seiten, kart., 29,99 €,
ISBN 978-3-8376-3021-3

Leseproben, weitere Informationen und Bestellmöglichkeiten finden Sie unter www.transcript-verlag.de

Histoire

Alban Frei, Hannes Mangold (Hg.)
Das Personal der Postmoderne
Inventur einer Epoche

2015, 272 Seiten, kart., 19,99 €,
ISBN 978-3-8376-3303-0

Pascal Eitler, Jens Elberfeld (Hg.)
Zeitgeschichte des Selbst
Therapeutisierung – Politisierung –
Emotionalisierung

2015, 394 Seiten, kart., 34,99 €,
ISBN 978-3-8376-3084-8

Torben Fischer, Matthias N. Lorenz (Hg.)
Lexikon der »Vergangenheitsbewältigung« in Deutschland
Debatten- und Diskursgeschichte
des Nationalsozialismus nach 1945

2015, 494 Seiten, kart., 34,99 €,
ISBN 978-3-8376-2366-6

Leseproben, weitere Informationen und Bestellmöglichkeiten finden Sie unter www.transcript-verlag.de